Peter Struck

Die 15 Gebote des Lernens

Postlaat

Peter Struck

Die 15 Gebote des Lernens

Schule nach PISA

Einbandgestaltung: Jutta Schneider, Frankfurt a. M.
Einbandbild: Deutsch-türkische Schulklasse in Berlin
Foto: picture-alliance/ZB

Die Deutsche Nationalbibliothek verzeichnet diese Publikation
in der Deutschen Nationalbibliografie;
detaillierte bibliografische Daten sind im Internet über
http://dnb.d-nb.de abrufbar.

3., unveränderte Auflage 2008
(Nachdruck der 2., durchgesehenen Auflage 2007)

1. Auflage 2004
Die Herausgabe des Werkes wurde durch
die Vereinsmitglieder der WBG ermöglicht.
Gedruckt auf säurefreiem und alterungsbeständigem Papier
Printed in Germany

www.primusverlag.de

ISBN 978-3-89678-646-3

Für
Uli Pape

„Eine gute Schule
erkennt man nicht daran,
dass die Lehrer Fragen stellen können,
sondern daran,
dass die Schüler das können.“

Ein finnischer Lehrer

„Die besten Lehrer sind die anderen Schüler,
die zweitbesten Lehrer sind die Lehrer,
die drittbesten Lehrer sind die Räume
mit dem Interieur.“

Ein finnischer Erziehungswissenschaftler

Inhalt

Vorwort

Etwa 250 Jahre lang war das deutsche Schulwesen das anerkannt beste der Welt. Viele Länder bis hin zu Japan und Finnland hatten es kopiert. Aber das Vorbildliche der deutschen Schulen ging einher damit, dass Deutschland im Wesentlichen ein Obrigkeitsstaat mit dem Erziehungsziel des Untertanen war. So war es schon in den mittelalterlichen Kirchenstaaten, dann im Kaiserreich, im preußischen Beamten- und Soldatenstaat, im Dritten Reich und bis vor kurzem noch in der DDR. Erziehung und Bildung liefen immer wie folgt ab, so unterschiedlich die politischen Systeme auch waren: Eine Riege von Machthabern einigte sich auf irgendwelche Werte, und dann wurden die von oben herab verordnet in den Kopf und in das Herz des Bürgers und damit auch des Kindes. Man musste in solchen Zeiten sein Kind nur so erziehen, wie es alle anderen Menschen auch taten, und das war relativ leicht.

Seit gut 50 Jahren haben wir nun mit unserem Grundgesetz eine Demokratie mit dem Erziehungsziel des mündigen Bürgers, der eine eigentümliche Individualität sein darf, der überzeugt werden muss von dem, was man von ihm fordert und ihm verbietet, der also den Erziehungs- und Bildungszielen zustimmen muss und der Hilfe braucht, um sich in einer pluralen Gesellschaft voller Meinungs- und Wertevielfalt entscheiden, wehren, behaupten und durchsetzen und um Nein sagen zu können. Das ist sehr schwierig, so dass viele junge Menschen Probleme haben, ein stimmiges Weltbild aufzubauen. Verhaltensstörungen wie Gewalttätigkeit, Angst, Krankheit und Sucht sind die Folge.

Die internationale PISA-Studie der OECD bescheinigt daher Deutschland nicht nur einen 21. Platz unter 31 vermessenen Staaten, sondern auch, dass es die größten Leistungsbandbreiten unter 15-Jährigen hat und dass in den Schulen die Jungen nicht mehr mit den Mädchen Schritt halten können.

Aber nicht nur die PISA-Ergebnisse sind für Deutschland unangenehm; Kritik kommt auch von der UNESCO: Unter anderem habe die Bundesrepublik keine geregelte Vorschulbildung, heißt es in dem Bericht ›Bildung für alle 2003/2004‹. Nur 53 Prozent der Dreijährigen und 78 Prozent der Vierjährigen besuchten einen Kindergarten. Mehr als zehn Prozent der Schulanfänger seien in keiner vorschulischen Einrichtung gewesen. Gerade in diesem Alter würden aber wichtige Grundlagen für die Lernmotivation und das lebenslange Lernen geschaffen. Das wirke sich besonders negativ für Kinder aus sozial schwachen Familien sowie für aus dem Ausland stammende Kinder aus. Die UN-Organisation für Erziehung, Wissenschaft und Kultur kritisiert zudem eine fehlende Chancengleichheit unter Jugendlichen. Da in Deutschland die Halbtagsschule dominiere, könnten soziale Problemfälle und elterliche Defizite kaum aufgefangen werden. Schüler würden in die Hauptschulen „abgeschoben". Zudem wird in dem regelmäßig erscheinenden Bericht einer unabhängigen Gruppe von Fachleuten die große Zahl von Schülern in Deutschland bemängelt, die nicht richtig lesen und schreiben könnten.

In den Grundschulen sieht es noch etwas besser aus: Deutschland hat bei der internationalen IGLU-Studie den elften Platz erreicht. Aber das Spiegelbild der preußischen Dreiklassengesellschaft, nämlich das dreigliedrige Schulsystem mit Hauptschule, Realschule und Gymnasium, also mit höher-, mittel- und geringwertigen Bildungsgängen, greift ja auch noch nicht in der Grundschule, die noch eine Gesamtschule ist, aber zugleich kürzer währt als in den meisten Ländern der Erde.

TIMSS, PISA, IGLU, DELPHI, KESS oder LAU heißen die internationalen und nationalen Schülerleistungsvergleichsstudien, die in den letzten Jahren, von den Medien transportiert, immer wieder die deutsche Öffentlichkeit aufgeschreckt haben.

Bei TIMSS und IGLU liegen Schweden und die Niederlande vorn, bei PISA Finnland, Kanada, Japan und Südkorea und bei PISA-E, dem Leistungsvergleich der 16 deutschen Bundesländer, führen Bayern und Baden-Württemberg.

In Ländern, die jeweils unten bei solchen Rankings standen, kam stets sofort die Frage auf, wie sie ihre Schulen umbauen müssten, damit sie künftig besser abschneiden könnten.

Dabei stellten sich mit den analytischen Debatten zwei Grundeinsichten heraus:

- Deutschland muss entweder zurück in die 50er Jahre des vergangenen Jahrhunderts, um weiter nach oben zu kommen; es muss also Angst und Selektion erhöhen, um die Schulverhältnisse der gut abschneidenden Länder Südkorea und Japan anzustreben; oder es muss 20 Jahre in die Zukunft hinein, um die Standards der anderen oben stehenden Länder Finnland, Schweden und Kanada zu erreichen, aber dann müssten statt Angst und Selektion, die mit dem beschönigenden Begriff „neue Leistungskultur" durch die ehemalige baden-württembergische Kultusministerien und jetzige Bundesbildungsministerin Annette Schavan geklammert werden, Motivation und Integration, die auch verächtlich mit dem Begriff „Kuschelpädagogik" gebündelt werden, Einzug an den deutschen Schulen halten.

- Wohlmeinende Lehrer haben in Deutschland in den letzten 40 Jahren den Anteil der Hausaufgaben bis heute auf etwa ein Drittel im Schnitt reduziert, und in den süddeutschen Bundesländern gibt man im Mittel noch heute doppelt so viele Hausaufgaben auf wie in den norddeutschen. Die alte Schule war im Kern eine Halbtagsschule mit der nachmittäglichen Ergänzung der Hausaufgaben. Das waren zwei verschiedene Lernweisen an einem einzigen Tag: Vormittags wurde der Schüler in großen Gruppen belehrt, nachmittags musste er allein und selbstständig Aufgaben lösen. Das ergab zusammen ganz viel Lernen – ebenfalls an einem einzigen Tag. Wenn die norddeutschen Länder also bei PISA-E wieder besser abschneiden wollen und wenn Deutschland international bei PISA besser werden will, dann muss entweder der Anteil der Hausaufgaben verdoppelt werden, oder die Hausaufgaben müssen mit in die Schule hineingenommen werden, und das zwingt dann dazu, den Weg Richtung Ganztagsschule zu beschreiten.

Deutschland hat für etwa zehn Millionen Schüler 42 000 Schulen, verteilt auf 16 Bundesländer mit 16 verschiedenen Schulsystemen, etwa 700 000 Lehrer sowie 2400 verschiedene Lehrpläne, und das ganze Unternehmen kostet pro Jahr etwa 40 Milliarden Euro. Hirnforscher und Lernpsychologen sagen zu diesem teuren Posten der Staatsausgaben: „Was durch Lernen dabei herauskommt, ist viel zu wenig, ist ein volkswirtschaftlicher Skandal."

5000 dieser 42 000 Schulen sind der Zukunft schon sehr nahe, oder sie sind bereits in der Zukunft angekommen; zur Hälfte sind das Privatschulen, zur Hälfte aber auch Staatsschulen.

Ich möchte mit diesem Buch weniger rückwärts gewandt kritisieren, was an unseren Schulen falsch läuft; ich möchte auch nicht so stark die Frage erörtern, wie die internationalen und nationalen Schüler- und Schulleistungsvergleichsstudien erstellt wurden und was an ihnen richtig, bedenklich und falsch ist, denn zumeist werden mit ihnen Äpfel und Birnen – also Unvergleichbares – verglichen.

Ich möchte vielmehr dem Leser aufzeigen, wie Kinder lernen und welche Schlussfolgerungen sich daraus für die Gestaltung der Schule ergeben. Ich greife dabei im Sinne eines Netzwerkes Schule einige viel debattierte Netzmaschen, also Elemente, heraus, die zum Umdenken bei der Herangehensweise an junge Menschen verführen sollen. Das meiste, das ich vorschlage, ist übrigens kostenneutral umsetzbar, denn Geld wird den Schulen mit Sicherheit künftig nicht mehr, sondern eher weniger zur Verfügung stehen.

Hartmut von Hentig hat in der Vor-PISA-Zeit sein Büchlein ›Die Schule neu denken‹ geschrieben. Darum geht es mir: Lieber Leser, schalte den Hebel in deinem Kopf um, nimm einen Paradigmenwechsel vor, damit du als Lehrer, du als Elternteil, du als Schüler, du als Student, du als Referendar, du als Bildungspolitiker einen anderen, hoffentlich effizienteren Zugang zum Lernen findest. Wir müssen endlich die Belehrungsanstalt zu einer Lernwerkstatt umbauen, wir müssen – wie die Finnen sagen – aus dem Belehrten einen Lerner, aus dem Be-Lehrer einen Lernberater, aus der Klasse eine Lernfamilie und aus der Schule ein Lerndorf machen.

Das folgende Mosaik von Bausteinen kann dabei nur unvollständig sein, aber es vermag zu Weichenstellungen in eine bessere Zukunft des Wissens- und Wirtschaftsstandortes Deutschland beizutragen. Wie sagen doch Politiker in Sonntagsreden so gern und richtig? Der einzige Rohstoff, den unsere Gesellschaft hat, sind die Kinder.

Wenn ich im Folgenden von Schülern und Lehrern spreche, sind das für mich geschlechtsneutrale Funktionsbegriffe. Selbstverständlich meine ich dann stets auch Schülerinnen und Lehrerinnen, zumal Schülerinnen zurzeit erfolgreicher sind als männliche Schüler und Lehrerinnen in den deutschen Schulen zahlreicher vorkommen als männliche Lehrer.

Gelegentliche Wiederholungen im Text sind beabsichtigt, weil Schule nur als sehr komplexes Netzwerk verstanden werden kann und einzelne Aspekte deshalb zur Vollständigkeit von zwei oder gar mehreren Kapiteln beitragen müssen.

Hamburg, im Januar 2007 Peter Struck

Einleitung: Die Wirren um TIMSS, PISA und IGLU

„Das Individuum wird von seinen Erziehern behandelt, als ob es zwar etwas Neues sei, aber eine Wiederholung werden solle."

Friedrich Nietzsche

Nachdem es schon immer mal wieder kleine internationale Schüler- und Schulleistungsvergleichsstudien gegeben hatte, nachdem man schon immer Schulrankings in Großbritannien, in den USA und in Kanada erstellt hatte, die leicht verächtlich auch „Schulhitlisten" genannt werden, und nachdem eine Stadtillustrierte für Hamburg bereits zweimal eine Rangordnung aller Gymnasien und Gesamtschulen aufgestellt hatte, die allein auf zweifelhaften Schülerbefragungen beruhte, ging es in den 90er Jahren des letzten Jahrhunderts erstmals mit großer öffentlicher Beachtung und leidenschaftlichen Folgediskussionen los: TIMSS hieß die große internationale Studie, die aber eigentlich schon die dritte ihrer Art war: „Third International Mathematics and Science Study" war ihr voller Name. Schweden und die Niederlande hatten am besten abgeschnitten, Deutschland lag nur auf dem 14. Platz bei Mathematik und Naturwissenschaften bei Achtklässlern und noch deutlich schlechter bei Zwölftklässlern. An dieser Studie nahmen nur gut 20 Länder teil, und die deutsche Schockfrage war: „Warum schneiden russische Schüler besser ab als deutsche, obwohl doch die russischen Schulen viel schlechter ausgestattet sind und obgleich doch die russischen Lehrer nicht mal regelmäßig bezahlt werden?"

Eine Antwort war schnell zur Hand: In einer reizarmen Umgebung Sibiriens, in der es eigentlich nur einen dramatischen Sommer-Winter-Rhythmus gibt, und in einer materialarmen Schule kann der Lehrer eigentlich nicht sehr viel mehr machen, als stundenlang Rechentürme rechnen und Texte abschreiben zu lassen, vorlesen und erzählen und lesen zu lassen, und da ansonsten nicht viel Ablenkungen im Sinne von Reizüberflutung vorhanden sind, wirkt sich das starke rechnerische Üben positiver aus als bei dem Fach Mathematik in Deutschland, das sich zwischen einer Fächerfülle in hochgerüsteten Schulen, zwischen gewaltigen Bildschirmeinflüssen, multimedial ausgestatteten Kinderzimmern, Fußgängerzonen und Einkaufszentren sowie Urlaubsreisen zwischen Karibik und Zermatt verbirgt. Und da bei TIMSS gemessen wurde, wie schnell und wie häufig richtig Aufgaben von der Art 39,8 mal 41,2 bewältigt werden, können ein paar Sekunden Unterschied bis zur Lösung und ein paar Prozentpunkte häufiger richtig gelöste Aufgaben bereits einen Rangordnungsunterschied zwischen den Plätzen 4 und 14 ergeben.

Oder einige Mathematik-Didaktiker gaben zu bedenken, dass ein deutscher Schüler längst begriffen habe, dass man bei der gerade erwähnten Aufgabe wissen müsse, was da ungefähr rauskomme, nämlich 40 mal 40 = 1600, und dass die genaue Ziffernfolge der Taschenrechner liefere, so dass in unserem Kulturbereich Schätzenkönnen mittlerweile bedeutsamer sei als das korrekte Multiplizierenkönnen in Russland.

Kritiker von Schülerleistungsvergleichsstudien verweisen also immer wieder darauf, dass man letztlich unterschiedliche Regionen nicht miteinander vergleichen dürfe, solange nicht gesamte komplexe Netzwerke miteinander verglichen würden, was aber gar nicht möglich sei.

Also ging man daran, die Messmethoden zu verfeinern in Richtung mehr Stimmigkeit. Und dabei kam dann zunächst PISA heraus, was in voller Länge heißt: „Programme for International Student Assessment". Hierbei wurden aber auch nur drei von etwa 500 Leistungsfeldern, die junge Menschen in sich tragen, vermessen: Lesekompetenz, Mathematische Grundbildung und Naturwissenschaftliche Grundbildung, und zwar bei 15-Jährigen unter 31 OECD-Staaten.

Bei der Lesekompetenz „gewann" Finnland mit einem Mittelwert von 546 Punkten (500 Punkte wurden von vornherein als internationaler Durchschnittswert angesetzt), gefolgt von Kanada (534 Punkte), Neuseeland (529), Australien (528), Irland (527), Südkorea (525), Großbritannien (523) und Japan (522). Die USA (504) und Dänemark (497) erreichten in etwa den internationalen Durchschnittswert, Deutschland lag mit 484 Punkten auf Platz 21, und ganz am Schluss standen Luxemburg (441), Mexiko (422) und Brasilien (396 Punkte).

Bei der Mathematischen Grundbildung verschoben sich die Plätze nur ein wenig: Es führten Japan, Südkorea, Neuseeland, Finnland, Australien, Kanada und die Schweiz, Deutschland lag auf Platz 20, und am Schluss befanden sich wieder Luxemburg, Mexiko und Brasilien. Bei der Nachermittlung für das Jahr 2004 hat Deutschland in Mathematik das unbefriedigende Ergebnis, dass seine Zehntklässler in etwa 40 Prozent der Fälle keine Fortschritte von Klassenstufe 9 zu 10 gemacht haben.

Schließlich war die Reihenfolge bei der Naturwissenschaftlichen Grundbildung: Südkorea, Japan, Finnland, Großbritannien, Kanada, Neuseeland, Australien und Österreich, Deutschland lag auch hier auf Platz 20 nach Spanien und vor Polen, und am Ende befanden sich Portugal, Luxemburg und Brasilien.

Eigentlich wollte das in Paris sitzende PISA-Konsortium keine Ziffernreihenfolge analog zu Bundesligatabellen und Medaillenspiegeln haben, sondern die vermessenen Nationen zu Gruppen zusammenstellen, weil die geringen Punkteunterschiede zwischen zwei benachbarten Nationen der Rangreihung mindestens der Fehlerwahrscheinlichkeit bei Messung und Auswertung entsprechen; aber die Medien wollten dann doch gern statt der Ausweisung einer Gruppe, bestehend aus Italien, Deutschland, Liechtenstein, Ungarn und Polen beim Leseverständnis, deren Werte zwischen 487 und 478 Punkten lagen, konkrete Nummernplätze, weil das etwas spektakulärer ist.

Was bei der Rangreihung auffällt, ist, dass vor allem englischsprachige Länder im oberen Drittel auftauchen: Kanada, Neuseeland, Australien, Irland, Großbritannien. Hat hier die einfachere Sprache die sachlichen Schwierigkeiten der Aufgaben relativiert? Ist die Rangreihung mehr eine Rangreihung der Leichtigkeit der Sprachen? Hat Luxemburg so schlecht abgeschnitten, weil nur dort die 15-Jährigen die Fragebögen nicht in ihrer Muttersprache vorgelegt bekamen, sondern in Deutsch oder Französisch?

Ansonsten bleibt die Frage, ob wir die PISA-Rangreihung in ihrer Aussagekraft nicht grundsätzlich überbewerten, denn der Unterschied zwischen Neuseeland auf Platz 3 beim Leseverständnis mit 529 Punkten zu Portugal auf Platz 26 mit 470 Punkten beträgt gerade mal 59 Punkte, was bei einem OECD-Durchschnitt von 500 Punkten nicht sonderlich viel ist. Neuseeland liegt mit seinem 3. Rang nur 5,8 Prozent über dem OECD-Mittel, Portugal mit seinem 26. Rang nur 6 Prozent unter dem Mittel, bei dem in etwa die USA und Dänemark stehen. Deutschland liegt übrigens nur 3,2 Prozent unter diesem Mittelwert. Ist das dramatisch schlimm oder eher als geringfügig zu vernachlässigen?

Kurz nach der internationalen PISA-Studie wurden dann die Ergebnisse für die deutschen Bundesländer unter der Bezeichnung PISA-E vorgelegt:

Baden-Württemberg lag im Leseverständnis genau beim angesetzten internationalen Durchschnitt von 500 Punkten. Nur Bayern war mit 510 Punkten noch besser, während Bremen als einzige separat vermessene Stadt mit 448 Punkten auf dem letzten Platz landete. Hamburg und Berlin hatten – außer bei den Gymnasien – nicht den nötigen Rücklauf an Fragebögen, um mit aufgeführt werden zu können.

Nur bei der Auswertung der Leistungen von Neuntklässlern an Gymnasien tauchten alle 16 Bundesländer auf: So lag bei der Naturwissenschaftlichen Grundbildung Schleswig-Holstein mit 595 Punkten vor Baden-Württemberg (588), Bayern (587) und Sachsen (582). Berlin lag mit 574 Punkten auf Platz 8, Hamburg mit 555 Punkten auf Platz 13 vor Brandenburg (554), Bremen (551) und Sachsen-Anhalt (551).

Bei der Mathematischen Grundbildung führten hingegen Bayern (599), Schleswig-Holstein (590) und Mecklenburg-Vorpommern (577), am Schluss lagen Hamburg (552), Brandenburg (550) und Bremen (547).

Hätte man Bremen nicht mit lauter Flächenländern verglichen, sondern mit Städten wie Köln, Frankfurt am Main oder Leipzig, die sich hinter komfortablen ländlichen Strukturen verstecken können, hätte es bestimmt ganz anders abgeschnitten.

Für den nationalen Schülerleistungsvergleich wurden übrigens weit mehr Schulen pro Bundesland herangezogen als für den internationalen, und zwar je nach Bundeslandgröße unterschiedlich viele. Die Länder sollten jeweils eine Reihe durchschnittlicher Schulen vorschlagen, von denen die PISA-Kommission dann welche zur Messung ausgewählt hat.

Für Deutschland war das schwierig, denn es musste sowohl Gymnasien als auch Hauptschulen, Realschulen und Sonderschulen sowie Gesamtschulen vorschlagen, während Finnland und Schweden beispielsweise nur Gesamtschulen haben. Im Nachhinein wurde kritisiert, dass kleine Länder wie Finnland mit ihrem erhöhten nationalen Stolz doch eher ihre besseren Schulen vorgeschlagen haben als Deutschland, das sich preußisch-korrekt an die Vorgaben hielt.

Die Niederlande haben bei PISA nicht mitgemacht, weil ihr Schulwesen derart bunt ist (fast 70 Prozent ihrer Schulen sind Privatschulen, die aber alle vom Staat bezahlt werden), dass sie nur schwerlich hätten Durchschnittliches auswählen und vorschlagen können. Immerhin haben die niederländischen Schulen bei TIMSS und IGLU weltweit den zweiten Platz hinter Schweden erreicht.

Mit den PISA-Studien wollte man nicht nur Durchschnittswerte ermitteln, sondern auch erkunden, wie viele Schüler ganz leichte Anforderungen bewältigen oder nicht und wie viele Schüler besonders leistungsstark sind. Es wurden also „Kompetenzstufen“ ausgeworfen. So wurde für Deutschland festgestellt, dass nur 50 Prozent der Schulkinder ausländischer Herkunft die Kompetenzstufe 1 beim Lesen erreichen, während in den USA auch relativ viele Kinder aus sozial schwachen Milieus durchschnittliche Leistungen erbringen. In den USA wirkt die Schule, die ja dort eine Gesamtschule ist, integrativer als in Deutschland. Liegt das nur nur an der einfacheren Landessprache?

Deutschland zeigt bei PISA die größten Leistungsbandbreiten aller vermessenen Länder. Bei uns gibt es besonders viele schwache Schüler und andererseits eine nicht so starke Leistungsspitze, wie sie die skandinavischen Länder und Kanada aufweisen.

Wenn man alle Werte zusammennimmt, haben Finnland und Kanada bei PISA auf internationaler Ebene am besten abgeschnitten, und in Deutschland steht Bayern am besten da, so dass sich viele Menschen bei uns fragen: „Müssen wir denn nun nach Finnland oder nach Bayern pilgern, wenn wir sehen wollen, wie wir besser werden können?“

Die bayerische Schulministerin Monika Hohlmeier hat unlängst einen Kooperationsvertrag mit dem Bildungskommissar der kanadischen Provinz Ontario abgeschlossen, weil beide voneinander lernen wollen. Aber ist dieses Abkommen nicht nur zum Zweck der Außenwirkung gegenüber Wählern getroffen worden? Bayern, das gerade wieder die Noten ab Klasse 1 eingeführt hat, entwickelt sich nämlich in eine ganz andere Richtung als Kanada. Während man in Kanada eher auf die Erhöhung von Motivation, Selbstlernen und Integration setzt, verstärkt Bayern die Elemente Notenhürden am Ende der Grundschule, zentrale Abschlüsse und Selektion.

Neun der zehn kanadischen Provinzen haben bei PISA besser abgeschnitten als Bayern. Nur Neubraunschweig liegt mit seinen 501 Punkten unter Bayern, aber immer noch knapp vor dem deutschen Vizemeister Baden-Württemberg mit seinen 500 Punkten.

Mit Geld allein hat das PISA-Ranking allerdings nicht viel zu tun, denn mit 8062 Euro gibt die Schweiz am meisten pro Schüler aus, gefolgt von Österreich mit 7321 und den USA mit 6445 Euro. Länder wie Schweden (4846 Euro), Niederlande (4592 Euro) und Großbritannien (4108 Euro) haben jedoch mit weniger Bildungsinvestitionen bei TIMSS, PISA und IGLU besser abgeschnitten.

Nimmt man bei dem innerdeutschen PISA-Test nur die Lesekompetenz, dann haben die 15-Jährigen in Bayern am besten abgeschnitten, gefolgt von denen in Baden-Württemberg, Sachsen, Thüringen, Rheinland-Pfalz und Nordrhein-Westfalen. Nimmt man dagegen aber die Bereitschaft, Verantwortung zu übernehmen, dann liegen plötzlich die Schüler in Nordrhein-Westfalen und Bremen vorn, gefolgt von denen in Baden-Württemberg, Bayern, Hessen und Niedersachsen.

Bei beiden Aspekten sind die Schlusslichter Brandenburg und Sachsen-Anhalt. Was sehen wir daran? Es kommt darauf an, was und wie man misst, und dann stehen jeweils ganz andere Länder oben. Wie sollte man auch sonst erklären, dass bei jeder Leistungsvergleichsstudie der letzten 15 Jahre immer wieder ganz andere Länder oben und immer wieder ganz andere unten stehen und dass sich überhaupt bei jeder Messung eine völlig andere Tabelle ergibt? Man misst eben, was man messen und was man schon zuvor als Ergebnis in etwa haben möchte. Jeder Schüler ist eine unebene Lernlandschaft, die viel mit seiner gesamten und letztlich unvermessbaren Persönlichkeitsstruktur zu tun hat – zum Glück!

Was bleibt also als Resümee? Deutschland hat die größten Leistungs- und – das sei zu ergänzen – Verhaltensbandbreiten unter 15-Jährigen weltweit, und die deutschen Jungen können nicht mehr mit den Mädchen Schritt halten: Schon 54 Prozent der deutschen Abiturienten sind Mädchen und nur noch 46 Prozent Jungen. Die Mädchen erreichen im Schnitt eine bessere Abiturdurchschnittsnote als die Jungen, zwei Drittel sowohl der deutschen Sitzenbleiber als auch der deutschen Rückläufer (vom Gymnasium zur Realschule und von dieser zur Hauptschule) sind Jungen und 72 Prozent von den 11,8 Prozent eines Schülerjahrgangs, die es nicht einmal bis zum Hauptschulabschluss schaffen, sind Jungen. Und an den deutschen Schulen für Verhaltensgestörte oder Erziehungsschwierige sind gar etwa 90 Prozent Jungen.

Für die beiden Einsichten, dass Deutschland die größten Leistungs- und Verhaltensbandbreiten unter 15-Jährigen hat und dass die Jungen in den Schulen schlechter abschneiden als die Mädchen, hätten wir PISA gar nicht gebraucht, denn beides wussten wir bereits vor dieser Studie.

Im Jahr 2003 erschien dann schließlich die IGLU-Studie, also die „Internationale Grundschul-Lese-Untersuchung“, mit der ein kleines Aufatmen durch Deutschland ging. 500 Punkte waren wieder der vorgegebene internationale Mittelwert; Deutschland kam bei den Viertklässlern mit 539 Punkten auf den elften Platz vor Tschechien (537) und Neuseeland (529), aber nach den USA (542) und Italien (541). Einerseits war also eine sie entlastende Freude bei stolzen Bildungspolitikern auszumachen, andererseits irritierte dennoch, dass Länder wie Ungarn (543), Litauen (543) und Lettland (545) besser abgeschnitten haben. Ganz oben standen in diesem Ranking Schweden (561), die Niederlande (554), England (553) und – man staune – Bulgarien (550 Punkte).

Im Januar 2004 sind dann die dürftigen Ergebnisse der nationalen IGLU-E-Studie für die 16 deutschen Bundesländer bekannt geworden. Gemessen wurden Lesekompetenz und mathematisch-naturwissenschaftliche Fähigkeiten am Ende der Klasse 4, aber nur sieben Bundesländer nahmen überhaupt teil: Auf den ersten drei Plätzen landeten Bayern, Baden-Württemberg und Hessen, gefolgt von Nordrhein-Westfalen, Brandenburg und Bremen. Hätte Thüringen – wenn es denn auch „Stichproben" vorgelegt hätte – mitgewertet werden können, wäre es auf dem ersten Platz gelandet.

Wenn im Moment 11,8 Prozent eines deutschen Schülerjahrgangs nicht einmal den Hauptschulabschluss erreichen und davon 72 Prozent Jungen sind, dann müssen wir noch ergänzen, dass es vor allem die ausländischen Jungen sind, mit denen wir Probleme in der Schule haben. Das sei an den Hamburger Zahlen verdeutlicht: An Schulen mit einem Ausländeranteil über 50 Prozent schaffen 18,57 Prozent nicht den Hauptschulabschluss, an Schulen mit einem Ausländeranteil von 15 bis 50 Prozent sind es 8,76 Prozent, und an Schulen mit einem Ausländeranteil unter 15 Prozent bleiben im Mittel 4,35 Prozent ohne Abschluss. Jeweils etwa 72 Prozent davon sind Jungen.

Es gäbe noch viel mehr von diesen Vergleichsstudien zu berichten. Aber wir haben jetzt nur das herausgenommen, was für die folgenden Kapitel, in denen es um das ertragreiche Lernen gehen soll, relevant ist. Denn Schule ist nicht nur eine Einrichtung, in der es um Lesen, Mathematik und Naturwissenschaften geht, sondern in der wir es mit ganzen Menschen zu tun haben, die über den Erwerb von Kulturtechniken hinaus auch selbstständig, teamfähig, handlungsstark, konfliktfähig, erkundungskompetent, kritisch, kreativ, sozial und politisch mündig und emotional ausgeglichen geraten sollen.

Im Übrigen müssen wir nicht nur Kinder bilden, sondern auch Eltern, Lehrer und Bildungspolitiker, also auch künftige Kultusminister. Oder anders ausgedrückt: Wenn wir bessere Schulen haben wollen, reicht es nicht, bloß an Schüler zu denken; wir müssen dann auch das öffentliche Bewusstsein in Richtung Umdenken erreichen.

Fassen wir zusammen: Fünf besorgniserregende Aspekte fördert PISA für die deutschen Schulen zu Tage:

- Deutschland hat besonders viele schwache 15-Jährige, weil es zu kurz währende Grundschulen hat. Die schwachen und schwierigen Schüler werden zu früh von den mitreißenden Effekten der guten abgekoppelt und müssen ab dann, zum Beispiel in Hauptschulklassen, im eigenen Saft schmoren. Was sollen sie dann noch Positives voneinander lernen?
- Die Familiensozialisation schlägt in Deutschland stärker auf die Schulleistung durch als die Intelligenz der Schüler, weil es mit seinen vorherrschenden Halbtagsschulen zu wenig Zeit für Anwenden, Üben und Wiederholen zur Verfügung stellen kann, zumal die deutschen Lehr- und Bildungspläne übervoll sind. Ganztagsschulen entlasten und stärken die Familie erzieherisch und sie nutzen die zweite Hauptlernphase zwischen 14 und 16 Uhr bei Kindern und zwischen 14.30 und 16.30 Uhr bei Jugendlichen für gezieltes und auch für rhythmisiertes Lernen.
- Die Jungen können in Deutschland nicht mehr mit den Mädchen Schritt halten. In Skandinavien ist das anders, denn dort geschieht Lernen über beide Hirnhälften, in der deutschen Belehrungsschule dagegen, in der Schüler vor allem durch Zuhören lernen sollen, aber im Wesentlichen nur über die linke.
- 15-Jährige, die zu viel und zu lange am Computer und an der Playstation spielen, vor allem wenn es sich um „Ballerspiele“, Grausames und Autorennen handelt, sind einerseits in Mathematik, Technik und Naturwissenschaften etwas leistungsfähiger und „industriegeeigneter“ als Schüler, die selten oder nie an der Playstation spielen, sie sind aber andererseits auch von verkümmerten emotionalen Hirnpartien beeinträchtigt und späterhin nur schwer bindungsfähig.
- Nur in Deutschland wird die schulische Leistungsfähigkeit der Migrantenkinder stetig schlechter, während sie in den anderen OECD-Ländern besser wird. Gesellschaftliche Integration gelingt aber, wie das negative Beispiel der Gewalt an der Ruetli-Hauptschule in Berlin-Neukölln belegt, entweder über Schulen, oder sie misslingt durch Schulen.

Schule sollte ursprünglich nicht der „Reparaturbetrieb“ der Gesellschaft in Sachen Erziehung sein, denn bislang funktionierte eine Arbeitsteilung weitgehend, bei der die Familie erzieht und die Schule bildet. Aber der OECD-Koordinator für die PISA-Studien, Andreas Schleicher, sagt mit Recht: „Wer soll denn sonst im Jahre 2007 die notwendige Erziehung schaffen, wenn nicht die Schule?“

1. Die Ausgangslage

1.1 Haben Sie PISA schon verkraftet?

Werden bei PISA Äpfel mit Birnen verglichen?

Wenn Bayern München Meister der Fußballbundesliga, Gewinner der Champions League und Weltpokalsieger wird, kommt immer noch Geld dazu. Würden die deutschen Schulen bei der PISA-Studie jedoch überall vorn liegen, würden die Finanzminister versuchen, bei ihnen noch mehr zu sparen. Seien wir also froh, dass es nicht so ist, denn nun wird vielleicht ein wenig mehr in die Zukunft unserer Kinder investiert.

Willi Lemke, der Bremer Schulsenator, hat aber ganz listig erkannt, dass die Unterschiede in den Schülerleistungen zwischen den 31 vermessenen Staaten eigentlich nur marginal sind. So stehen beim Lernverständnis Mexiko mit 422 Punkten auf dem 31. Platz, Finnland mit 546 Punkten auf dem ersten Platz, die USA mit 504 Punkten fast auf dem OECD-Durchschnittsplatz, der mit 500 Punkten vorgegeben wurde, und Deutschland mit 484 Punkten fast auch da.

Was ist PISA also wirklich wert? Luxemburg liegt neben Mexiko ganz unten, hat aber durchweg nur 11 bis 13 Schüler in reich und gemütlich ausgestatteten Klassen und Lehrer, die viel mehr Gehalt bekommen als ihre deutschen Kollegen, während in dem Moloch Mexiko-City die Unmassen von schnüffelnden Straßenkindern auffallen, die gewiss nicht zur Schule gehen und deshalb auch nicht mitgemessen wurden.

Muss es nicht wundern, dass bei der Inflation von Vergleichsstudien über Schüler- und Schulleistungen in den letzten Jahren, ob sie nun TIMSS, LAU, IGLU, KESS, DELPHI oder PISA heißen, ob sie nun internationaler oder auch nationaler Art sind, immer wieder ganz andere Länder oben und ganz andere unten stehen?

Wer wird bei der nächsten Studie gewinnen und wer verlieren? Gerade haben wir uns daran gewöhnt, dass bei TIMSS Schweden ganz oben und die Niederlande auf Platz 2 standen, was immerhin deshalb interessant war, weil Schweden ein staatliches Gesamtschulwesen und die Niederlande ein im Wesentlichen privates und sehr viel stärker als bei uns zergliedertes Schulsystem haben. Plötzlich stehen Länder wie Finnland und Kanada ganz oben, die ihre Belehrungsanstalten längst zu Lernwerkstätten umgebaut haben, in denen viel gesprochen und gehandelt wird, in denen Fehler als Freunde beim Lernen verstanden werden und in denen die Lehrer von Be-Lehrern zu Lernberatern gewandelt worden sind, aber auch Länder wie Südkorea und Japan, die autoritäre Paukschulen mit hohen Notenhürden und Ausleseprüfungen haben.

Wenn wir jetzt über die Konsequenzen von PISA nachdenken, müssen wir also entweder in die 50er-Jahre des letzten Jahrhunderts zurück, und dann bekommen wir südkoreanische und japanische Schulverhältnisse, aber hoffentlich nicht zugleich mit den extrem hohen Schülersuizidraten, die diese Länder haben; oder wir müssen in die Zukunft hinein, und dann bekommen wir skandinavische oder kanadische Schulverhältnisse.

Sowieso bleiben ja viele Fragen trotz PISA offen:

Der ehemalige bayerische Kultusminister Hans Zehetmair hat schon 1996 behauptet, es gebe ein deutsches Süd-Nord-Gefälle bei den Schülerleistungen, und kam zu dem Schluss: „Norddeutsche sind dümmer." Wie erklärt er aber damit, dass die Region Hamburg die wohlhabendste ist? Erwirtschaften nur Bayern das Hamburger Bruttosozialprodukt?

Wie kommt es, dass bei einer Studie, die GEO-Wissen in Auftrag gegeben hatte, plötzlich die schleswig-holsteinischen Schüler ganz oben lagen, die bayerischen aber nur im Mittelfeld?

Und ist es gerecht, wenn Edmund Stoiber mir in einer Kärntener Sauna vorhält, dass in Bayern 19 Prozent eines Schülerjahrgangs zum Abitur kommen, in Hamburg aber 37 Prozent irgendwie zur Hochschulreife, und da sei das bayerische Abitur ja wohl höherwertiger? Ist es denn nicht besser, wenn möglichst viele junge Menschen ein breites allgemein bildendes Fundament erhalten? Und dürfte man, wenn überhaupt, nicht nur die oberen 19 Prozent der 37 Prozent Hamburger Hochschulberechtigten mit den 19 Prozent bayerischen Abiturienten vergleichen, wenn man fair sein will?

Wissen die Autoren der Studien also, wie sich heutige Schüler von innen anfühlen, ob sie in Deutschland genauso ernst an Fragebögen herangehen wie in Südkorea und ob sie nicht Aufgaben bewältigen können, ohne dass es den Anschein hat?

Der Komiker Otto Waalkes hat uns mit einem schönen Sketch beglückt, in dem ein Junge seinen Vater fragt, was denn 28 : 7 sei. Nach langem Hin und Her stellt sich heraus, der Junge wusste ganz genau, was 28 : 7 ist, er hatte nur die Aufgabe nicht verstanden. Aber genau das sagt PISA ja auch: Leseverständnis und Umsetzen von Wissen in Handeln seien die deutschen Defizite.

Oder liegt es an den Lehrern, die sowieso schon längst zwischen allen Stühlen sitzen mit ihrem schlechten Ruf, ihrer früheren Ausbildung für Schüler, die es heute gar nicht mehr gibt, zunehmenden Verhaltens- und Leistungsbandbreiten bei den Kids, höchst gegensätzlichen Elternerwartungen, Sparmaßnahmen, Reformstau und Experimentierwut zugleich, zu hohen Klassenfrequenzen, ihrem eigenen Älterwerden mit Burn-out-Syndrom und den hohen Erwartungen ihrer Abnehmer, nämlich der Hochschulen und der Ausbildungsbetriebe?

Die Züricher *Weltwoche* hat dieses Thema bereits vor Jahren in folgendes Bild gekleidet: Der heutige Lehrer hat die Aufgabe, eine Wandergruppe bestehend aus Spitzensportlern und Schwerstbehinderten bei Nebel durch unwegsames Gelände in nordsüdlicher und westöstlicher Richtung zugleich zu führen, und zwar so, dass alle bei bester Laune und gleichzeitig an drei verschiedenen Zielorten von ihren Eltern, Ausbildungsleitern und Hochschullehrern empfangen werden können.

Was und wie misst PISA eigentlich? Die Mathematik-Didaktiker der Universität Dortmund sagen doch schon seit Jahren, heute sei es für einen Schüler wichtiger, das Ergebnis einer Rechenaufgabe gut schätzen zu können, weil ihm die genaue Ziffernfolge des Ergebnisses der Taschenrechner liefert. Gibt es Sinn, deutsche und kanadische Schüler im Lesen zu vergleichen, da die englische Sprache und Schrift doch leichter zu erfassen sind als die deutsche? Aber Finnisch ist noch schwieriger. Ist es vielleicht die größere Schwierigkeit der finnischen Sprache, die dort die Schüler früher zu einer erhöhten Anstrengungskultur und damit zu mehr Leistungen herausfordert? Darf man Finnland mit seinen langen Winternächten mit dem Ruhrgebiet oder mit Hamburg vergleichen?

Nun sind die deutschen Schulen eher Halbtagsschulen, die traditionell die übende und vertiefende nachmittägliche Ergänzung durch Hausaufgaben brauchen. Gerade die Hausaufgaben sind aber in den letzten 40 Jahren stark abgebaut worden und teilweise durch verstärkten Medien-, also Informationskonsum ersetzt worden.

Die Tatsache, dass Deutschland mit seiner preußischen Tradition zur Perfektion – und zum Lamentieren – neigt, hat zu enorm überfrachteten Lehrplänen – von denen es insgesamt etwa 2400 gibt – geführt, mit deren Stoffdruck kaum noch Zeit zum Üben, Vertiefen und Anwenden bleibt. Die bei PISA oben stehenden skandinavischen Länder und Kanada haben aber knappe Lehrpläne sowie große Übungs- und handlungsorientierte Anwendungsanteile und zeigen daher bessere Lernergebnisse.

Wahrscheinlich vergleicht PISA also Äpfel mit Birnen, auch weil Finnland und Südkorea kaum Ausländerkinder haben, Deutschland aber wenigstens diesbezüglich Weltmeister ist. Mit der OECD-weit kürzesten Grundschulzeit (Italien hat fünf Jahre, die anderen Länder haben sechs, neun, zehn oder zwölf Jahre Grundschule) koppeln wir aber gerade die schwachen Schüler und unter ihnen zumal viele Ausländerkinder viel zu früh von der Motivation ab. Sie werden oft schon mit zehn Jahren Verlierer und geben sich dann als immerhin geborene Lerner auf. Große Leistungsbandbreiten – und hierbei ist Deutschland ebenfalls Spitze – sind gewiss auch die Folge von zu früh einsetzender Selektion statt möglichst lang anhaltender Forderung, Förderung und Integration. Unser früh einsetzendes dreigliedriges Schulsystem mit Hauptschule, Realschule und Gymnasium begünstigt jedenfalls gesellschaftliche Spaltung.

Es bleibt die Frage, ob man Schüler in ihrem Leistungsprofil wirklich stimmig vermessen kann. Man kann sie zwar in ihrer Körperlänge vermessen, und man kann auch messen, ob sie übergewichtig oder rot-grün-blind sind. Aber messen zu wollen, wie viele übergewichtige Schüler zugleich rot-grün-blind sind und in welcher Weise sie sich von linkshändigen hyperaktiven Legasthenikern unterscheiden, gibt nicht viel Sinn, und das Resultat interessiert auch niemanden wirklich.

Der ehemalige hessische Kultusminister Hartmut Holzapfel, der wahrscheinlich der letzte kompetente deutsche Kultusminister war, wenn man an die heutigen Quotenfrauen, Gymnasiallehrerinnen, Pfarrer, Strauß-Töchter, abgewickelten Fußballmanager und ehemaligen Konteradmiräle in den Kabinetten denkt, die für Schule zuständig sind, hat Schulleistungsvergleichsstudien einmal auf diese Formel gebracht: „Wer Gymnasien mit Gesamtschulen vergleicht, vergleicht Äpfel mit Birnen; ich esse, wenn es um die Früchte geht, lieber Birnen, wenn es um die Säfte geht, dann trinke ich aber lieber Apfelsaft."

Jedenfalls werfen sowohl die PISA-Kommission der OECD in Paris als auch der Hirnforscher Manfred Spitzer aus Ulm den deutschen Schulen dreierlei vor:

– Sie betreiben eine übermäßige Beschämungskultur mit den Elementen frühe Notengebung, Sitzenbleiben, Hürden am Ende der

Grundschule Richtung weiterführende Schulen, Abschluss verweigern, zentrale Abschlussprüfungen und Kursabstieg sowie Verweis von der Schule.
- Sie betreiben eine ineffiziente Fehlerkultur, denn Kinder lernen am besten über Um- und Irrwege, also durch Versuch und Irrtum bzw. „trial and error". Die Kanadier sagen deshalb: „Fehler und Probleme sind Freunde beim Lernen."
- Sie sind noch allzu sehr Belehrungsanstalten, in denen Schüler durch Zuhören lernen sollen. Dabei lernen sie besser durch Aussprechen, Erklären, Präsentieren und Handeln sowie voneinander.

1.2 Was sagt uns PISA-E für Deutschland?

Müssen wir nun nach Finnland oder Bayern pilgern, um die Schule der Zukunft zu sehen?

Nachdem bei PISA-international Finnland, Kanada – an dem sich jetzt Bayern orientieren will, das aber gleichzeitig alles anders macht als sein nordamerikanischer Partner – und Südkorea vorn lagen, kam dann der mit Spannung erwartete innerdeutsche Leistungsvergleich PISA-E, den Bayern und Baden-Württemberg gewannen. Und danach folgte PISA-E II, eine Studie, die mit denselben 50000 15-Jährigen aus 1246 Schulen aller 16 Bundesländer im Jahre 2000 durchgeführt wurde, die auch schon für die Ermittlung von Lesekompetenz und Umsetzenkönnen von mathematischem und naturwissenschaftlichem Wissen bei dem ersten PISA-E-Leistungsvergleich herhalten mussten. Nur ging es hierbei um Anderes:
- Das Benotungsverhalten der Lehrer wurde untersucht; dabei ergab sich, dass der Zensurendurchschnitt in allen Schulformen und sämtlichen Bundesländern etwa gleich ist, dass allerdings dieselbe Leistung in Mathe an derselben Schulform mal mit einer 2, mal aber auch mit einer 4 oder 5 benotet wurde, dass die größte Notenstreuung an den hessischen Gesamtschulen, die geringste an den baden-württembergischen Realschulen feststellbar ist und dass 20 Prozent der bayerischen und baden-württembergischen Haupt- und Realschüler besser waren als das schwächste Drittel der Gymnasiasten.
- Die Bereitschaft zu sozialem Engagement (Kategorie „Verantwortungsübernahme") ist in den alten Bundesländern deutlich höher als in den neuen (hier führen Nordrhein-Westfalen und

Bremen vor Baden-Württemberg, Hessen und Niedersachsen), während beim Aspekt „Verantwortungsabwehr" (sprich Egoismus und Wegschaumentalität) die neuen Länder vorn liegen.

- Bei Migrantenanteilen in den Schulklassen bis hin zu 20 Prozent sinkt die Durchschnittsleistung „rapide", und ab dann bleibt sie gleich schwach, so dass es keine Rolle mehr spielt, ob jeder fünfte, jeder dritte oder jeder zweite Schüler Zuwanderer ist, was offenbar daran liegt, dass Schulen erst bei einem Anteil ab etwa 20 Prozent mit gezielteren Förderungen von Migrantenkindern beginnen. Ausländerkinder in Bayern und Baden-Württemberg zeigen eine ziemlich hohe Leistungsfähigkeit, in Bremen und Schleswig-Holstein aber eine auffällig geringe.
- Die Schulzufriedenheit ist bei Gymnasiasten am geringsten.
- Während Mädchen bessere Leseleistungen erbringen, können die Jungen besser rechnen, aber selbst die, die gut rechnen können, haben größere Probleme, mathematische Zusammenhänge zu verstehen, als skandinavische oder kanadische Schüler.

Was lehrt uns das alles?

Die meisten Kritiker führen die ungünstigen Resultate auf eine unzulängliche Lernkultur der Schulen und auf eine zu früh einsetzende Selektion, nämlich bereits nach Klasse 4, in Richtung Hauptschule, Realschule und Gymnasium zurück, so dass zum Beispiel 40 Prozent der bayerischen Realschüler auch im Gymnasium gut mithalten könnten; schuld sind Notenhürden vor den weiterführenden Schulen schon bei Zehnjährigen, die Spätentwicklern Bildungschancen verbauen, so dass Bayern nahezu die niedrigste Abiturientenquote in Europa erreicht. Überhaupt sagt die Tatsache, dass ein und dieselbe Arbeit bundesweit und auch innerhalb einer Schulform zwischen 1 und 5 bewertet wird, noch nicht sonderlich viel aus, denn man kann eine Klassenarbeit nicht an sich benoten, ohne zu wissen, was zuvor konkret im Unterricht behandelt wurde.

Wieder einmal wurden also bei PISA Äpfel mit Birnen verglichen. Und wieder einmal bleiben viele Fragen offen: Ist es nicht wunderbar, dass Bremer Schüler so sozialkompetent sind, obwohl die bundesweit höchste Quote an ausländischen Mitschülern den Klassendurchschnitt dort etwas herunterzieht? Sind Noten überhaupt sinnvoll, da doch Dänemark bis zur Klasse 7 und Schweden bis zur Klasse 8 gar keine Noten geben? Lernen nicht Kinder besser ohne und Jugendliche besser mit Noten? Sind „pädagogische Noten", die mehr Mut machen, als den objektiven Leistungsstand widerzuspiegeln, nicht angemessener als „gerechte", aber zugleich demotivierende und schwache Schüler abkoppelnde? Muss man die hessischen Gesamtschullehrer für ihre offenbar individuell differenzierende Notengebung eher tadeln oder eher loben?

1.3 Was hat die Debatte bislang bewirkt?

Sonntagsredner behaupten, unsere Kinder seien das einzige Zukunftskapital unserer Gesellschaft.

Im Mai 2001 haben die B-Länder, also die CDU/CSU-regierten, noch einen Antrag Brandenburgs auf Schaffung eines Konsenses über „Mindeststandards", die die Schulen in Sachen Bildung anpeilen sollten, abgelehnt. Aber unter dem Eindruck von PISA und PISA-E hat die Kultusministerkonferenz ein Jahr später in Eisenach beschlossen, was jetzt in ersten Entwürfen vorliegt, nämlich ab 2004 „nationale Bildungsstandards", die mehr als ein Lernzielkatalog sind, also auch Kompetenzen wie Schlüsselqualifikationen beinhalten, in allen 16 Bundesländern greifen zu lassen.

Wahrscheinlich wird eine unabhängige wissenschaftliche Institution diese Kerncurricula formulieren, und neu ist, dass das Bundesbildungsministerium, die separierende Kulturhoheit der Länder übergreifend, dabei beteiligt ist. Die Länder haben gewiss diesem partiellen Verzicht auf ihre eigene Spielwiese nur deshalb zugestimmt, weil der Bund dann für finanzielle Unterstützung sorgen wird.

Was haben zweieinhalb Jahre aufgeregter PISA-Debatten in der Öffentlichkeit nun aber wirklich bewirkt?

Gut sichtbar ist eigentlich nur Viererlei:

- Die Masse der Eltern hat verstanden, wie wichtig Bildung ist, und wird zunehmend ungeduldig, dass sich dennoch nicht genug in den Schulen nach vorn bewegt.
- Vor der Einschulung sollen Kinder mit keinen oder geringen Deutschfähigkeiten sprachlich in die Lage versetzt werden, den Wettlauf Richtung Schulabschluss mitzuhalten. Dafür hätte es aber eigentlich nach Züricher Vorbild einer Integration von Kindergarten und Grundschule bedurft.
- Jede vierte der 42 000 deutschen Schulen soll sich in Richtung Ganztagsschule öffnen, gefördert durch einen Vier-Milliarden-Euro-Topf des Bundes. In einigen Bundesländern sollen auch Privatschulen in den Genuss dieses warmen Geld-Regens kommen, der letztlich aber nur eine Türöffnerfunktion hat; denn die Haupt-

last einer nachhaltigen Ganztagsschulentwicklung wird von den Kommunen getragen werden müssen.

- Obwohl in Sonntagsreden immer wieder behauptet wird, Bildung sei das beste deutsche Kapital und eine Förderung der jungen Menschen die sinnvollste Zukunftsinvestition in den Wirtschaftsstandort Deutschland, wird trotz aller DELPHI-, TIMSS-, LAU-, PISA-, DESI-, PISA-E- und IGLU-Studien im Kindergarten- und Schulbereich vor allem immer mehr gespart. Während die kleinen Länder um Deutschland herum einen wesentlich höheren Anteil ihres BIP in ihre Bildungseinrichtungen stecken, um im internationalen Wettbewerb überleben zu können, kürzen die deutschen Bundesländer – jeweils etwas unterschiedlich – durch Erhöhungen von Klassenfrequenzen und Lehrerarbeitszeiten, durch Beschneidung der Sachmittel, durch neue Lehrerarbeitszeitmodelle mit Jahres- und Lebensarbeitszeitkonten, durch Modelle zur Faktorisierung der Unterrichtsfächer (Beispiel Hamburg: Sport wird mit 75 Minuten, Deutsch mit 102 Minuten verrechnet), durch Lehraufträge für Pensionäre und andere Außenstehende und durch die Beteiligung der Eltern an Schulbuch- und Instandsetzungskosten.

Während die Brandenburger und die schleswig-holsteinische SPD als Konsequenz aus PISA die Einführung einer neunjährigen Grundschule begünstigen wollen und damit auf einer Linie mit einer Forderung der baden-württembergischen Handwerkskammer liegt, um mehr lernfördernde mitreißende Effekte, also mehr Integration entsprechend dem finnischen Motto „Jeder Lehrer hat sich gefälligst auf jeden Schüler in dessen Besonderheiten einzustellen“ zu erreichen, verkündet der bayerische Ministerpräsident Edmund Stoiber in seinem Landtag die Wiedereinführung der Noten ab Klasse 1 und die vorzeitige Entbindung besonders schwieriger Schüler von der Schulpflicht.

Die einen wollen eben wie Bayern und Baden-Württemberg mit der Erhöhung der Elemente Angst und Selektion bei PISA besser werden, die anderen wie Schleswig-Holstein, Brandenburg und Berlin mit der Stärkung der Aspekte Motivation und Integration, wozu auch „Flexible Eingangsphasen“, die der Schüler ein, zwei oder drei Jahre lang besuchen kann, bevor er ohne Versagenserlebnisse in die 3. Klasse kommt, gehören (in Brandenburg und Sachsen-Anhalt „FLEX-Klassen“ genannt). Aber immerhin: Der brandenburgische Bildungsminister Steffen Reiche stellt gerade ein starkes pragmatisches Zusammenrücken der deutschen Kultusminister wegen der gemeinsamen PISA-bedingten Not fest. Den Mut, eine stärkere rahmengebende Bundeskompetenz zu fordern, haben sie aber nicht. Jedoch verweisen sie darauf, dass gute Dinge Weile brauchen und dass ja immerhin das Feuer des gewaltigen Interesses in Sachen Bildungsdiskussion durch immer wieder neue Schüler-, Schul- und Lehrerleistungsvergleichsstudien auch auf Dauer weiter brennen wird. So haben Niedersachsen und Schleswig-Holstein gerade einen stetig wiederkehrenden Schul-TÜV eingeführt.

Aber was sind die konsensträchtigen Tendenzen nach PISA im Einzelnen?

- Die hohe Bedeutung von Bildung bzw. des Zusammenwirkens von Erziehung und Bildung ist mittlerweile in sämtlichen Köpfen vom einzelnen Elternteil über die Ministerpräsidenten und das Bundeskabinett bis hin zum Bundespräsidenten verankert.
- Es gibt bundesweit eine „Tendenz" zu einem Mehr an Theorie-Praxis-Verknüpfung in der Lehrerbildung, angefangen damit, dass bereits jeder Lehramtsstudent künftig wohl einer Partnerschule zugeordnet wird, dass Pflichtseminare in Sachen Verhaltensstörungen, Gewalt- und Suchtprävention, Bewegungs- und Ernährungserziehung, ADHS, Legasthenie, Dyskalkulie, Hochbegabungen, Wahrnehmungsstörungen etc. eingerichtet werden, dass eine Lernbereichsdidaktik neben die Fachdidaktik gestellt und über eine obligatorische Lehrerfortbildung nachgedacht wird.
- Es gibt die Tendenz, die frühere Einschulung von frühgeförderten Kindern zu begünstigen, indem die Regelung für „Kann-Kinder" bis zum 31. Dezember gestreckt wird (wer bis Silvester sechs Jahre alt wird, kann zuvor im August in die 1. Klasse kommen).
- Es gibt eine Tendenz in Richtung Abitur nach Klasse 12, wiewohl es sinnvoll ist, nicht entweder nach 13 oder nach 12 zu sagen, sondern beide Wege nebeneinander anzubieten, also nach schleswigholsteinischem Vorbild ein „Gymnasium mit zwei Geschwindigkeiten" einzurichten oder nach dem Hamburger Modell am Gymnasium das Abitur nach 12 zu schaffen und an den Gesamtschulen das Abitur nach 13 beizubehalten (was zu einer Steigerung der Gesamtschulanmeldungen geführt hat) oder den „falschen" Kompromiss von Rheinland-Pfalz zu wählen, mit dem ein Abitur nach 12 1/2 Jahren angepeilt wird.
- Es gibt eine Tendenz, mit allen Mitteln gegen Unterrichtsausfall vorzugehen, jedoch mehr aus kosmetischen Gründen gegenüber Eltern, denn in Wirklichkeit sind Vertretungsstunden nie so lerneffizient wie Stunden, die in Kontinuität gegeben werden.

– Leider gibt es keine Tendenz zu einer Abschaffung der Hauptschule und zu einem bundeseinheitlichen 10. Pflichtschuljahr, obwohl Hauptschüler mit ihrem Abschluss am Ende der 9. Klasse kaum noch Ausbildungsplatzchancen haben.

1.4 Nachdenkliches zum Ansinnen eines PISA-Tests für Lehrer

Mit Arbeitszeitmodellen tun Lehrer nur noch, was sie machen müssen; solche Modelle verletzen das pädagogische Ethos.

Erst gab es TIMSS und DELPHI, dann PISA für 31 Industriestaaten und danach PISA-E für Deutschland. 2003 war IGLU, 2004 IGLU-E und PISA-2, 2006 kommt PISA-3, und nun wird ein PISA-Test für Lehrer geplant. Da fehlt eigentlich nur noch ein PISA-Test für Eltern oder gar einer für Kultusminister.

Ein PISA-Test für Lehrer wird – kaum von der OECD-Zentrale in Paris angedacht – mit vorauseilendem Gehorsam quer durch die deutschen Parteien bejaht, und auch die Gewerkschaft Erziehung und Wissenschaft (GEW) und der Verband Bildung und Erziehung (VBE) stimmen zu. Nur der Deutsche Lehrerverband (DL) warnt mit seinem Vorsitzenden Josef Kraus davor, ständig neue Testserien durch das Land zu jagen. Fast muss man befürchten, dass Lehrer bald derart viel messen müssen und selbst vermessen werden, dass sie kaum noch zum Unterrichten kommen.

Nun kann man ja für einen Lehrertest sein, weil Schule teuer ist und der Steuerzahler ein Recht auf Evaluation der Unterrichtsmotoren und ihrer Leistungsfähigkeit hat; man kann jedoch auch dagegen sein, weil die aufkommende Vermessungssucht gegenüber den Lehranstalten diese fast erstickt.

Man kann aber auch fragen: Geht das überhaupt, Lehrer in ihrer Qualität einzufangen? Und wer soll der beurteilende Maßstab sein? Die Schüler, die Eltern, die Kollegen, die Schulleiter oder alle zusammen? Denkbar wäre auch eine Jury aus ausländischen Experten, Ausbildungsleitern, Handwerksmeistern, Vertretern der Industrie- und Handelskammern sowie Hochschulen und vielleicht sogar Journalisten.

Und was soll am Lehrer eruiert werden? Der Ertrag der Lehrerarbeit wird ja bereits mit den bisherigen PISA-Studien ermittelt.

Und auf unterschiedliche Unterrichtsmethoden reagieren Schüler unterschiedlich. Also bleibt wohl das Engagement der Lehrer außerhalb des Unterrichts gegenüber Eltern und Schülern, ihre diagnostische Kompetenz in Bezug auf AD(H)S, Legasthenie, Hochbegabungen, Linkshändigkeit, Stottern, feinmotorische Störungen und Ausfallerscheinungen, ihre Partizipation an schulischer Gremienarbeit und ihre Teamfähigkeit. Aber wer ist denn nun besser? Ist es derjenige, der mit erhöhtem Leistungsdruck einen höheren Klassendurchschnitt erzielt, oder derjenige, der als Coach seiner Schüler ihre Motivation zu steigern vermag?

Was der eine Begutachter am Lehrer toll findet, entsetzt vielleicht den anderen. Und wie will man die ideologischen Anteile des Lehrers und des Begutachters zugleich herausfiltern? Und wie die Altersunterschiede der Pädagogen, ihre Art sich zu kleiden, ihr Temperament, ihre Mimik und Gestik, ihren Sprachcode, ihre Bereitschaft, Räume auszugestalten, ihr Geschlecht und ihre Krankheiten?

Schon zweimal hat es Ansätze gegeben, Lehrer zu vermessen, indem Bremen die Pädagogen nach unterschiedlichem Aufwand in unterschiedlichen Fächern faktorisieren wollte, mit der Absicht, dass Deutschlehrer weniger als Sportlehrer unterrichten sollten und Chemielehrer weniger als Deutschlehrer, und indem Nordrhein-Westfalen Lehrern „Pädagotchis“ gab, in die sie alle Tagesleistungen in Sachen Schule einzutippen hatten. Beide Ansinnen sind gescheitert, und zwar mit der Erkenntnis, dass man damit aus Lehrerkollegien hochexplosive Gemische macht, die vor lauter Neid dem Initiator um die Ohren zu fliegen drohen, weil die Minderheit der optimalen Lehrer stets von den anderen abgewertet wird und weil der Durchschnitt seine Leistungen untereinander aufzuwerten geneigt ist, ganz zu schweigen davon, dass Kollegen, die derselben Partei oder demselben Lehrerverband angehören, nicht davor gefeit sind, sich gegenseitig hoch zu loben.

Ein PISA-Test für Lehrer wird also noch weniger funktionieren als einer für Schüler. Lehrerverhalten ist zu komplex, als dass man es in ein lineares Ranking werfen könnte.

Das hat inzwischen leidvoll Hamburg erkannt, nachdem es im zweiten Jahr ein neues Lehrerarbeitszeitmodell erprobt, mit dem ganz und gar unrealistisch und den Aspekt des pädagogischen Ethos verletzend Lehrer nach Fächern, Schulstufen und Schulformen faktorisiert werden: Sportlehrer müssen mehr unterrichten als Chemielehrer, Grundschullehrer mehr als Gymnasiallehrer, Elternsprechstunden und Konferenzen werden mit Minuten auf eine Jahresarbeitszeit angerechnet und Klassenfahrten und Schulfeste eher gar nicht. Wer alles am Lehrerarbeitsplatz zu regeln versucht, vermeintlich gerecht und mit gleichzeitigen Einsparungsstrategien verknüpft, muss sich nicht wundern, wenn Lehrer nur noch das tun, was sie unbedingt tun müssen. Das pädagogische Ethos und damit die Schüler bleiben dabei auf der Strecke.

1.5 Brauchen wir einen PISA-Test für Kultusminister?

Das Beste, was Kultusminister tun können, ist, die Schulen freizulassen.

Dass Deutschland so schwach bei PISA und Norddeutschland so ungünstig bei PISA-E abgeschnitten haben, war ja gut, weil damit endlich einmal – und wegen der Fortsetzung der PISA-Studien auch nachhaltig – der Blick der Öffentlichkeit und zumal der Politik auf Erziehung und Bildung, auf Kinder, Jugendliche und die Zukunft der Schulen gezwungen wurde. Nach drei Jahren einer allgemeinen PISA-Debatte macht sich aber nun doch Ernüchterung breit. Denn nur sehr wenig deutet sich an Verbesserungen an, und die richten sich eher auf äußere Maßnahmen als auf eine dringend erforderliche innere Schulreform.

Nachdem jetzt ganz ernsthaft als eine Konsequenz ein PISA-Test für Lehrkräfte vorbereitet wird, der aber gar nicht funktionieren kann, weil die Qualität von Lehrerpersönlichkeiten auf diese Weise auf keinen Fall einzufangen ist, und mehr scherzhaft sogar ein PISA-Test für Eltern, bräuchten wir wohl vor allem einen PISA-Test für Kultusminister, denn sie gehen durch die Bank einerseits recht unintelligent und andererseits nach wie vor ideologisch an die Schulgestaltung heran.

Was an PISA richtig war, wussten wir schon zuvor, dass wir nämlich als Folge von Demokratisierungsprozessen, die mit erlaubter Meinungs- und Wertevielfalt, mit Familienzerfall, mit Migrationswellen und mit Marginalisierung einzelner Gruppen einhergehen, die größten Leistungs- und Verhaltensbandbreiten von allen vermessenen 31 OECD-Ländern bei 15-Jährigen haben und dass die Jungen nicht mehr mit den Mädchen beim Lernen Schritt halten können. Was an PISA hingegen falsch ist, ist das Ranking der Länder, das die Autoren aber eigentlich auch gar nicht haben wollen.

Die Schule vor Ort zu stärken ist eine Konsequenz aus PISA. Die Kultusminister wollen den unterschiedlichen regionalen Bedingungen von Schulen Rechnung tragen, wenn sie von „selbstständiger Schule“ mit eigenem Profil oder Schulprogramm, von „schulscharfer Einstellung“ oder Personalhoheit der einzelnen Schule, von „eigener Budgetierung“ und von Schulmanagement sprechen. Aus diesem Grund hat Niedersachsen schon vor einiger Zeit die meisten Schulräte abgeschafft, um deren Kompetenzen den Schulleitern übertragen zu können.

Eine andere Folge von PISA ist die Diskussion um „Mindeststandards“ bzw. „Bildungsstandards“, so dass die Bundesländer Berlin, Brandenburg, Bremen und Mecklenburg-Vorpommern nun gemeinsame Lehrpläne entwickeln; leider hat Schleswig-Holstein aber die Chance vertan, sich diesem Konzept anzuschließen, und Niedersachsen und Hamburg wollen sich als inzwischen nicht mehr SPD-regiert dieser Initiative ohnehin nicht anschließen.

Weniger zentrale Vorgaben und mehr Schulgestaltung vor Ort ist eine Einsicht, die die Kultusminister offenbar von den bei PISA oben stehenden skandinavischen Ländern und von Kanada her gewonnen haben, und dass Bildung nicht erst mit der Einschulung, sondern schon mit der Geburt beginnt, ist die andere. Konsequenterweise hätten sie dann aber auch die Lehrpläne deutlich entrümpeln und straffen müssen sowie die Grundschule mit dem Kindergarten integrieren sollen, wie es gerade das neue Volksschulgesetz des Kantons Zürichs auf den Weg bringt, und nicht nur mit parteiübergreifendem Konsens dafür sorgen zu wollen, dass Kinder bereits gut Deutsch können und ganztägig kompensatorisch im Vorschulbereich versorgt werden, bevor sie eingeschult werden. Aus Zürich hätte man übrigens auch lernen können, dass in dem Maße, wie bei immer mehr Kindern die Arbeitsteilung zwischen der erziehenden Familie und der bildenden Schule nicht mehr funktioniert, die Eltern strafbewehrt zur Teilnahme an Elternabenden und -sprechtagen gezwungen werden können, dass Lehrerstudenten nicht nur zu Lehrern für Fächer, sondern auch zu Klassenlehrern ausgebildet werden müssen, und dass Schüler besser lernen, wenn sie statt nur einen zwei Klassenlehrer haben, indem zwei Lehrkräfte zusammen zwei Klassen führen, wie es viele Hamburger Gesamtschulen und auch sonst viele deutsche Schulen seit Jahren geregelt haben.

Aber die Debatte um die Lehrerbildung kommt nach PISA ohnehin zu kurz: Moderne Lehrer müssen viel mehr als bislang von Hochbegabung, von AD(H)S, von Legasthenie, von Rechenschwäche, von feinmotorischen und Hörcortex-Problemen, von Hirnforschung und Lernpsychologie, von Medienerziehung, von Prävention gegenüber Gewalt, Sucht, Krankheit und Angst, von Ernährung und Bewegungserziehung, von Jungenpädagogik in Bezug auf das von den Amerikanern so genannte DDS (Daddy-Deficit-Syndrom) sowie von einer ergiebigen Zusammenarbeit mit dem Elternhaus und dem Stadtteil verstehen, als bislang in den Lehrerprüfungs- und Studienordnungen angelegt ist, ganz zu schweigen davon, dass wir dringend – wie anderswo üblich – eine obligatorische Lehrerfortbildung in den Schulferien benötigen.

Wenn jetzt auch in der Hamburger Bildungsbehörde häufigere Vergleichsarbeiten, eine Reduktion des Elternrechts bei der Schullaufbahnentscheidung, das Zentralabitur, eine Erhöhung der Hürden, um ins Gymnasium zu kommen, und schärfere Abschlussprüfungen gefordert werden, dann werden unsere Schulen genauso wenig besser werden wie durch die vom ehemaligen Generalsekretär der SPD, Olaf Scholz, und der heutigen Bundesbildungsministerin Annette Schavan einmütig geforderte Erhöhung der „Leistungskultur“ statt der bisherigen – sowieso nie vorhandenen – „Kuschelpädagogik“. Mit mehr Angst wird Lernen noch nicht ergiebiger, mit mehr motivierenden und mitreißenden Effekten ginge das schon eher. Aber wir sind eben noch weit entfernt davon, verstehen zu wollen, dass die in Finnland, Dänemark, Norwegen und Schweden selbstverständliche Notenfreiheit bis zur Klassenstufe 5, 7 oder 8, die wesentlich längere gemeinsame Grundschulzeit und eine starke schülerbezogene Individualisierung des Lernens, mit der Lehrer einen Schüler nicht loswerden können, sondern mit der sie sich auf seine Besonderheiten einzustellen haben, mehr bringt, „als die Sau immer wieder voller Androhungen zu wägen, statt sie zu mästen“, und dass man in Kanada beste Erfahrungen damit macht, jedem Schüler eine weitere Bezugsperson aus der Arbeitswelt („business-“ oder „community-partner“) an die Seite zu stellen, den Eltern „parent-raps“ in Sachen Erziehung anzubieten, die Schüler mehr über Handeln und Reden statt über Zuhören lernen zu lassen und die Schulen auf die drei Beine „academics“ (Wissensvermittlung), „teamwork“ und „personal management“ (Fähigkeit, sich selbst zu organisieren) zu stellen. Immerhin hat die brandenburgische SPD wenigstens aus PISA den Schluss gezogen, die in ihrem Land ohnehin schon sechsjährige Grundschule auf neun Jahre auszudehnen, so wie es bemerkenswerterweise auch die baden-württembergische Handwerkskammer empfiehlt, die Grünen fordern und der Landesparteitag der schleswig-holsteinischen SPD im Laufe von 15 Jahren umsetzen will.

Die PISA-Ergebnisse ließen sich aber auch so interpretieren: Die deutsche Schule ist traditionell eine Halbtagsschule, die die nachmittägliche Ergänzung der Hausaufgaben brauchte. Während die Schüler vormittags in großen Gruppen belehrt wurden, setzten sie sich nachmittags allein und selbstständig mit den „Schulis“ auseinander. Das ergab insgesamt eine große Lernmenge. Wohlmeinende Lehrer haben jedoch in den letzten 40 Jahren den Anteil der Hausaufgaben um etwa zwei Drittel reduziert, so dass heute weniger angewendet und geübt wird als früher. Und da es in Süddeutschland noch heute etwa doppelt so viele Hausaufgaben wie in Norddeutschland gibt, ist es kein Wunder, dass Bayern und Baden-Württemberg bei PISA-E besser abschneiden als Niedersachsen an sich und Hamburg bei den Gymnasien. Wenn die norddeutschen Schüler also besser werden sollen, muss man entweder ihre Hausaufgabenmenge verdoppeln oder die „Schulis“ in Ganztagsschulen integrieren. Indem jede vierte deutsche Schule in Richtung Ganztagsschule ausgebaut werden soll, wird sich vielleicht diesbezüglich einiges verbessern.

Und warum schneiden die SPD-regierten Länder schlechter ab? Es könnte ja sein, dass die Sozialdemokraten mit ihren Schulkonzepten näher an den erfolgreichen skandinavischen Ländern und an Kanada dran sind als die unionsregierten, dass sie jedoch das notwendige Neue halbherziger umsetzen als die Union das Althergebrachte. Konsequent am Bisherigen festzuhalten bringt gewiss mehr, als integrative Lernwerkstätten statt Belehrungsanstalten, jahrgangsübergreifende Lernfamilien statt Klassen, Lernberater statt Be-Lehrer, Lernbereiche statt Fächer, eine länger währende Grundschulzeit ohne Selektion von Schwachen, Partizipation von Eltern und Schülern in einer selbstständigen Schulgemeinde vor Ort statt einer von oben her zentral gesteuerten Unterrichtsanstalt und Lernentwicklungsberichte statt Notenzeugnisse nur anzudenken.

Von den bei PISA oben stehenden OECD-Ländern, aber auch von unseren guten Privatschulen können wir lernen, dass die Sonne immer von unten aufgeht, dass Schulen also besser und sogar noch kostengünstiger geraten, wenn sie mit ihren selbstgestalteten Profilen („Schulprogramme“) in einen Wettstreit treten dürfen, sich also vor Ort reformieren. Schulbehörden müssen das nur erlauben, und daher hatte der ehemalige Hamburger Bildungssenator Rudolf Lange immerhin in diesem Punkt Recht, wenn er den Eltern erlaubte, fortan schon die Grundschule frei zu wählen, so wie es sich beispielsweise in Cottbus bewährt hat.

Der PISA-Koordinator der Wirtschaftsorganisation OECD, Andreas Schleicher, mahnt Deutschland, mit seinen Schulreformen endlich nach vorn und nicht nach rückwärts „in die Puschen zu kommen“, da sich die industrielle Produktion der OECD-Staaten bis zum Jahr 2020 etwa verdoppeln und da der Anteil der handarbeitsmäßig Erwerbstätigen damit auf zehn bis zwölf Prozent schrumpfen werde. Den Rest werden „Wissensarbeiter“ leisten müssen, deren Ausbildung spätestens heute beginnen müsse, wenn Deutschland wettbewerbsfähig bleiben wolle.

1.6 Was macht die finnischen Schulen so gut?

Wenn Schüler nicht sitzen bleiben oder von der Schule verwiesen werden können, beginnen die Lehrer, sich auf sie einzustellen.

Fast fünf Millionen Arbeitslose warten in Deutschland darauf, dass das Arbeitsamt ihnen einen Job anbietet. Aber einer, nämlich der Hamburger Marco Dührkopp, wurde selbst tätig: Er installierte ein riesiges Stellengesuch als Plakatwand am Meßberg, mit dem Resultat, dass er 120 Angebote bekam. Er hatte sich etwas Ungewöhnliches einfallen lassen, war kreativ und insofern erfolgreich.

Eines der Resultate der PISA-Studie ist, dass deutsche Kinder lieber rechnen, als mathematische Probleme zu lösen, obwohl doch Selbstständigkeit, Kreativität und Handlungskompetenz mittlerweile anerkannte „Schlüsselqualifikationen“ im deutschen Schulwesen sind und so auch im gültigen Hamburger Schulgesetz stehen.

Finnland hat eine europäische Randlage und keine günstigen klimatischen Voraussetzungen, ihm wird aber von der Entwicklungsorganisation der Vereinten Nationen UNDP bescheinigt, gleich nach Island das technologisch am weitesten entwickelte Land der Erde und das mit der höchsten Wettbewerbsfähigkeit zu sein, so wie PISA ihm bestätigt, die besten Schulen zu haben. Und wenn man erkundet, was finnische Schulen von deutschen unterscheidet, dann stößt man auch auf die finnischen Elemente „Selbstverantwortung statt Fremdsteuerung“ und „Problemlösekompetenz statt Einübung fertiger Lösungen“. Das wirkt sich neben anderen Unterschieden zu deutschen Schulen offenbar aus:

– Etwas überzeichnet könnte man sagen, in Finnland beginne Bildung mit der Geburt, in Deutschland mit der Einschulung. Schon im Kindergarten werden die Schwachen in Finnland gefördert, „keiner darf zurückbleiben“ ist das Motto, denn der Zurückgebliebene würde den Lernfortschritt in den flächendeckend existierenden Gesamtschulen, die auch sämtlich Ganztagsschulen sind, bremsen.

- Wenn ein Schüler Lernprobleme hat oder seine Hausaufgaben vernachlässigt, erhält er Einzelunterricht von seinem Klassenlehrer am Nachmittag, und ohnehin setzt sich der Lehrer mindestens einmal im Jahr mit jedem Schüler und seinen Eltern zusammen, um im Gespräch die künftige Art und Weise des Lernens individuell auszurichten, denn finnische Lehrer können keinen Schüler loswerden, sie haben sich stets auf seine Besonderheiten einzustellen. Bei größeren Verhaltensschwierigkeiten wird deshalb der Schüler einer „Lösungsgruppe“, die aus einem Jugendpfleger, einem Arzt, einem Schulpsychologen, einem Sonderpädagogen, einer Gesundheitsfürsorgerin und einem Lehrerassistenten, der sich fortan intensiv nur um diesen Schüler zu kümmern hat, besteht, überwiesen.
- In den deutschen Schulen überwiegt das Element der Auslese gegenüber Schwachen, in Finnland das der Förderung. Während Bayern jetzt wieder Noten ab Klasse 1 einführen will und schwierige Schüler vorzeitig von der Schulpflicht entbinden will, gibt es in Finnland, Dänemark, Norwegen und Schweden vier bis acht Jahre gar keine Noten; danach greift aber ein deutlicheres Notensystem als bei uns, weil kleine Kinder besser ohne Noten lernen, Jugendliche aber besser mit Noten.
- Österreich gibt weltweit am meisten für jeden Schüler aus, Finnland aber viel weniger. Trotzdem steht Österreich bei PISA nur auf Platz 10, Finnland aber auf Platz 1. Überhaupt gilt für sämtliche Staaten, die bei PISA mitmachen: Wo es verschiedene Schulformen mit höheren und niedrigeren Niveaus nebeneinander gibt, haben die Länder eher schlecht abgeschnitten, wo es aber stattdessen Variationen im Sinne von individuellen Bildungsprogrammen innerhalb der Schulen gibt, haben die Länder besser abgeschnitten. Wer mit Selektion schwache Schüler ausgliedert, koppelt sie von mitreißenden Effekten ab und fördert, dass sie sich auch selbst früher aufgeben und damit nicht mehr lernbereit genug sind. Die finnische Integration in der theoretisch neunjährigen, de facto aber zwölfjährigen Grundschule führt auch nicht – wie bei uns immer befürchtet – zu einer Unterforderung der guten Schüler, denn Spitzenbegabte werden dort in der Gesamt-

schule genauso individuell gefördert wie schwache Schüler. Die Finnen sagen: „Wir sind nur fünf Millionen Menschen; wir können es uns also gar nicht leisten, auch nur ein Kind nicht genügend zu fördern."

- Die finnischen Schulen passen nicht die Schüler an sich an, sondern sie versuchen, die Schulen an die Schüler anzupassen. Es hat, wie die Finnen selbst sagen, mehr als 20 Jahre gedauert, bis man den Gemeinden die Hauptverantwortung für ihre Schulen konsequent mit Budgetierung, Personalhoheit und Profilbildung übertragen konnte. Das Bildungsministerium in Helsinki hat nur noch eine koordinierende und evaluierende Funktion, mittlere Instanzen wie Schulämter wurden ganz abgeschafft, weil eine staatlich gesteuerte schulische Planwirtschaft von oben herab Lehrern die notwendige Mündigkeit raubt und sie als bloße „Bildungsvollzugsbeamte" demotiviert.
- In Finnland wollen immer die besten Abiturienten Lehrer werden, davon werden aber nur zehn Prozent zum Studium zugelassen. Finnische Lehrer haben im Unterschied zu den deutschen ein außerordentlich hohes Ansehen, und sie sind nicht dem Ministerium, sondern nur der Gemeinde gegenüber verantwortlich, von der sie bezahlt werden, also den Eltern ihrer Schüler.
- Die finnischen Schulen sind an fünf Stellen flexibilisiert: Irgendwann entscheiden Mama, die Vorschullehrerin und der Schulleiter, wann das Kind in die erste Klasse kommt, und das wird für jedes Kind individuell entschieden.
- In einer Eingangsphase, die die Klassen 1 und 2 ersetzt, kann das Kind ein, zwei oder drei Jahre verweilen, bevor es in die 3. Klasse kommt.
- Die Ganztagsschule muss man bis 15 Uhr besuchen, man kann aber auch bis 17 Uhr bleiben. Wer bleibt bis 17 Uhr? Wer irgendwo schwach ist oder wer sich für irgendwas besonders stark interessiert.
- Der Stoffplan für sechs Wochen füllt nur die Hälfte der Zeit, die andere Hälfte füllt der Schüler selbst.
- Das Gymnasium umfasst die Klassenstufen 10, 11 und 12; die kann der Schüler in zwei, drei oder vier Jahren durchlaufen; das entscheidet er selbst; wer an den Skisprungweltmeisterschaften teilnimmt, braucht eben vier Jahre, ohne dass er schwächer begabt sein muss. Im Vordergrund der finnischen Pädagogik steht das Motto: Gemeinschaft schaffen und zugleich ein Höchstmaß an Individualisierung bieten.

1.7 Jeden Tag 'ne neue Sau durch's Dorf: Kultusminister zwischen Schuluniformen und Benimm-Bausteinen

In Äußerlichkeiten zu investieren, schafft keinen inneren Halt.

Der PISA-Schock saß: Erziehung und Bildung gerieten in das Zentrum der öffentlichen Aufmerksamkeit, und da Finnland international und Bayern national so gut abgeschnitten haben, schielen alle auf diese beiden Regionen. Nur, wohin sollen wir pilgern, um Antworten für die Schule der Zukunft zu finden, da Finnland und Bayern doch unterschiedliche Richtungen einschlagen? In Skandinavien wird die notenfreie Gesamtschule begünstigt, in Bayern sind gerade die Noten ab Klasse 1 wieder eingeführt worden.

Die Reformscheu wird längst als deutsches Problem beschrieben, aber Reformvorschläge gibt es zuhauf:

In jedem Sommerloch lebt die Diskussion um Schuluniformen bundesweit wieder auf; der Bremer Schulsenator Willi Lemke wünscht sich die bauchfrei-freie Schule; Hamburg setzt ein unpraktikables Lehrerarbeitszeitmodell um, das nicht nur bei Lehrern, sondern auch bei Eltern und Schülern auf heftigen Widerstand stößt; die schleswig-holsteinische Bildungsministerin Ute Erdsiek-Rave überlegt, Lehrer nach Leistung zu bezahlen, und erntet die Frage, wie man diese überhaupt messen könne; die Hamburger Grünen fordern die flächendeckende neunjährige Grund- und Ganztagsschule, während die zuständige Bildungsbehörde gerade die Berufsschulen zu privatisieren gedenkt; die brandenburgische und schleswig-holsteinische SPD beschließen, was die baden-württembergische Handwerkskammer als Folge von PISA vorschlägt, nämlich die neunjährige Grundschule; und Bayern erwägt eine Quotenregelung für Ausländerkinder in Schulklassen. In dieses Bukett passt dann auch der Vorstoß des saarländischen Kultusministers Jürgen Schreier, der eine Kommission einsetzen will, um ein Curriculum „Benimm-Bausteine" für seine Schulen entwickeln zu lassen.

Bei all diesen Vorschlägen gibt es jedoch keinerlei Konsens in der Kultusministerkonferenz. Die Kulturhoheit der Länder hat jedem der 16 deutschen Schulminister eine Spielwiese zur eigenen populistischen Profilierung eröffnet, und die wird medienwirksam genutzt; denn fast alle diese Ansätze stoßen jeweils zunächst bei einer Mehrheit der Wähler auf Zustimmung – so wie die Idee eines Unterrichtsfaches Benehmen. Das war schon vor Jahren so, als der damalige sächsische Kultusminister Matthias Rößler seinem Land die Wiedereinführung von „Kopfnoten" für Fleiß, Mitarbeit, Ordnung und Betragen bescherte und dafür die Zustimmung der Stammtische einheimste.

Das Problem fängt jedoch bereits damit an, dass Betragen und Benehmen Begriffe von früher sind, die gar nicht mehr in unsere Zeit mit dem eigentlich durch unser Grundgesetz gewollten mündigen Bürger passen. Sie wecken Befürchtungen, hier könne etwa bloß Äußerliches im Sinne von taktisch geschicktem Angepasstsein, von Schauspielerei oder gar Opportunismus gemeint sein. Und deshalb setzt Jürgen Schreier auch nach, indem er seine Benimm-Bausteine als Elemente auf dem Weg zu einem „zivilisierten Umgang" umschreibt, und er macht diesen merkwürdig unklaren Begriff dann konkreter, indem er Bestandteile aufzählt: Höflichkeit, Pünktlichkeit, Zuverlässigkeit und Ehrlichkeit, aber nicht Tapferkeit, die der griechische Philosoph Platon vor mehr als zweitausend Jahren noch in seinen Tugendkatalog aufnahm, und auch nicht Solidarität und Kritikfähigkeit, die schon vor 28 Jahren einem Beschluss der hamburgischen Bürgerschaft für die Allgemeinen Lernziele der Schulen per Streichung in der Vorlage zum Opfer fielen.

Soziales Verhalten – das wäre der zeitgemäße Begriff in der Nachfolge von Betragen und Benehmen – ist spätestens seit 1949 ein Gebot für unser demokratisches Zusammenleben. In der Tat haben die Leserbriefschreiber Recht, die auf solche „ungezogenen" Schüler verweisen, welche einer alten behinderten Dame keinen Platz im voll besetzten Bus anbieten, und die zu bedenken geben, dass Knigge-unkundige junge Menschen Bewerbungsnachteile bei der Suche nach einem Ausbildungsplatz haben. Und so werden in renommierten deutschen Hotels schon seit Jahren teure Benimm-Kurse für Kinder angeboten, die reichlich von ehrgeizig ihren Nachwuchs in eine Karriere hinein verplanenden Eltern genutzt werden, damit Startvorteile gegen Verliererschicksale in einer von Konkurrenz beherrschten Gesellschaft voller Ich-AGs erobert werden können. Höflichkeit überzeugt; sie kann aber auch eine Waffe in einer Ellenbogen-Gesellschaft sein, und die ist allemal besser als die wirkliche Waffe, die angeblich jeder dritte Jugendliche zur Wahrung seiner Interessen mit in die Bremer Schulen bringt.

Während *Der Spiegel* einen Bremer Lehrer vorstellt, der beste Erfahrungen mit seinem Benimm-Unterricht gemacht hat, berichten die *Lübecker Nachrichten* von einem Lehrer aus Neustadt in Holstein, der damit gescheitert ist, weil die Schüler und Eltern Sturm dagegen liefen, denn er wollte unter anderem Aussehen und Kleidung benoten.

Seit Jahren fordern Politiker bundesweit in Sonntagsreden eine „Werteerziehung", nur sagen sie nie dazu, wie die umzusetzen ist. Werte von oben herab auf junge Menschen rieseln zu lassen, ist die Art und Weise, wie Obrigkeitsstaaten ihre Untertanen erziehen. Aber Werteerziehung auf der Basis unseres Grundgesetzes muss bedeuten, jungen Menschen dabei zu helfen, selbst angemessene Werteentscheidungen treffen zu können, und das geht nur, wenn man ihnen Bewertungs- und Verhaltensalternativen zur Verfügung stellt und unerwünschtes Verhalten durch Gleichaltrige konfrontativ verpönen sowie erwünschtes durch sie belobigen, eintrainieren und verstärken lässt. Vor allem muss das alles dezent geschehen – weil sonst mit pubertärem Protest das Gegenteil erreicht wird –, und zwar durch Vorbilder, zu denen Eltern, Lehrer und auch Politiker gehören, und durch die Gestaltung von Takt, Stil, Ton, Ästhetik und Atmosphäre, wie es seit Jahren in Norwegen passiert: Schon in der Ausbildung üben Lehrer dort viele verschiedenen Arten ein, „bitte" und „danke" zu sagen, sowie Schüler morgens zu begrüßen und nachmittags zu verabschieden, und sie lernen wie auch in Schweden und Finnland, was die skandinavischen Schulen so stark macht:

- Zunächst muss der Lehrer dem Schüler Respekt entgegenbringen, weil er dann in der Folge auch Respekt zurückerhält, und nicht umgekehrt.
- Auf den Anfang kommt es an, so dass die besten Lehrer einer Schule in der Vorschule und in den ersten Klassen der Grundschule eingesetzt werden.
- Die wichtigsten Lehrer sind die Mitschüler, die zweitwichtigsten sind die Lehrer selbst, und die drittwichtigsten sind die Räume mit dem Interieur.
- Kinder lernen von anderen Kindern leichter als von noch so guten Erwachsenen.
- Nach der Einschulung lernen die Kinder zuerst, sich selbst einzuschätzen und ihre Gefühle angemessen zum Ausdruck zu bringen, bevor sie in Finnland erstmals mit Klasse 5, in Dänemark mit Klasse 8 und in Schweden und Norwegen mit Klasse 9 Noten bekommen.

Werteerziehung in einer Demokratie braucht die Zustimmung des jungen Menschen, und das erfordert eine aufwändige Überzeugungsarbeit. Sie muss mit dem Ausschnitt „Benehmen" vor allem im Elternhaus stattfinden. Wenn wir mit dem Erziehungsgebot des Artikels 6 unseres Grundgesetzes, das diesen Auftrag dem Elternhaus zuweist, feststellen, dass mittlerweile etwa 60 Prozent der deutschen Eltern erzieherisch mehr oder weniger hilflos sind oder sogar Angst vor der Erziehung ihrer Kinder haben, dann sollte die Schule den Eltern mehr bei der Erziehung helfen, als dass sie diesen Auftrag selbst zu übernehmen gedenkt.

Wir brauchen also neben den bisherigen Lehrerstudiengängen, die insbesondere auf ein Fachlehrerdasein vorbereiten, dringend ein grundständiges Klassenlehrerstudium, damit wir auch Lehrer haben, die in der Lage sind, mit einer zugehenden oder aufsuchenden Pädagogik, die man in Schleswig-Holstein „Elternschaft lernen" nennt, Müttern und Vätern über Hausbesuche, Elternstammtische oder Elternabende bei der Erziehung zu helfen. Denn die Schule ist die einzige Lebenswelt unserer Gesellschaft, die noch sämtliche junge Menschen bewusst erzieherisch zu erreichen vermag, weil wir eine Schulpflicht haben. Da die Schule aber nicht der alleinige Reparaturbetrieb unserer Gesellschaft sein kann, müssen die Lehrer den Schulterschluss mit den Eltern in Sachen Erziehung suchen. Soziales Verhalten braucht also soziales Lernen als Schüler und Eltern stärkendes Prinzip und nicht die Sackgasse eines Faches „Benimm-Unterricht", wie es sich aus durchschaubaren Motiven der Präsident der Deutschen Arbeitgeberverbände, Dieter Hundt, wünscht.

1.8 Erziehung, Bildung und Leistung zwischen Ideologien und Parteien

In Deutschland blockiert eine ideologisch fraktionierte Debatte den Weg in die Zukunft der Schulen.

Bedenken Sie bitte stets, wenn Sie sich um den schulischen Werdegang Ihres Kindes sorgen, dass einerseits die deutschen Schulen insgesamt bei internationalen Vergleichsstudien nicht sonderlich gut abschneiden, dass jedoch andererseits die Grundschulen zur Zeit das beste, also das effizienteste Element des bundesweiten Schulwesens sind! Das liegt an Folgendem:

- Große Länder wie die USA, wie Frankreich, Großbritannien, Italien und Deutschland schneiden mit ihrer Schulqualität schlechter ab als kleine Länder wie die Schweiz, Schweden, Dänemark, Norwegen, Island oder die Niederlande, weil sie dazu neigen, ihre Schulen eher planwirtschaftlich zu verwalten. Kleinere Länder reagieren meist früher mit zeitgemäßen Reformen auf den internationalen Wettbewerb als große, die meinen, irgendwie könne man noch eine Weile so weiterwursteln.

- In der Tendenz versuchen wir in Deutschland trotz des Vielfältigkeitsgebots unseres Grundgesetzes, mit dem Kinder voneinander verschieden sein dürfen, diese an die Schule anzupassen – und sei es mit dem Medikament Ritalin –, statt die Schule an die Eigentümlichkeiten der Kinder anzupassen.
- Die deutsche Schuldebatte ist mehr als in den umliegenden kleinen Ländern vor allem eine ideologische, und leider war das in den letzten 100 Jahren fast immer so: Schulreformen werden zwischen den Parteien, den Kirchen, den Lehrerverbänden und den Handels- und Handwerkskammern eher gebremst als befördert, und wenn sie dennoch stattfinden, ereignen sie sich vorwiegend aus bloßen Sparzwängen. Die Zusammenführung von Haupt- und Realschulen, die Vorverlegung der Einschulung und die des Abiturs vom Ende der Klasse 13 auf das Ende der Klasse 12 sowie ein Mehr an Schulautonomie mit den Elementen Profilbildung, Personalhoheit, eigene Budgetierung und Regionalisierung zur Stadtteil- bzw. Nachbarschaftsschule bis hin zum Erlauben von Sponsoring haben mehr finanzielle als inhaltliche Gründe, wiewohl mancher dieser Reformschritte dennoch gut ist.
- Der wiederentdeckte Leistungsbegriff orientiert sich mehr an früher bedeutsamen Leistungen wie Rechenfertigkeit, Rechtschreibung, naturwissenschaftlichen Kenntnissen und an „Kopfnoten“ wie Fleiß, Ordnung, Mitarbeit und Betragen, die in den Zeugnissen des Freistaates Sachsen wieder auftauchen, als an künftig immer wichtiger werdenden „Schlüsselqualifikationen“ wie Selbstständigkeit, Teamfähigkeit, Informationskompetenz, Handlungskompetenz, Konfliktfähigkeit, Kreativität und Fähigkeit zum vernetzenden Denken. Misst man die früheren Leistungen der alten Schule, schneiden Bayern, Baden-Württemberg, Sachsen und Thüringen besonders gut ab; misst man hingegen, was künftig für den Wissenschafts-, Wirtschafts- und Kulturstandort Deutschland im internationalen Wettbewerb immer bedeutsamer wird, schneiden Schleswig-Holstein, Nordrhein-Westfalen, Bremen und Hamburg am besten ab.
- Die deutschen Grundschulen sind zurzeit deshalb effizienter als die folgenden Schulstufen und -formen, weil sie vor allem eine

umfassende Klassenlehrerpädagogik betreiben, weil sie erziehungsstark sind, weil sie enger mit den Eltern zusammenarbeiten, weil sie in modernere Lernformen wie den offenen Unterricht, die Integration von Nichtbehinderten und Behinderten, die Einschulung ohne Auslese, die flexible Eingangsphase, die jahrgangsübergreifenden Klassen und – zumindest im Ansatz – den Lernwerkstattgedanken umsetzen und weil sie mehr als die anderen Schulstufen und -formen die familienergänzenden, die bewegungserzieherischen, die gewalt- und suchtpräventiven, die spielpädagogischen Funktionen einer zeitgemäßen Schule und diejenigen der leiblichen Versorgung (Schulfrühstück, Psychomotorik, pädagogischer Mittagstisch, Hort an der Schule) in ihr Programm aufgenommen haben, wenn auch nicht überall und manchmal nur in Ansätzen. Dazu gehören dann auch das Lernen am Computer, die Partner- und Kleingruppenarbeit, die notenfreie Schule mit Berichtszeugnissen bzw. Lernentwicklungsberichten, das Elternrecht bei der Wahl der weiterführenden Schule sowie die Bündelung von herkömmlichen Schulfächern zu Lernbereichen. Wenn Lehrer so, die ganze Persönlichkeit und das Umfeld des Schülers umfassend, kontrollierend und kontinuierlich eingesetzt werden, dass Erziehung, Unterricht, Familie und Nachbarschaft zu einem Netzwerk geraten, dann halten sie übrigens auch besser durch, so dass die Grundschulen einerseits die im Schnitt älteste Lehrerschaft haben, die sich andererseits aber später pensionieren lässt, als das die Lehrer anderer Schulformen im Schnitt tun.

– Mit der „Kulturhoheit", die den 16 Bundesländern im Grundgesetz garantiert ist, macht jedes einzelne Bundesland in Sachen Schule sein eigenes Ding. Es gibt nicht zwei unter den 16 Bundesländern, die ein gleiches Schulwesen haben. Jeder Kultus-, Bildungs- oder Schulminister hat den Freiraum einer „Spielwiese" für seine schulreformerischen Vorstellungen, zur eigenen Profilierung, für eigene die Schulen knebelnde Sparmaßnahmen und für die Umsetzung seiner ganz privaten ideologischen Präferenzen. Das deutsche Schulwesen hat damit den Ruch des Willkürlichen, des nicht zwingend Notwendigen, wenn man an das Angebot oder das Fehlen von Vorschulen denkt, an vier-oder sechsjährige Grundschulen, an Förder-, Beobachtungs- und Orientierungsstufen, die entweder schulformübergreifend oder schulformgebunden sind, an das Vorhandensein oder das Fehlen (Brandenburg) von Hauptschulen, an Integrierte (Hamburg) oder Verbundene (Mecklenburg-Vorpommern) Haupt- und Realschulen, an Erweiterte Realschulen (Saarland), Regionale Schulen (Rheinland-Pfalz), Differenzierte Mittelschulen (Sachsen), Regelschulen (Thüringen), Sekundarschulen (Sachsen-Anhalt), Realschulen ohne das gleichzeitige Hauptschulangebot (Brandenburg), an das Überwiegen (Nordrhein-Westfalen) oder das Fehlen (Bayern) von Gesamtschulen, an neun-, acht-, sieben- oder sechsstufige Gymnasien, an das Abitur nach Klasse 13 (Hamburger Gesamtschulen), nach Klasse $12^{1}/_{2}$ (Rheinland-Pfalz) oder 12 (Sachsen, Thüringen, Saarland, Hamburger Gymnasien, Nordrhein-Westfalen, Baden-Württemberg, Bayern und Niedersachsen), an Gymnasien mit zwei Geschwindigkeiten (Schleswig-Holstein), an Express-Abi-Klassen (Berlin), D-Zug-Klassen (Hessen) oder Turbo-Abi-Klassen (Schleswig-Holstein), ganz zu schweigen von höchst unterschiedlichen Lehrerbildungskonzepten von Bundesland zu Bundesland oder dem Fehlen (Hamburg, Schleswig-Holstein, Niedersachsen) von Notenhürden vor dem Gymnasium und der Realschule oder dem Vorhandensein (Bayern, Baden-Württemberg, Sachsen, Thüringen, Saarland). Dass 16 deutsche Bundesländer 16 verschiedene Schulsysteme haben, erschwert nicht nur den Umzug der Familien von einem Land in ein anderes, das ist vor allem auch ein Indiz für einen völlig fehlenden Konsens in unserer Gesellschaft darüber, wie heutzutage und künftig eine gute Schule auszusehen hat.

Zurzeit gelten in ganz Deutschland 2400 verschiedene dicke Lehrpläne, in Finnland gibt es nur ein dünnes Lehrplanbuch für sämtliche Schulen als Rahmen aus Helsinki, und dann muss jede einzelne Schule vor Ort diesen Rahmen mit – einem zu ihr und ihrer Region passenden – Leben füllen.

Allzu stark blockieren die Kulturhoheit der Länder und ideologische Grundpositionen zwischen Parteien und Verbänden die Weiterentwicklung unserer Bildungsinstitutionen. Zwar wird in Sonntagsreden immer wieder betont, dass Bildung der beste Rohstoff Deutschlands sei und dass der Aufwand für Kinder die optimale Zukunftsinvestition sei, aber im internationalen Vergleich schneiden die Leistungen deutscher Schüler nicht gut ab, was vor allem die Großbetriebe beklagen, die in einem globalen Wettbewerb bestehen müssen.

Die aktuelle Diskussion um die deutschen Schulen wird nicht differenziert und vernetzt genug geführt, so dass in absehbarer Zeit nicht mit einer deutlichen Verbesserung zu rechnen ist; es mangelt ihr an Visionen, die die Mehrheit der Wähler, Politiker und Schulgestalter zu überzeugen vermögen, weil in der Regel zu kurz und eindimensional argumentiert wird. Ohnehin brauchen wirklich gute Vorschläge in unserem Land etwa 15 Jahre, bis sie sich in der Öffentlichkeit auch als überlegen durchzusetzen vermögen, wie wir aus den Erfahrungen mit dem offenen Unterricht der Grundschulen, mit den Integrationsklassen für Nichtbehinderte und Behinderte, mit den Lernentwicklungsberichten statt bloßer Notenzeugnisse und mit dem Projektunterricht wissen. Die größten Unzulänglichkeiten der momentanen deutschen Schuldebatte erweisen sich in Bezug auf folgende Themen:

- Mit nationalen und internationalen Schüler- und Schulleistungsvergleichsstudien, bei denen die norddeutschen Länder schlechter als die süddeutschen abschneiden und mit denen Deutschland bestenfalls einen unteren Mittelplatz erreicht, wird eigentlich immer nur das Alte, das Herkömmliche von Schule gemessen, nicht aber das zunehmend wichtiger Werdende, nämlich Schlüsselqualifikationen wie Selbstständigkeit, Teamfähigkeit, Informationskompetenz, Konfliktfähigkeit, Kreativität und vernetzendes Denken, bei denen norddeutsche Schüler eher besser sind als süddeutsche und deutsche eher besser als Schüler anderer Staaten.
- Wenn Hamburg sich darauf ausruht, dass es mehr pro Schüler und Jahr ausgibt als Baden-Württemberg, Schleswig-Holstein darauf, dass es niedrigere Klassenfrequenzen hat als Nordrhein-Westfalen, Baden-Württemberg darauf, dass es mehr Lehrer einstellt als Niedersachsen, und Sachsen darauf, dass seine Schüler ein Jahr früher Abitur machen als bisher, dann ist noch nicht viel an Zukunft gewonnen, weil dabei nur Schwaches mit Lahmem verglichen wird.
- Wenn der Computer, der zunächst nicht sehr viel mehr als ein unmoralisches Lernmedium ist, nur auf die alte Schule obendrauf gesetzt wird, dann ist sein Segen trotz hohen Finanzaufwands noch höchst ungewiss, weil er nur dann effizient zu sein vermag, wenn die Belehrungsschule mit Klassen, 45-Minuten-Takten und Be-Lehrern zu einer Lernwerkstatt mit Lernfamilien, flexiblen Lernphasen und Lernberatern umgebaut wird.
- Passend zu unserer vielfältigen demokratischen Gesellschaft bräuchten wir eine Fülle von höchst unterschiedlichen, also andersartigen Schulprofilen bzw. Schulprogrammen nebeneinander statt dreier höher-, mittel- und minderwertiger Schulformen, die wir Gymnasien, Realschulen und Hauptschulen nennen.
- Autonomere bzw. selbstständige Schulen mit eigener Budgetierung, mit Personalhoheit – „schulscharfe Einstellung" heißt das in Nordrhein-Westfalen und Baden-Württemberg –, mit nachbar-

schaftlicher Anpassung (Regionalisierung) und mit Partizipation von Eltern und Schülern (Kommunalisierung) sind leistungsfähiger als planwirtschaftlich von einer Kultusbürokratie aus verwaltete; und Privatschulen arbeiten durchweg ergiebiger als staatliche.

- Die klassisch bewährte Arbeitsteilung zwischen der Familie, die erzieht, und der Schule, die bildet, funktioniert bei immer mehr Schülern nicht mehr, so dass der schulische Bildungsauftrag in einen stärkeren erzieherischen Rahmen (leibliche Versorgung, Prävention gegen Angst, Krankheit, Sucht und Gewalt, Medienerziehung, Auslebenkönnen von Kindheit, kritische Distanz gegenüber Trends und Sogwirkungen von Jugendkultszenerie, Materialismus und Konsum, Stärkung der Erziehungskompetenz der Eltern) eingebettet werden muss.
- Die komplexe Lebenswirklichkeit in viele Fächer aufzugliedern ist unproduktiv, weil junge Menschen heute lernen müssen, zusammenschauen und vernetzt denken zu können. Solange Schule sich als Ansammlung von Fächern versteht, kommen medien-, rechts-, wirtschafts-, ernährungskundliche und gesundheitserzieherische Aspekte zu kurz; sie wären in Lernbereichen mit Bildungsplänen besser aufgehoben als in Fächern mit Lernplänen.
- Die Lehrerbildung überbetont die Fachlehrerausbildung. Sinnvoller wäre es, Klassenlehrer auszubilden, die sowohl gute Lernberater für große Lernbereiche zu sein vermögen als auch die Eltern in ihrem Erziehungsgeschäft unterstützen können.
- Schulen kosten nicht nur Geld, sie können im Zuge von Sparmaßnahmen auch einfallsreicher werden. Alle wirklich bedeutenden weiterführenden Reformen sind stets in Regionen größerer Not, in Zeiten knapper Kassen und in Schulformen und -stufen mit vermehrten Problemen entstanden (Grundschulen, Sonder- und Hauptschulen, Produktions- und Heimschulen). Schulen müssen also in einen Wettbewerb gesetzt werden, wenn sie besser werden sollen. Die Bindung von Wohnort und zuständiger Schule sollte daher auch im Grundschulbereich aufgehoben werden, und Privatschulen müssten – wie in den Niederlanden – komplett vom Staat bezahlt werden.
- Kinder lernen nicht unbedingt besser, wenn sie nach Geburtsjahrgängen in Klassen untergebracht werden und beim Lernen stets sitzen; sie lernen auch gut im Liegen und in der Bewegung. Die Einschulung braucht keine „Stichtagsregelung", sie sollte auch zuvor erlaubt sein, weil viele Kinder heute früher weiter sind.

Eine „Einschulung ohne Auslese“, wie sie in Schleswig-Holstein angedacht und in Brandenburg, Nordrhein-Westfalen und Sachsen-Anhalt umgesetzt wird, mit einer „flexiblen Eingangsphase“, die man ein, zwei oder drei Jahre besucht, bevor man in die dritte Klasse kommt, und jahrgangsübergreifende Klassen, wie es sie in Nordrhein-Westfalen und Hamburg gibt, sowie die Möglichkeit, den Zeitpunkt des Abiturs selbst zu bestimmen (nach Klasse 12 oder 13), wie in Schleswig-Holstein vorgesehen, werden ebenso wie ein Bildungsrecht statt der bisherigen Schulpflicht der Eigentümlichkeit junger Menschen gerechter als starre Lösungen.

- Zu unserem Grundgesetz passende moderne Lernformen, die den Schüler nicht mehr bloß als Untertanen belehren, sind der beste Weg gegen Analphabetismus, Legasthenie, Rechenschwäche und Gewalt. Kinder lernen besser, wenn sie selbst lernen, als wenn man sie belehrt, wenn sie beim Lernen handeln und Fehler machen dürfen, wenn sie zu zweit ein Problem zu lösen haben, wenn sie das, was sie lernen sollen, Anderen zu erklären haben, und wenn sie mehr voneinander als von noch so guten Lehrern lernen können. Wir brauchen also andere Lernformen, eine andere Fehlerkultur beim Lernen und zugleich eine deutlich ausgebaute Kultur der Anstrengung beim Lernen, so wie es nicht mehr ausreicht, Kindern nur passend zu bisherigen Obrigkeitsstaaten und Industriegesellschaften Lesen, Schreiben und Rechnen als Kulturtechniken beibringen zu wollen; heute müsste dieser Kanon gemäß unserer komplexen und komplizierten Demokratie erweitert werden: Lesen-, Schreiben-, Rechnen-, Zuhören- und Redenkönnen.
- Besonders dumm ist seit Jahrzehnten die Personalpolitik der Kultusministerien. Mit dem „Schweinezyklus“ der sich stets abwechselnden Phänomene Lehrermangel und Lehrerarbeitslosigkeit wird offenbar, dass das Leiden chronisch ist. Lehrerkollegien müssen langfristig komponiert werden; sie brauchen junge, alte, männliche und weibliche Pädagogen und nicht bloß Frauen in Grundschulen und nicht nur die ältesten Lehrer im internationalen Vergleich. Und das „Burn-out-Syndrom“ der deutschen Lehrer steht dafür, dass man mit Lehrern nicht gut genug umgeht; bei veränderten Kindern mit immer größer werdenden Verhaltens- und Leistungsbandbreiten kann heute niemand mehr wie ein Dompteur 35 Jahre lang frontal vor Klassen stehend und lehrerzentriert agierend durchhalten. Lehrer benötigen also eine völlig andere Arbeitsplatzbeschreibung, in der Erzieherisches gleich-

wertig neben Bildendem anerkannt wird, damit sie auch Freude daran haben können, bis zum 65. Lebensjahr mit jungen Menschen zusammen sein zu dürfen.

Politiker schaffen die Rahmenbedingungen für Schule; aber leider verstehen sie viel zu selten genügend von Kindern und vom Lernen. Und könnten sie selbst vernetzt denken, wie sie es künftig für unsere Schüler begünstigen müssen, wäre es weder zu so etwas wie dem Bergbahnunglück von Kaprun gekommen noch zu der BSE- und Maul- und Klauenseuche.

Und mehr als Rahmenbedingungen günstig zu gestalten geht auch gar nicht von oben herab, denn eine Qualitätssteigerung in Sachen Bildung kann immer nur von unten her über konkrete Personen und durch zu ihnen und ihren Schülern passende Methoden gelingen. Politiker müssen also erlauben und ermöglichen, dass die „Inselpädagogik" – wie man in Schleswig-Holstein in Bezug auf besondere Schüler sagt – vor Ort gerät. Denn eine „Elite-Bildung" durch Regierungsbeschlüsse zu gestalten, funktioniert ebenso wenig wie die politische Anordnung, Deutschland habe die nächste Fußball-Weltmeisterschaft zu gewinnen.

2. Der Rahmen

2.1 Veränderte Kindheit

Immer mehr Kinder wollen bereits wie Jugendliche leben, und immer mehr Erwachsene wollen immer länger wie Jugendliche aussehen.

Insgesamt haben wir nach wie vor wunderbare Kinder, und seit mindestens 10 000 Jahren haben sich auch die Grundbedürfnisse, mit denen Kinder auf die Welt kommen, nicht verändert: Sie brauchen Liebe, Zeit, Ansprache, Zuhören, Bewegung, Spiel, Körperkontakt, die Chance zu einem stimmigen Weltbildaufbau, die Herausforderung ihrer Kräfte, Grenzerfahrungen, so etwas wie Familie und eine ausgewogene Ernährung. Aber bei allen diesen Aspekten darf es weder ein Zuviel noch ein Zuwenig geben, und genau das ist die Kunst der Erziehung. Erziehung ist ein Seiltanz, bei dem die Balance zwischen dem Zuviel und dem Zuwenig geschafft werden muss, damit die Bilanz der Befriedigung der kindlichen Grundbedürfnisse stimmt. Wenn das Kind links oder rechts vom Hochseil des Lebens hinunterstürzt, dann sprechen wir von Gewalt, Sucht, Überangst oder Krankheit, also von Verhaltensstörungen, mit denen es uns oder sich selbst stört. Wir müssen also in der Pädagogik die Lehre von den sinnvollen Größen umsetzen, damit das Kind gelingt. Leider braucht jedes Kind mit seiner Besonderheit von allem eine jeweils andere Dosis, wenn es um Bewegung, um Fernsehen, um Taschengeld, um Schulaufgaben, um Zubettgehzeiten, um Herausforderungen, um Entlastung, um Grenzen, um Muße, um Ermunterung, um Vitamine, um Mütterlichkeit, Väterlichkeit, Großelternschaft, Geschwisterlichkeit oder Freundschaft geht.

In sämtlichen Generationen vor der Neuzeit wuchsen Menschen mit Informationsdefiziten auf, sie wussten zu wenig von der Welt. Aber seit mehr als 50 Jahren wachsen alle Kinder mit einem Übermaß an Informationen auf, das sie völlig überfordert, wenn wir ihnen nicht mit Auswahl, Dosierung und Gesprächsbegleitung helfen. Früher nannte man dieses Übermaß „Reizüberflutung“, heute sprechen wir davon, dass sich zwar das Kind in seinen angeborenen

Bedürfnissen nicht gewandelt hat, dass sich aber um das Kind herum alles so dramatisch geändert hat, dass wir es jetzt mit einer veränderten Kindheit zu tun haben.

Ein Kind, das im „multimedial vernetzten Kinderzimmer" mit Fernseher, Videogerät, Playstation, gewaltiger Hifi-Anlage und riesiger CD-Sammlung, mit Walkman, Diskman, Computer, Internetanschluss, Handy, Comics, Jugendzeitschriften, Harry-Potter-Büchern, Pokémon-Karten und einer unfassbaren Fülle von ständig neu geschenktem Spielzeug und gleichzeitig ohne Papa, ohne Geschwister, aber mit viel zu viel Zucker, Schokoriegeln, Cola, Pommes, Kartoffelchips, Ketchup, Mayo, Weißbrot und Marmelade aufwächst, hat nicht nur völlig andere Hirnvernetzungen als wir Erwachsenen, die wir so nicht aufgewachsen sind, es ist wahrscheinlich auch schlaff, übergewichtig und haltungsgeschwächt oder eventuell sogar krank, aggressiv, autodestruktiv oder wahrnehmungsgestört. Es wird dann als Zappelphilipp, als MCD-Kind (Minimale Cerebrale Dysfunktion), als HKS-Kind (Hyperkinetisches Syndrom), als ADS-Kind (Aufmerksamkeits-Defizit-Syndrom) oder – ganz modern – als ADHS-Kind (Aufmerksamkeits-Defizit-Hyperaktivitäts-Syndrom) beschrieben oder lapidar als sinnesgeschwächt.

Dabei hat nicht der Bildschirm Schuld, sondern der Umstand, dass keiner dem Kind hilft, die auf es einströmenden Reize zu dosieren, zu kanalisieren und zu verarbeiten und auch die Gegengewichte zu organisieren, damit das Kind nicht vom Seil seines Lebens fällt.

Kinder, die mit einem Mangel an liebevoller Väterlichkeit aufwachsen, neigen, wenn sie männlich sind, zum Ausbau ihrer brutalen Männlichkeitsseite; Kinder, die mit einem Mangel an Familie aufwachsen, suchen sich häufig Ersatzfamilien in der misslichen Jugendkultszenerie zwischen Straßenbanden, Hooligans, Skinheads, S-Bahn- oder Bus-Surfern, Grufties, Sprayern oder Satanskultgruppen; Kinder, die mit einem Mangel an Zuwendung, Ansprache, Zuhören und Dialog aufwachsen, sind oft in ihrer Sprachentwicklung so weit zurück, dass sie zum Ausbau von Fäkaliensprache und Körpersprache bis hin zur erhöhten Bereitschaft zum Zuschlagen neigen; und Kinder, die in einer Anderthalb-Zimmer-Wohnung ohne Papa, Geschwister, Großeltern und Freunde in der Nachbarschaft groß werden, können schließlich mit ihrem Bewegungsmangel weder ihre Muskeln richtig koordinieren noch Kräfte, Geschwindigkeiten und Entfernungen richtig einschätzen, so dass sie zunächst Schwierigkeiten beim Klettern im dreidimensionalen Raum, beim

Balancieren und beim Rückwärtsgehen bekommen, dann öfter als andere verunfallen, schließlich rechenschwach werden und am Ende überhaupt Bewegung zu vermeiden trachten, weil sie sich mit ihr zu viele Niederlagen und unlustbetonte Anstrengungen als Folge ihrer um Ersatzbefriedigung bemühten Esslust, die zu Übergewicht geführt hat, einhandeln.

Die Zunahme von fehlernährten, wahrnehmungsgestörten, hyperaktiven, rechenschwachen, lese-rechtschreib-schwachen, aggressiven, autodestruktiven, sprachlich vernachlässigten, bewegungs-, spiel- und körperkontaktungewohnten Kindern aus vater- und geschwisterlosen Kleinstfamilien und die gleichzeitige Zunahme von frühgeförderten, sprachlich weiten, kreativen und mit einer Fülle von Sozialkontakten, Reisen, Spielzeug und Medien verwöhnten Kindern stellt die Grundschullehrer vor immer größere Verhaltens- und Leistungsbandbreitenprobleme, deretwegen sie nicht mehr frontal und nicht mehr lehrerkonzentriert vorgehen können.

Schleswig-Holstein, Brandenburg, Nordrhein-Westfalen und Sachsen-Anhalt haben daraus die Konsequenz gezogen und den Schulreifetest abgeschafft. Sie überlassen den Eltern, ob sie ihr Kind mit fünf oder sechs Jahren einschulen wollen (Verschiebung der „Stichtagsregelung" um drei Monate), nennen das „Einschulung ohne Auslese", schaffen gleichzeitig die ersten beiden Klassenstufen ab und ersetzen sie durch eine „flexible Eingangsphase", die man ein, zwei oder drei Jahre besucht, bevor man dann in die 3. Klasse kommt, in der die Kinder dann wieder leistungsähnlicher, aber unterschiedlich alt sind.

In dieser Eingangsphase kann die Lehrerin nicht mehr frontal vorgehen, weil die Kinder zu unterschiedlich sind. Sie muss, ob sie will oder nicht, die Schüler miteinander beim Lernen vernetzen. Sie muss eine Lernwerkstatt und eine Lernfamilie organisieren, um selbst entlastet und für individuelle Zuwendung freigesetzt zu werden. Sie muss mit einem Schulfrühstück Ernährungs- und mit psychomotorischer Bewegungserziehung Sinnesentwicklungsunterschiede ausgleichen, sie muss mit dem morgendlichen Gesprächskreis („Stuhlkreis" genannt) sowie mit Vorlesen und Erzählen das Zuhören- und das Redenkönnen ausbauen, sie muss den Eltern mit Elternstammtischen, Hausbesuchen und Elternabenden bei der Erziehung helfen, wie es in dem schleswig-holsteinischen Projekt „Elternschaft lernen" geschieht, und sie muss vor allem die Kinder miteinander zu handelndem, materialreichem, erklärendem und resonanzreichem Lernen vernetzen, und zwar im Rahmen von Einzelarbeit mit Büchern, Karteikarten und Bausätzen, von Partnerarbeit am Computer und von Kleingruppenarbeit.

Vor allem muss sie aber dafür sorgen, dass mit einer neuen Mischung aus einer gewandelten Fehlerkultur, in der Fehlermachen erlaubt ist, weil dann allzu viele Niederlagen bzw. Versagenserlebnisse durch einen höheren Anteil an Erfolgserlebnissen ersetzt werden, und einer wiederentdeckten Anstrengungskultur Lernen wieder Spaß macht und gegenüber schwächeren Schülern zu mitreißenden Effekten führt.

2.2 Erzieherisch hilflose Eltern

30 Prozent der deutschen Eltern haben Angst vor Erziehung.

Erziehung in hochautoritären oder gar totalitären Gesellschaften, die wir fast immer auf deutschen Boden hatten, ist ziemlich leicht. Man muss sein Kind dann nur so erziehen, wie alle anderen Menschen der Umgebung das mehrheitlich auch tun oder wie es von der Kanzel herab gepredigt wird.

Aber seit gut 50 Jahren, was ja gar nicht so lange ist, haben wir mit unserem Grundgesetz eine demokratische, auf Mündigkeit des Einzelnen zielende, werteplurale Gesellschaft, mit der Entscheidungen schwieriger geworden sind.

Etwa 200 Entscheidungen hat jeder Erwachsene, aber auch jedes Kind, pro Tag zu treffen. Die meisten davon sind von untergeordneter Bedeutung, aber drei bis vier pro Tag sind von höherem Belang. Mit der Zuspielung von mehr Freiheit an das Individuum haben wir uns vom Obrigkeitsstaat zu einer Gesellschaft voller eigentümlicher Menschen gewandelt, die keine Untertanen mehr sind.

Während sich viele Frauen, Arbeiter, Ausländer, Arbeitnehmer und andere Gruppen längst emanzipieren durften, werden Kinder bzw. Schüler immer noch wie Untertanen und gelegentlich sogar wie Feinde angesehen und gehalten. Und das entspricht keineswegs dem Vielfältigkeits- und Mündigkeitsgebot unserer Verfassung.

Da einige Eltern und Lehrer dieses Mündigkeitsgebot verstanden haben, andere aber nicht, sind einige Kinder inzwischen starke Persönlichkeiten, die von Erwachsenen stets mit Respekt behandelt werden, während andere geduckt, gestört, neurotisch, aggressiv oder autodestruktiv durch ihr Leben laufen und uns mit demjenigen so viele Schwierigkeiten bereiten, was wir Verhaltensstörungen nennen.

Erziehung in unserer Zeit mit unserer Verfassung muss dreierlei hinkriegen:

- Kinder dürfen voneinander verschieden sein; sie dürfen sich im Rahmen einer breiten, akzeptierten Bandbreite von Begabungen, Motivationen, Werten und Verhaltensweisen ganz unterschiedlich geben. Wir brauchen also für jeden der 18 Millionen deutschen jungen Menschen und für jeden der 10 Millionen deutschen Schüler eigene, nur zu ihm passende erzieherische Antworten und schulische Programme – eigentlich jedenfalls.
- Da Kinder keine Untertanen mehr sind, die als noch unfertige Erwachsene zu dressieren sind, müssen wir bei allem, was wir von ihnen fordern und was wir ihnen verbieten, um ihre Zustimmung bemüht sein; wir müssen sie von den Werten und Normen, die wir für wichtig halten, überzeugen, jedenfalls auf Dauer, auch wenn das gelegentlich ein harter und langer Weg für uns ist.
- Werteerziehung heute bedeutet nicht mehr, Werte zu verordnen bzw. über das Kind zu stülpen, sondern das Kind in die Lage zu versetzen, sich selbst angemessen entscheiden, wehren, behaupten und durchsetzen zu können und auch Nein sagen zu dürfen. Und genau das ist schwieriger als die Werteverordnung gegenüber früheren Untertanen. Wir müssen dem Kind, das uns nicht gehört, sondern das wir nur ein Stück seines Lebensweges begleiten dürfen, helfen, sich selbst ein stimmiges Weltbild, ein angemessenes Urteilsvermögen, eine Handlungs- und Konfliktfähigkeit aufbauen zu können, die zu seiner Individualität, seiner Begabungs- und Motivationslage, seiner Vergangenheit und Gegenwart, vor allem aber zu seiner Zukunft passt.

Wenn wir heute, zwar nicht empirisch ausgezählt, aber durch Einschätzung bzw. Erfahrung hinlänglich gesichert feststellen,

- dass etwa 15 Prozent der deutschen Eltern ihr Kind als eher störend, als nicht in ihren Lebenszusammenhang bzw. zu ihrer Lebensplanung oder auch zu ihrer Krankheit und zu ihren sonstigen Beziehungen passend empfinden – wozu auch die Mischform gehört, dass Mama zwar das Kind liebt, aber nicht der neue Freund der Mama –,
- dass weitere 15 Prozent der deutschen Eltern ihr Kind viel zu stark mit übertriebenem Ehrgeiz in eine ungewisse Zukunft hinein verplanen und ihm mit einem übervollen Terminkalender samt Übererwartungen allzu viele kleine und große tägliche Nie-

derlagen bescheren, mit dem Motto „Mein Kind soll es einmal besser haben als ich" gut gemeint, aber letztendlich für hilfreiche Erziehungsratschläge weitgehend immun,
- dass etwa 10 Prozent der deutschen Eltern ihr Kind mehr oder weniger richtig erziehen, was wir immer erst im Rückblick wissen, wenn es ungefähr 19 Jahre alt ist, weil eben jeder junge Mensch eine andere Erziehung braucht,
- dann bleiben etwa 60 Prozent der deutschen Eltern, die wir zur Zeit als erzieherisch hilflos beschreiben, und dazu gehören dann auch die 30 Prozent, die laut einer Studie der Universität Bielefeld Angst vor Erziehung haben und die deshalb ihr Kind gar nicht oder inkonsequent erziehen.

Diese Eltern haben gemeinsam, dass sie ihr Kind lieben, dass sie offen sind für Ratschläge – deshalb geben sie so viel Geld für Erziehungsratgeber und entsprechende Zeitschriften wie *Familie & Co* oder *Eltern* aus –, dass sie zu jedem schulischen Elternabend gehen und öfter einmal beim Kinderarzt, bei Erziehungs- oder Familienberatungsstellen vorbeischauen und alle möglichen Sorgentelefone nutzen; da sie aber eigentlich überall etwas Anderes empfohlen bekommen und oft auch Gegensätzliches bzw. Widersprüchliches, bleiben sie erzieherisch hilflos und machen dabei vieles falsch. Die berühmte Hamburger Kinderärztin Inge Flehmig pflegt Eltern auf die Frage „Was habe ich erzieherisch falsch gemacht?" stets zu antworten: „Alles, aber stehen Sie dazu!"

Wenn dann jedes Kind je nach seiner Besonderheit eine andere Art von Erziehung benötigt, dann helfen nun einmal keine Rezepte, die ja den Anspruch erheben, für alle Kinder und alle Situationen zu gelten:
- Hochbegabten und Hyperaktiven tut es gut, wenn sie nach der Schule und vor dem Mittagessen zur Entspannung fernsehen dürfen, was für normale Kinder nicht anzuraten ist.
- Hochbegabte haben ein geringeres Schlafbedürfnis als andere Kinder; sie brauchen also spätere Zubettgehzeiten und wegen ihrer oft teuren, aber sie durchaus fördernden Spezialinteressen höhere Taschengeldbeträge, mit denen sie übrigens auch sorgsamer umgehen als andere Kinder.
- Geistigbehinderte, Lernbehinderte und Hauptschüler, aber auch Legastheniker und Dyskalkuliker (rechenschwache Kinder) sollten länger am Computer arbeiten und spielen dürfen als andere Kinder. Sie brauchen auch früher einen Computer in ihrem Zimmer als andere Kinder.

- Während normalerweise ein Handy-Wunsch nicht vor dem 12. Lebensjahr erfüllt werden sollte, tut man aber gut daran, stotternden Kindern, Außenseitern und Kindern, die lange, gefährliche Schulwege haben, diesen Wunsch wesentlich früher zu erfüllen.
- Kinder sollten ihre Schulaufgaben allein machen; aber Kindern mit einer Wahrnehmungsstörung, mit einem Hörübertragungsproblem im Hirn (Hörcortexschwäche) oder mit einer erheblichen Konzentrations- und Durchhalteschwäche sowie solchen mit Schul- oder Prüfungsangst tut es außerordentlich gut, wenn nicht nur Mama bei den Hausaufgaben an ihrer Seite sitzt, sondern wenn Mama auch noch etwas macht, was die Lehrerin eigentlich auf dem Elternabend verpönt hat: Mama arbeitet mit ihrem Kind immer schon eine Seite bzw. ein Kapitel im Schulbuch voraus, damit das Kind bei Einführung des neuen Stoffes diesen schon so gut beherrscht, dass eher Erfolgserlebnisse als die viel zu häufig gehabten Versagenserlebnisse dabei herauskommen.
- Grundschüler sollten in der Schule das Schreiben mit dem Füller lernen; für Linkshänder, die auch noch Legastheniker sind, die eine furchtbare Schrift haben und dann auch noch mit ihrer Schreibhand das gerade Geschriebene gleich wieder unansehnlich verwischen, kann es angeraten sein, dass sie ihre Hausaufgaben am Computer machen und dass sie in der Schule nicht mit einem Füller, sondern am Laptop schreiben, weil sich dann ihr Schreiben eher zu einer Erfolgsstory als zu einer unlustbetonten, weil niederlagenreichen Angelegenheit entwickelt.

Dieses Kapitel kann aber nicht abgeschlossen werden, ohne dem Lehrer zwei positive, triviale, aber äußerst hilfreiche Einsichten mit auf den Weg zu geben:

- Erziehung ist leicht, wenn Eltern und Lehrer bezogen auf die bereits mit auf die Welt gebrachten Grundbedürfnisse des Kindes, nämlich Liebe, Zeit, Ansprache, Zuhören, Bewegung, Spiel, Körperkontakt, Kräfteherausforderung, Aufbau eines stimmigen Weltbildes mit Grenzerfahrungen, Muße, Familieneinbindung und Ernährung stets die sinnvolle Mitte treffen, also bemüht sind, Über- und Unterdosierungen zu vermeiden: Zu viel Liebe ist genauso schlecht wie zu wenig, zu enge Grenzen sind genauso misslich wie zu weite oder jeden Tag anders gesetzte, Überforderungen sind genauso ungünstig wie Unterforderungen usw. Bei der Ernährung leuchtet es ohnehin sogleich ein: Zu viel zu essen ist ebenso schädlich wie zu wenig zu essen. Aber auch zu viel vor dem Bildschirm zu sitzen ist genauso ungünstig wie nie fernzusehen, jedenfalls in der heutigen Zeit, in der kein Kind mit erheblichen Informations- und Orientierungsdefiziten aufwachsen sollte, weil es sonst Außenseiter wird. Wie viel Bildschirm gut ist, hängt vom Alter des Kindes ab, von der sonstigen Zeit für ausgleichende Bewegungserfahrungen, aber auch von der Auswahl des Gesehenen und von der Gesprächsbegleitung durch die Eltern oder andere Bezugspersonen. Wie gesagt: Hyperaktive und Hochbegabte brauchen mehr Fernseh- und Computererfahrungen als andere Kinder, weil diese für sie anregend und entspannend zugleich sind, während sie für normale Kinder eher aufregend und überspannend sind.

- Erziehung ist für Eltern, aber auch für Lehrer umso leichter, je häufiger sie über Erziehung sprechen. Was Menschen lernen sollen, begreifen sie vor allem, indem sie es anderen Menschen zu erklären versuchen; das gilt für Kinder beim schulischen Lernen ebenso wie für Erwachsene, die erzieherisch erfolgreicher werden wollen. Elternabende mit Erziehungsthemen, Elternstammtische, an denen über Alltagsprobleme des Erziehungsgeschäfts gesprochen wird, Gespräche mit anderen Müttern und Vätern von Mitschülern oder mit Nachbarn, Freunden und Verwandten über schlechte Noten, unaufgeräumte Zimmer, Taschengeldforderungen, Handyerwerb, Klamottenkauf oder den Wunsch des Kindes nach einem multimedial vernetzten Kinderzimmer machen eindeutig erziehungskompetenter und entscheidungssicherer, helfen also, erzieherische Hilflosigkeit zu überwinden, so wie wir auch von Schülern wissen, die in der Oberstufe einen Leistungskurs Pädagogik besucht haben (z.B. in Nordrhein-Westfalen), von der Hamburger Schule für minderjährige Mütter, in der nicht nur Englisch, Deutsch und Mathe gelernt wird, sondern auch Babypflege und Erziehung, und von den immer noch viel zu selten vorkommenden Lehrern, die Hausbesuche bei ihren Schülern machen, um deren Erziehungslage zu verbessern: Die Eltern werden durch das Sprechen über Erziehung pädagogisch besser, der Lehrer zugleich aber auch.

2.3 Unterschiedliche Elternerwartungen

Eltern erwarten höchst Gegensätzliches von Schule.

Schule muss vielen höchst unterschiedlichen Erwartungen entsprechen, mit denen die Lehrer oft „zwischen allen Stühlen sitzen“: Sie hat staatliche Aufträge mit Richtlinien und Bildungs- bzw. Lehrplänen, sie muss den Ansprüchen von Hochschulen und Ausbildungsbetrieben, die ihre Absolventen abnehmen, genügen, sie muss die Schüler zufrieden stellen, und die Lehrer haben auch ihre eigenen Erziehungs- und Bildungsvorstellungen, die sie im Klassenraum umsetzen wollen. Ganz besonders hat sie sich jedoch auch auf die Eltern einzustellen, die höchst Unterschiedliches von ihr fordern:

- Da gibt es Eltern, die ihr Kind möglichst früh, möglichst oft und möglichst lange in der Schule „abliefern“ wollen und die die eigentlich laut Artikel 6 des Grundgesetzes ihnen obliegende Erziehungsarbeit komplett der Schule, und zwar mit der Vorschule beginnend, zuspielen wollen. Wir beklagen dieses Phänomen als „Abgabementalität“.
- Da gibt es Eltern, die genau das nicht wollen, die ihr Kind weitgehend selbst erziehen wollen, die von der Schule nur einen ergänzenden Bildungsauftrag fordern und die sich eine Einmischung in die häusliche Erziehung verbitten, wenn es beispielsweise um Sexualkunde geht oder um die Ausdehnung der Grundschule als Halbtagsschule in Richtung Verlässliche, Volle oder Betreute Halbtagsgrundschule oder gar Ganztagsschule.
- Da gibt es Eltern, die von der Schule Religionsunterricht im Sinne der katholischen oder evangelischen Kirche erwarten oder genau das nicht, denen eine Religionskunde lieber ist als eine religiöse Unterweisung oder die – nach Brandenburger Vorbild – lieber die Einbettung des Religionskundlichen in einen Lernbereich Gesellschaft oder in ein Fach LER (Lebensgestaltung, Ethik, Religion) hätten.
- Einige Eltern bevorzugen eine Schule mit humanistischem und altsprachlichem Schwerpunkt, andere möchten eher die Schwerpunkte neue Sprachen, Informatik, Naturwissenschaften, Technik, Wirtschaft, Sport oder Musik.
- Immer mehr Eltern misstrauen den staatlichen Schulen überhaupt und entscheiden sich für vorhandene Privatschulen (Montessori-, Waldorf-, Schüler-, Freinetschulen, Freie Schulen, Deutsch-

Französische Schulen, Landerziehungsheime, andere Internate, Hochbegabtenschulen, Schulen im Ausland) oder beabsichtigen, welche zu gründen. In den letzten 30 Jahren hat sich jedenfalls die Zahl der deutschen Schüler, die Privatschulen besuchen, versiebenfacht.

- Allein wenn es um das Angebot von zweiten und dritten Fremdsprachen geht, erfüllen immer mehr Schulen immer weitergehende Eltern- und auch Schülererwartungen: Mittlerweile gibt es außer Englisch, Latein, Französisch und Altgriechisch längst die Angebote Spanisch, Russisch, Italienisch, Portugiesisch, Friesisch, Niederdeutsch, Sorbisch, Dänisch, Chinesisch, Arabisch, Türkisch für Deutsche und Anderes mehr, wenn es um den Lernbereich Fremdsprachen geht.

In einigen Bundesländern nimmt sich der Staat mehr Rechte bei der Wahl der Schullaufbahn heraus als in anderen. So entscheiden in Bayern, Baden-Württemberg, Sachsen und Thüringen allein die Lehrer anhand von Notenhürden, wer nach der Grundschule zum Gymnasium oder zur Realschule wechseln darf, während in Hamburg, Schleswig-Holstein, Bremen, Berlin und Niedersachsen das Elternrecht bei der Schullaufbahnentscheidung nach der Grundschule überwiegt; dort können die Eltern auch gegen die Empfehlung der Grundschule ihr Kind auf ein Gymnasium oder auf die Realschule melden.

Die Privatschulen sind ja ohnehin bemüht, eine Vielzahl höchst unterschiedlicher Schulprogramme zwischen konfessionellen, technischen, musischen, sportlichen, erziehungsstarken, familienergänzenden und anderen Aspekten bis hin zu behindertenpädagogischen, legasthenischen, hochbegabtenmäßigen und computerlernzentrierten anzubieten. Aber mittlerweile profilieren sich auch die staatlichen Schulen zunehmend, indem es längst Technische Gymnasien, Wirtschaftsgymnasien, obligatorische und offene Ganztagsschulen, Gesamtschulen, Hochbegabtenschulen (wie das St.-Afra-Gymnasium im sächsischen Meißen), Stadtteil- bzw. Nachbarschaftsschulen, Schulen mit D-Zug-, Express-Abi- oder Turbo-Abi-Klassen, Schulen mit Schwerpunkt Chor oder Orchester, Schwimmen, Skisport, Hockey, Rudern oder Fußball, vier- und sechsjährige Grundschulen, Schulen mit oder ohne Vorschule, mit althergebrachtem lehrerzentriertem und frontalem Unterricht, solche mit offenem Unterricht und Integrationsklassen für Behinderte und Nichtbehinderte, mit jahrgangsübergreifenden Klassen, mit Profil-Oberstufe oder mit doppelqualifizierendem Bildungsgang, der sowohl zum Abitur als auch zugleich zum Facharbeiterbrief führt, und vieles Andere mehr gibt.

Es ist ein großer Fortschritt auf dem Weg zur Umsetzung unseres Grundgesetzes mit seinem Vielfältigkeitsgebot auch in den Bildungssektor unserer Gesellschaft hinein, dass Eltern zumindest nach der Grundschule mitentscheiden können, welches Schulprogramm für ihr Kind walten soll; jedenfalls gilt das mehr oder weniger für Großstädte und Ballungsgebiete sowie in der Tendenz für Norddeutschland. Auf dem Land und in Süddeutschland bleibt die Wahlmöglichkeit allerdings nach wie vor begrenzt, auch weil neben den Notenhürden von etwa 2,0 nach der Grundschule die weiteren Schulwege eine freie Auswahl oft einschränken, es sei denn die Eltern entscheiden sich für eine kostenträchtige und das Familienleben beeinträchtigende Internatsunterbringung.

Immer noch nicht zeitgemäß ist übrigens die Wohnortbindung an eine bestimmte Schule, wenn es um die Einschulung geht. Wer in dieser Straße wohnt, muss in diese Grundschule; das dürfte heute nicht mehr sein, weil sich auch die staatlichen Grundschulen immer mehr profilieren zwischen modernem offenem Unterricht mit Lernentwicklungsberichten („Berichtszeugnisse" genannt), Wochenplanarbeit und dem Lernwerkstattcharakter mit Lernfamilien einschließlich den Aspekten jahrgangsübergreifende und Integrationsklassen mit zwei Klassenlehrern für zwei Klassen und althergebrachten, lehrerzentrierten Unterrichtsweisen mit Notenzeugnissen. Wann endlich werden also auch die Grundschulen für eine freie Elternwahl geöffnet, und welches Bundesland beginnt über die Städte Hamburg und Cottbus hinaus, in denen das bereits möglich ist?

Unabhängig von den Rahmenbedingungen für Schule haben Eltern aber auch höchst abweichende Erwartungen gegenüber den Lehrerpersönlichkeiten, ihren Methoden und ihren Erziehungsweisen:

- Immer mehr Eltern wollen enge Gesprächskontakte zu den Lehrern ihrer Kinder haben; sie wollen in kurzen Abständen den Lehrer anrufen, sie möchten viele Elternabende mit Erziehungsthemen, und sie freuen sich über Hausbesuche der Lehrer.
- Einige Eltern möchten Schule so haben, wie sie sie früher selbst einmal erlebten, also mit den Schwerpunkten Lesen, Schreiben, Rechnen, mit vielen Hausaufgaben und mit reichlich Ordnung, Disziplin und auch Strafen. Andere Eltern bevorzugen moderne Erziehungsweisen mit dem Aufbau von Schlüsselqualifikationen, mit Begünstigung von sozialem Lernen, Gewalt- und Suchtprä-

vention, mit Psychomotorik, Schulfrühstück, pädagogischem Mittagstisch, nachmittäglicher Schulaufgabenhilfe und vielen Neigungskursen, mit Sitzbällen, Computer- und Internetlernen und mehr coachenden als belehrenden Lehrern.

- Einige Eltern wünschen, dass die Grundschule den Schonraum Kindheit verlängert, indem möglichst lange auf Noten verzichtet wird und indem die Kinder beim Lernen ungestraft Fehler machen können. Andere fragen aber schon in Klasse 1 ständig, wieso die Parallelklasse im Mathebuch bereits eine Seite weiter ist, wann es endlich Noten gibt und wann die Vorbereitung auf das Gymnasium einsetzt, weil sie ihr Kind möglichst früh in seine Zukunft hinein verplanen möchten; sie sind ungeduldig im Angesicht einer immer beschäftigungsärmer werdenden Gesellschaft, in der man immer früher „in die Puschen kommen" muss, wenn denn Karriere dabei herauskommen soll.
- Da gibt es Eltern, die ungeniert den Lehrer auffordern, er möge doch ihrem Kind öfter einmal eine Ohrfeige geben; und da gibt es andere, die bei jeder Kleinigkeit von konfrontativer Deutlichkeit gleich zum Schulamt rennen, einen Anwalt beauftragen oder eine Anzeige machen.

Für Lehrer können diese divergierenden Elternerwartungen nur bedeuten, dass sie auf häufigen Elternabenden ihr Vorgehen erläutern und begründen, dass sie um Überzeugung für ihre Methoden ringen müssen und dass sie den Eltern die Chance eröffnen, moderne Erziehungs- und Lernweisen per Gespräch besser zu verstehen. Denn eine zeitgemäße Schule lässt sich nur im Rahmen eines sehr kommunikativen Netzwerkes zwischen Lehrern, Eltern, Schülern und Nachbarschaft der Schule bauen. In Konfliktfällen, die dennoch auftreten können, braucht man dann die Motivation von institutionalisierten Elementen dieses Netzwerkes, als da sind Klassenelternvertretung (Klassenpflegschaft), Eltern(bei)rat, Schulpflegschaft, Schulkonferenz, Kreis- oder Landeselternrat, Schüler(bei)rat, Kreis- oder Landesschülervertretung, Eltern- und Schülerkammer, Schulleitung, Schulpsychologischer Dienst, örtliche Presse oder Parteien vor Ort bis hin zur Gemeinde- oder Stadtvertretung bzw. dem Gewaltpräventiven Rat.

Eine moderne Schule braucht also Partizipation, denn sie ist nicht für die Lehrer da, sondern für die Schüler, die Familien, die Kommunen und die Gesamtgesellschaft einschließlich ihrer Zukunft. Ein Optimum von Partizipation findet man zur Zeit aber nur in Hamburg und Schleswig-Holstein und in Ansätzen in Niedersachsen, wo in den Schulkonferenzen neben einem Drittel Lehrer je ein Drittel Eltern und Schüler sitzen und in den Grundschulen je zur Hälfte Lehrer und Eltern. Und das ist gut so, denn das oberste Organ der jeweiligen Schule ist die Schulkonferenz, sie steht in ihrer Entscheidungsbefugnis, wenn es um Personal, Budget, Schulprogramm und beispielsweise auch um Disziplinarmaßnahmen geht, über der Lehrerkonferenz.

2.4 Unter- und Überforderungen

Der frontale lehrerzentrierte Lehrgangsunterricht führt dazu, dass immer mehr Schüler überfordert und zugleich immer mehr unterfordert werden, so dass die Leistungs- und Verhaltensbandbreiten immer größer werden.

Die Sprache sagt es ja schon: Unterforderung ist nicht gut, Überforderung aber auch nicht. Kinder müssen gefordert und gefördert werden, ihre Kräfte wachsen durch Herausforderung. So wie wir eine neue Fehlerkultur beim Lernen benötigen, mit der Kinder ohne Ängste über Irrwege und Umwege lernen dürfen, weil sie dann am besten lernen, brauchen wir auch eine Kultur der Anstrengung beim Lernen, die eben nicht auf Überforderung hinausläuft.

Denn Überforderung bedeutet Scheitern, während Unterforderung Langeweile und Zeit für Unfug schafft.

Mit der alten Frage, ob Kinder eher autoritär oder eher antiautoritär erzogen werden sollen, lagen wir falsch, weil das Autoritäre nicht nach der Zustimmung des jungen Menschen fragt, die wir aber benötigen, wenn er mündig werden soll, während das Antiautoritäre ihn in der Entwicklung seiner Kräfte unterfordert und mit den chaotischen Rahmenbedingungen gleichzeitig überfordert. Kinder brauchen Autorität, die sich nicht in uns Erwachsenen entscheidet, sondern im Kopf und im Herzen des Kindes: Das Kind entscheidet mit seiner eigenen Zustimmung, wer für es Autorität ist, und wenn das der Fall ist, ist es auch zur Mühe, zum Fleiß, zur Anstrengung bereit.

Unterfordert werden zurzeit in den Schulen vor allem die Gut- und Hochbegabten, von denen es etwa 300000 in Deutschland gibt. Überfordert werden hingegen die Kinder besonders ehrgeiziger Eltern, die beispielsweise zum Gymnasium gemeldet werden, obgleich sie nur eine Hauptschulempfehlung haben.

Wer in der Schule unterfordert ist, weicht in Traumwelten aus, um die ständige Langeweile in Selbsthilfe zu überbrücken. So erreichen die Hochbegabten zwar selten einen Schulabschluss, aber sie werden autodidaktisch außerordentlich kreativ. Mit dieser gut entwickelten Kreativität gehen sie dann oft in Berufe, die nicht unbedingt einen Schulabschluss voraussetzen, also beispielsweise in die Computerbranche oder in informationstechnische oder graphische Berufe.

Immer mehr Bundesländer haben dieses Dilemma erkannt und bieten deshalb Hochbegabtenzüge als D-Zug- (Hessen), Express-Abi- (Berlin) oder Turbo-Abi- (Schleswig-Holstein) Klassen an, die ein Jahr früher zum Abitur führen. In Hamburg können Hochbegabte Klassen überspringen, was leider zum Verlust von Freunden und damit zu sozialen Problemen führt; das St.-Afra-Gymnasium im sächsischen Meißen ist die erste staatliche Hochbegabtenschule, und ansonsten gibt es die Jugenddorf-Christophorus-Schulen des Christlichen Jugenddorfwerkes (CJD) für Hochbegabte mit Internat in Braunschweig, Rostock und Königswinter sowie die Talenta im nordrhein-westfälischen Geseke als Privatschulen. Als erstes Bundesland will Niedersachsen jetzt seine nachgewiesenen 8000 Hochbegabten mit einem IQ über 130 von der Grund- bis zur Hochschule flächendeckend in sämtlichen Kreisen und kreisfreien Städten erfassen und angemessen fördern. Sie können am Unterricht höherer Jahrgänge teilnehmen (was sie meist nicht wollen und schaffen, und zwar wegen der Gleichaltrigkeitsdefizite, unter denen Hochbegabte durchweg leiden), sie können das Abitur ohne Verpflichtung zum Schulbesuch erwerben und vorzeitig ein Studium aufnehmen (was gut ist), und sie können vorzeitig, also schon mit vier oder fünf Jahren, eingeschult werden. Das alles setzt aber einen Intelligenztest voraus, den die Eltern selbst bezahlen müssen. Er kostet etwa 200 Euro.

Unterfordert sind aber vielfach auch gut und früh zu Hause geförderte Kinder sowie optimal erzogene, die in der Schule in ihrer Lernbereitschaft gebremst werden, weil der Lehrer sich vor allem mit verhaltensauffälligen Schülern, die den Unterricht stören, oder mit permanent überforderten Schülern befassen muss. Die zur Zeit stetig größer werdenden Verhaltens- und Leistungsbandbreiten in den deutschen Schulklassen zwingen deshalb dazu, die Schüler beim Lernen nicht mehr mit dem Lehrer zu vernetzen (frontal und lehrerzentriert), sondern miteinander sowie mit den Lerngegenständen (Bücher, Karteikarten, Dokumente, Computersoftware, Internet, ...) zu verbinden, damit jeder sein Tempo, seinen Vertiefungsgrad, seine Transferfähigkeit selbst bestimmen und ausbauen kann, ohne über- oder unterfordert zu sein.

Der Lehrer wandelt sich dabei zum Moderator, zum Supervisor, zum Coach bzw. zum Lernberater. Die Schüler werden auf diese Weise besser gefordert und gefördert, der Lehrer hingegen entlastet und freigesetzt für individuelle Erziehung, Forderung, Förderung und Kompensation.

Kinder lernen Fremdsprachen umso leichter, je jünger sie sind. In den Altersstufen von der Geburt bis etwa zum sechsten Lebensjahr wird eine ganz andere, aber sehr viel leistungsfähigere Hirnpartie mit Fremdsprachenunterricht erreicht als etwa mit dem elften Lebensjahr, die jedoch später nicht mehr zur Verfügung steht, wenn man erst in Klasse 5 mit Englisch oder Französisch beginnt.

Wenn nur einige Kinder vor der Einschulung mit Fremdsprachenunterricht gefördert werden, andere aber nicht, werden die fremdsprachlich früh geförderten Kinder von dem Augenblick an Opfer von Unterforderung und Langeweile, mit dem der schulische Englisch- oder Französischunterricht einsetzt, weil die Lehrer mit den in den Klassen dadurch größer gewordenen Leistungsbandbreiten dann gezwungen sind, ihre Aufmerksamkeit, Kraft und Zeit mehr den schwachen als den guten Schülern zu widmen. Verhaltensstörungen als Folge von Unterforderung und Langeweile können bei den früh geförderten Schülern die unausbleibliche Folge sein, jedenfalls bei frontal vorgehenden Belehrungsmethoden. Allenfalls ließen sich die Förder- und Fortschrittsprobleme dadurch verringern, dass man die Schule von einer Belehrungsanstalt zu einer Lernwerkstatt umbaut und den Lehrer vom Stundengeber zum Differenzierung und Individualisierung fördernden Lernberater wandelt, weil Kinder umso besser lernen, je mehr sie selbst lernen und je weniger sie belehrt werden.

Erst wenn sämtliche Kinder in Deutschland einen früher einsetzenden Fremdsprachenunterricht haben, vermögen sie auch davon zu profitieren; das setzt aber voraus, dass er umso spielerischer, musischer und bewegungsreicher sowie nichtschriftlicher durchgeführt wird, je früher er beginnt. Denn die Methode muss sich immer an die Lebensalterstufen der Kinder anpassen, damit Kindheit nicht durch erwachsenentypische Verfrühungen übersprungen wird. Das ist möglich, weil Kinder geborene Lerner sind. Lernen, Spiel, Bewegung, Musisches und Fremdsprachen müssen also keineswegs ein unkindgemäßer Widerspruch sein, wie wir aus den luxemburgischen

Vorschulen wissen, die mit dem vierten Lebensjahr obligatorisch für zwei Jahre einsetzen und in denen Deutsch und Französisch über die Muttersprache Liëtzenbourgisch hinaus gepflegt werden, und zwar ohne dass bereits geschrieben wird.

Gut ist also, dass die deutsche Kultusministerkonferenz beschlossen hat, dass in sämtlichen 16 Bundesländern die Erste Fremdsprache in Klasse 3 beginnt. Und noch besser ist, dass in Brüssel erwogen wird, in einigen Jahren mit der Ersten Fremdsprache in allen Mitgliedsländern der Europäischen Union in der 1. Klasse einzusetzen, die dann hoffentlich mit dem fünften Lebensjahr startet, weil Kinder heute dank der vielen Medien-, Reise- und Spielzeugeinflüsse und dank eines erhöhten Erziehungsbewusstseins ihrer Eltern im Schnitt ein Jahr früher schulreif sind, als sie es noch vor 30 Jahren waren. Übrigens: Die Schulpflicht beginnt zur Zeit in Deutschland mit dem Abschluss des sechsten Lebensjahres. De facto werden deutsche Schüler aber im Schnitt mit 6,9 Jahren eingeschult. Das ist für kompensatorisches und produktives Lernen viel zu spät.

2.5 Bewegung und Lernen

Kinder lernen Laufen durch Fehlermachen, denn Laufen ist die Balance zwischen Hinfallen und Aufrichten.

Man könnte auf den ersten Blick meinen, mit Lernen habe Bewegung nicht viel zu tun. In Wirklichkeit ist Bewegung aber sehr wichtig für die Lernfähigkeit des Kindes.

So wird schon beim Schulreifetest, dort wo er noch stattfindet, überprüft, ob der Sechsjährige, ohne sich umzugucken, rückwärts an einem Seil entlanggehen kann. Immer mehr Kinder vermögen das heutzutage nämlich nicht mehr. Sie gelten als sinnesschwach, als wahrnehmungsgestört oder als feinmotorisch behindert, und zwar weil sie in derjenigen Entwicklungsphase, in der der Gleichgewichtssinn, die Muskelkoordinationssinne und die Hautsinne, also die Nahsinne sich ausprägen, zu selten gegriffen, gematscht, gelaufen, gesprungen, gehüpft, geklettert, balanciert, geschaukelt und geknetet haben.

Unsere Welt ist drei-, wenn nicht sogar vierdimensional, sie hat Länge, Breite und Höhe und eben auch die Zeit als vierte Dimension (das sieht man daran, dass ein Apfel, der in einem Regal liegt, über Monate hinweg schrumpft, also kleiner wird), und unsere Nah- (auf den eigenen Körper bezogen) und Fernsinne (Hören und Sehen) sind auf diese Welt hin ausgerichtet.

Kinder, die vor allem tagein und tagaus nur vor der Glotze hängen, lernen eigentlich nur eine zweidimensionale Welterfassung, die sich auf das Verstehen des Bildschirmes eingrenzt; sie werden also mit dem Defizit an dreidimensionaler Bewegungserfahrung derart sinnesgeschwächt, dass sie öfter als andere Kinder verunfallen; sie können Größen, Kräfte, Geschwindigkeiten und Entfernungen nicht richtig einschätzen, sie lernen kaum Fahrradfahren, weil sie das mit der Balance nicht hinbekommen, und sie können nicht ohne weiteres rückwärts gehen und schon gar nicht gut klettern. Der Zeitpunkt für die diesbezügliche Kräfteentwicklung ist verpasst, so dass es Jahre braucht, um diese Kompetenzen kompensatorisch nachzureichen, zum Beispiel mit Ergotherapie oder psychomotorischem Turnen.

Und wer nicht gut rückwärts gehen kann, kann auch nicht gut rückwärts zählen, so dass ein Mangel an frühkindlichen Greif- und Bewegungserfahrungen vielfach zur Rechenschwäche, zur Dyskalkulie, auch Arithmasthenie genannt, und damit einhergehend zur Links-Rechts-Schwäche führt. Solche Kinder können eben nicht so einfach Links und Rechts differenzieren.

Heute wissen wir, dass zu dürftige Erfahrungen mit unterschiedlichen Materialien (Matsch, Sand, Knete, Stein, Glas, Metall, Holz, Lehm, Plastik, Heu, Moos, Gummi, ...), mit verschiedenen Farben und mit verschiedenen Zahligkeiten (ein Ball, zwei Bälle, fünf Bälle, zwei kleine und drei große Bälle) neben dem Mangel an Bewegungserlebnissen in der Dreidimensionalität und mit unterschiedlichen Größen, Kräften und Geschwindigkeiten zu erheblichen Lernproblemen nicht nur im Rechenunterricht, sondern auch bei der Fähigkeit zum logischen und vernetzenden Denken führen, so wie der Mangel an Bezugspersonen und damit verbunden an Ansprache und Zuhören häufig in Legasthenie, also in Lese-Recht-schreib-Schwäche einmündet.

Der Sinnesschwäche, die mit kleiner werdenden Wohnungen, dem Zerschneiden von Spielräumen durch den Straßenverkehr in Großstädten, dem Zubetonieren von Landschaften, dem Aussterben von bewegungs- und spielfreundlichen Hinterhöfen, dem Verschwinden von Bolzplätzen und von Straßenfußball und dem Mangel an Anlässen, mit Vater, Geschwistern oder Freunden zu toben, einhergeht (weil Väter und Geschwister an sich seltener geworden sind und weil in so mancher Straße überhaupt nur noch ein Kind wohnt), beugen mittlerweile Kindergärten vor, die Sinnespfade besitzen (auf denen die Kinder über verschiedenartigste Materialien und Pflanzenformen kriechen können), oder Strand-, Wald-, Watt-, Sport- und Bewegungskindergärten und die Grundschulen mit psychomotorischem Extraturnen. Dabei wird künstlich etwas nachgereicht, was Kinder früher beim Spielen draußen ganz naturgegeben hatten.

Kinder kommen mit einem immensen Bewegungsdrang auf die Welt; sie lassen ihre Arme und einzelne Finger kreisen, sie wippen mit den Beinen auf und ab, sie greifen nach allem, was sie erreichen können; sie schmecken es mit der Zunge, riechen daran, versuchen, alles in den Mund und manchmal auch in die Nase, in die Ohren und in den After zu stecken; sie erproben die Widerstände der Dinge, die sie greifen; sie experimentieren mit Größen, Abständen und manchmal auch schon mit Geschwindigkeiten. Sie wollen auf dem breiten Rand der Sandkiste balancieren und Musik in Bewegungen, also in Vorformen des Tanzes umsetzen. Später versuchen sie, den Ball lange auf der Schuhspitze zu halten, zu dribbeln, einen Purzelbaum zu schlagen und an den Beinen von Papa hoch auf seinen Schoß zu klettern. Noch später wollen sie dann das Kickboard, das Skateboard, die Rollerblades, das Snowboard, das Mountain-Bike und das Rennrad beherrschen und schließlich den gegnerischen Spieler geschickt mit dem Fußball umspielen.

Sie machen das aber anders als die Schule, nämlich mit einer ursprünglichen Fehlerkultur, die hoffentlich bald auch wieder die künftige sein wird: Über Versuch und Irrtum, über „trial and error“, über Umwege, über Irrwege, Zurückgehen und neu Ansetzen machen sie Fortschritte. Die natürliche Strafe mit blauen Flecken oder einem aufgeschlagenen Knie reicht dabei als Motivation für den Fortschritt aus; eine Strafe über Schimpfen, erhobene Zeigefinger, rote Tinte und schlechte Noten ist darüber hinaus nicht erforderlich.

Man muss sich also angucken, wie Kinder das Laufen, Springen, Klettern und Skateboardfahren sowie Fußballspielen vor und außerhalb der Schule lernen, dann weiß man, welche Fehlerkultur die Schule beim Lernen pflegen müsste. Wenn der Fehler deutlich wird und eine zusätzliche Strafe ausbleibt, wenn das Kind einfach nur einen neuen Anlauf machen darf, den es als geborener Lerner ja instinktiv schon machen will, dann verknüpfen wir Lernen mit Motivation. Wenn wir aber das Fehlermachen zusätzlich bestrafen, dann verknüpfen wir Lernen mit Angst, was auch funktioniert, aber eben mit deutlich geringerer direkter Motivation und mit etwas geringerer Effizienz.

„Lob des Fehlers“ nennen der Baseler Pädagoge Jürgen Reichen und sein Hamburger Multiplikator Reinhard Kahl diese neue Fehlerkultur, die eigentlich die ursprüngliche der Menschheit ist, und für sie ist das keine Aufforderung zum Fehlermachen, sondern ein Akzeptieren des Satzes des kanadischen Pädagogen Norm Green: „Fehler sind unsere Freunde beim Lernen.“

Natürlich soll ein Kind nicht durch Fehlermachen lernen, wie man eine vierspurige Schnellstraße überquert, aber beim Lesen-, Schreiben- und Rechnenlernen ist es außerordentlich gut, wenn wir das Fehlermachen gelassen tolerieren, wenn wir das Zurückgehen, um einen neuen Anlauf zu wagen, mit Ermunterung begleiten, so wie es der Bildschirm des Lerncomputers stets tut, der immer moralisch neutral bleibt, auch wenn auf ihm „Fehler“ oder „Error“ erscheint.

Wenn wir an den alten Sportunterricht im Sinne des Turnvaters Friedrich Ludwig Jahn denken, dann sehen wir riegenturnende Kinder, die mehr in einer Schlange stehen, als dass sie sich bewegen. Worum ging es eigentlich dabei? Es ging beim Riegenturnen viel mehr um vormilitärischen Drill als um Bewegungserziehung, so wie es beim Unterbringen von Kindern nach Geburtsjahrgängen in Schulklassen auch mehr um die Erziehung zu brauchbaren Soldaten bzw. Untertanen ging als um effiziente Lernweisen, die mit dem Jahrgangsübergriff in Lernfamilien unter dem Coaching von Lernberatern eher gegeben sind.

Norm Green fasst seine Einsichten über zeitgemäßes Lernen daher auch so zusammen: „Wenn Schüler ein mit einem Gummiband angetriebenes Auto in der Größe eines Schuhkartons zu bauen haben, das etwa 20 Meter weit zu fahren imstande ist, dann fährt zunächst kein einziges so weit; wenn aber nach 100-mal Fehlermachen schließlich alle Autos diesem Lernziel entsprechen, dann haben die Schüler nicht nur beim allerletzten Versuch, der der erfolgreichste war, etwas gelernt, sondern mindestens 100-mal.“

Was ein Balletttänzer an Muskelkoordination beherrschen muss, wenn er auf der Bühne der Hamburgischen Staatsoper auftritt, setzt mindestens 100 000 Fehlversuche in Form von Training und Proben voraus, bis es derart perfekt gelingt, wie er es dem Publikum präsentiert; zum Glück wurde er aber nicht die 99 999-mal zuvor zwischen 1 und 6 benotet.

Langer Rede kurzer Sinn: Der deutsche Schulsport steckt in einer schweren Krise; nicht nur dass Hamburg den Sportunterricht an Berufsschulen komplett gestrichen hat, ist schlimm; schlimm sind auch die drei wöchentlichen Sportstunden, die eventuell montags in der

1. und freitags in der 5. und 6. Stunde stattfinden, sowie die Sportstunde mit einem benoteten 1000-m-Lauf, weil der Sportlehrer diese Leistung für die Erteilung der Halbjahresnote benötigt, am Dienstagvormittag nach einer Lateinarbeit und vor Einführung des Sinussatzes im Mathematikunterricht. Sinnvoll wäre heute eine allgegenwärtige Bewegungserziehung im Rahmen einer „Bewegten Schule" mit „Aktiven Pausen" an jedem Schultag fernab von unorganischen 45-Minuten-Einheiten, zu der sich die Lehrerin je nach Jahreszeit, Wetter, Wochentag, Alter der Kinder und Thema des Unterrichts ganz spontan immer dann entscheidet, wenn die kleinen Körper ihrer Grundschüler ihr dieses Erfordernis gerade signalisieren. Das macht die Schulglocke entbehrlich und verleitet allenfalls dazu, diese durch eine Wanduhr in der Klasse zu ersetzen.

2.6 Medien und Lernen

Die virtuelle Welt des Bildschirms ist eine zweidimensionale, die reale Welt beim Spielen draußen ist eine dreidimensionale; viel fernsehende und gleichzeitig sich wenig bewegende Kinder vermögen die Kluft zwischen virtueller und realer Welt nicht mehr zu überbrücken.

Während Menschen früherer Gesellschaften vor allem mit einem Mangel an für sie wichtigen Informationen aufwuchsen, leben heute alle Menschen und somit auch Kinder und Jugendliche mit einem kaum zu verarbeitenden Übermaß an Informationen.

Auf diese Weise ergibt sich, was der Amerikaner Lewis J. Perelman feststellt: Junge Menschen lernen heute außerhalb der Schule etwa 100-mal so viel wie in der Schule, allerdings mit dem Unterschied, dass in der Schule systematisch, vertiefend und absichtsvoll gelehrt wird, während das außerschulische Lernen im Wesentlichen unsystematisch, oberflächlich und wirr ist und vieles davon völlig unnütz oder gar schädlich. Aber selbst wenn man das Positive, das wirklich Nützliche des außerschulischen Lernens nimmt, ist es noch etwa 20-mal so viel wie das in der Schule Gelernte.

Das meiste lernt das Kind heute außerhalb der Schule durch die Medien, durch Reisen, über Spielzeug, in Einkaufszentren und Supermärkten und durch Gleichaltrige. Und die medialen Einflüsse kommen vom Fernseher, der Spielkonsole, dem Videogerät, dem

Gameboy, dem Walk- oder Discman, dem Computer, dem Internet, dem Handy und der enormen Fülle der Printmedien zwischen Comics, Zeitungen, Zeitschriften, Büchern und Werbeprospekten.

Wir haben es heute mit dem Phänomen des multimedial vernetzten Kinderzimmers zu tun, das zum Eindruck bei so manchem Zeitgenossen führt, die Seele des Kindes sei direkt an den Fernseher und an das Internet angeschlossen, und die Hirnforscher weisen darauf hin, dass Kinder auf diese Weise bereits völlig andere Hirnvernetzungen besitzen als wir Erwachsenen, die wir so nicht aufgewachsen sind.

So sind mittlerweile die deutschen Kinderzimmer von Grundschülern, also von Sechs- bis Elfjährigen, im Schnitt wie folgt ausgestattet; die Zahlen müssen so verstanden werden, dass sie bei Elfjährigen höher liegen als bei Sechsjährigen, dass die Ausstattung in Ostdeutschland höher ist als in Westdeutschland und bei ärmeren Familien umfangreicher als bei wohlhabenden, weil beispielsweise Sozialhilfeempfänger aus einem schlechten Gewissen heraus eher geneigt sind, die Wünsche ihrer Kinder zu erfüllen, während Eltern aus wohlhabenden Kreisen um die Gefahr der Verwöhnung wissen und deshalb mit Askese-Idealen gegen die Begehrlichkeiten ihrer Kids wirken; es geht bei diesen Werten übrigens nicht um die Ausrüstung des Haushaltes, sondern ausschließlich um diejenige des Kinderzimmers:

- Computer: 63%
- DVD-Player: 41%
- Fernseher: 69%
- Spielkonsole bzw. Playstation (und das sind vor allem Jungen): 47%
- Gameboy: 33%
- Stereoanlage mit Boxen bzw. Radiorekorder: 83%
- MP3-Player: 32%
- Internetanschluss: 55%
- Handy: 49%
  (Jugendliche ab 14 Jahren 92%)

Dass über den Umgang mit diesen Geräten auch viel gelernt wird, ist unzweifelhaft, denn die Kinder gucken sich nicht nur Action- und Horrorfilme an, sondern auch Tierfilme, Sendungen über Vulkanologie oder Nachrichten. Was sie dabei lernen, geschieht ohne den Umweg der Strafandrohung, den die Schule nur allzu oft wählt, und es geschieht vielfach spielerisch oder auch humorvoll, wenn man beispielsweise an die Computerspiele denkt. Perelman hat diese gewaltige Lernmenge sogar zu der These veranlasst, die Zeit von Schule sei nunmehr vorbei; sein Buch hat deshalb den Titel „School's Out".

Zum Glück ist die anfängliche Computereuphorie inzwischen einer nüchternen Einschätzung der Lernlage der deutschen Kinder gewichen. Während Perelman sich noch vorstellte, künftig könnten die Kinder bei Mama in der Wohnstube bleiben, statt in eine Schule zu gehen, und könnten vernetzt, animiert, kontrolliert und mit gegenseitigen Chancen zu Fragen mit einem irgendwo anders sitzenden Lehrer am häuslichen Computer lernen, während im niederländischen Tilburg damit experimentiert wurde, dass 1000 Schüler donnerstags zu Hause bleiben, um dann an diesem Tag mit ihren Lehrern vernetzt daheim zu lernen (Homelearning genannt), wissen wir heute, dass das Lernen am Bildschirm durchaus sehr ergiebig ist, dass es aber ergänzt werden muss durch das soziale Lernen in Lernfamilien, die bislang Klassenverband oder Kurs heißen, durch Bewegungserziehung, durch Vorlesen und Gesprächskreise und durch einige frontale, lehrerzentrierte Phasen, die das Kind ganz anders und insofern mit anderen Lerneffekten ansprechen.

Stephen W. Hawking, der berühmte englische Naturwissenschaftler, macht sich sogar inzwischen Sorgen, was die Weiterentwicklung des Computers zu einem Lerngegenstand angeht, der mit Experimenten in der „Wissenschaftsstadt" Ulm (Fachhochschule, Universität und Forschungsabteilung von DaimlerChrysler) künftig so ähnlich wie das menschliche Hirn arbeiten soll, was er jetzt ganz und gar noch nicht tut: „Wenn der Mensch genetisch so bleibt, wie er ist, wird auf Dauer der Computer über den Menschen herrschen; die Vorherrschaft des Menschen über den Computer kann nur dann gewahrt werden, wenn durch gentechnologische Eingriffe in den Menschen sein Erbgut verbessert wird."

Eins ist klar: Der Computer darf in der Schule nur ein Gegenstand, also ein Medium sein. Das Lernen an ihm bringt in kürzerer Zeit mehr Fortschritte als beim herkömmlichen Unterricht; es ist lustbetonter, motivierender und – bei der Partnerarbeit – auch gesprächs- bzw. wortintensiver. Viele Grundschulen sind stolz darauf, dass sie einen Computerfachraum besitzen; aber der führt langfristig wie ehedem schon das Sprachlabor in eine Sackgasse, weil er nur dann genutzt werden kann, wenn es im Stundenplan steht, nicht aber dann, wenn ein Computer oder das Internet aktuell im Unterricht benötigt werden.

Der Fortschritt liegt auch noch nicht in der Hamburger Lösung, mit der jede Klasse eine „Medienecke" hat, in der auch ein Computer mit Internetanschluss steht; das effiziente Computerlernen braucht viele Computer in jeder Klasse, am besten immer einen für zwei Schüler, und es braucht Dosierung, das heißt, in der Vorschule sollte jedes Kind höchstens 20 Minuten am Tag am Computer spielen, in den beiden ersten Schuljahren sollten es 30 Minuten für Arbeit und Spiel pro Tag sein und in den Klassen 3 und 4 bis zu einer Stunde. Mehr kann es zwischen Schulfrühstück, Gesprächskreis, Bewegungserziehung, frontalen Phasen und erkundender, vertiefender und einübender Lernwerkstatt mit Wochenplanarbeit sowie Ausklangphase nicht sein, weil ja auch Karteikarten, Bücher, Atlanten, Arbeitspapiere, Druckerei, Mikroskope, physikalische und chemische Versuche, Rollenspiele zur Konfliktlösung, Vorlesen und Erzählen eine wichtige Rolle spielen müssen.

Mit dem schulischen Computerlernen haben wir aber auch gelernt, dass der Bildschirm bei Lernprogrammen moralisch neutral bleibt, er schimpft und straft nicht, er arbeitet nicht mit roter Tinte und schlechten Noten, er erlaubt eine neue, viel ergiebigere Fehlerkultur, nämlich die der Umwege und Irrwege, die nicht direkt zum Ziel führen, sondern das Zurückgehen und das Noch-einmal-neu-Ansetzen gestatten.

Wir haben dadurch aber auch gelernt, dass wir Schule bislang falsch aufgebaut haben, indem wir mit Lesen begannen, dann Hören ergänzten, dann das Sehen hinzufügten, dann Hören und Sehen verknüpften, dann viel zu selten das Erklären obendrauf setzten und gelegentlich Platz für Handeln schufen.

Die künftige Schule muss genau umgekehrt vorgehen, und zwar so wie es die Sinclair Secondary School in Durham in der Provinz Ontario in Kanada tut: Sie muss mit dem Handeln einsetzen, muss dem Sprechen größtmöglichen Raum gewähren und dort dann gelegentlich auch bis zum vertiefenden bzw. anwendenden Lesen vordringen.

Die Hirnforscher sagen uns nämlich, wie unterschiedlich wirksam die jeweiligen Wahrnehmungsweisen und Lernmedien sind, und damit sagen sie uns zugleich, wie falsch wir es mit dem schulischen Lernen bisher gemacht haben, weil betriebs- und volkswirtschaftlich gesehen viel zu wenig dabei herauskam:

- Vom dem, was Kinder lesen, behalten sie auf Dauer 10 Prozent,
- von dem, was sie hören, 20 Prozent,
- von dem, was sie sehen, 30 Prozent,

- bei der Verknüpfung von Hören und Sehen sind es schon 50 Prozent,
- von dem, was sie selber sagen, also aussprechen, behalten sie auf Dauer 80 Prozent,
- und von dem, was sie selber tun, bleiben auf Dauer 90 Prozent haften.

Kinder, die in einem fernsehlosen Haushalt aufwachsen, wie ihn gelegentlich noch die Waldorfpädagogen empfehlen, werden leicht Außenseiter; sie haben Informationsdefizite, können auf dem Schulhof nicht mitreden und werden auf Dauer schwierige Menschen über ihre vielen kleinen kommunikativen Niederlagen im Alltag. Außerdem sind sie gefährdet, wenn sie mal bei anderen Familien übernachten, sich intensiv oder auch exzessiv das Allerschlimmste an Gewalt und Sex zeitlich überdosiert nachzureichen oder mit 18 Jahren, wenn sie einer Videothek beitreten können, sich täglich sechs Filme reinzuziehen, um ihren Nachholbedarf zu befriedigen.

Junge Menschen, die heute ganz ohne Computer aufwachsen, werden demnächst, wenn 85 Prozent aller Arbeitsplätze irgendwie mit dem Computer zu tun haben, auch berufliche Nachteile haben, wie sie auch Studenten schon auf dem Weg zum Examen haben, die über so ein Gerät nicht verfügen und es innerhalb der Hochschule nicht bedienen können.

Die Medienlandschaft an sich ist nicht schädlich; auf den Umgang mit ihr kommt es an. Fernsehgeräte, Videorekorder, Gameboys, Spielkonsolen, Computer und Internetanschlüsse vermögen unser aller Leben zu bereichern und auch zu vereinfachen, sie können aber auch schädlich sein, wenn schon kleine Kinder zu früh, zu oft und ohne Gesprächsbegleitung das Falsche sehen, ganz zu schweigen von der möglichen Schädigung der Augen, der Brüste (durch die Strahlenbelastung) sowie der Organe und Funktionen, die auf viel Bewegung angewiesen sind.

Deutsche Kinder sehen heute täglich im Schnitt 101 Minuten fern; und schon bei den Drei- bis Fünfjährigen sind es 81 Minuten. 82 Prozent aller Kinder sitzen täglich vor dem Bildschirm, und im Hamburger Stadtteil Horn, so haben die dortigen Vor- und Grundschulpädagogen ausgezählt, kommen schon Fünf- und Sechsjährige auf bis zu 9 Stunden täglichen Bildschirmkonsums, und von Freitagmittag bis Sonntagabend auf bis zu 30 Stunden.

Während Vorschulprogramme von Vorschülern immer seltener gesehen werden, neigen sie gleichzeitig dazu, immer häufiger Programme für Erwachsene sehen zu wollen: Sie empfinden Kindsein oft als Kindischsein und wollen daher die so wichtigen Entwicklungsstufen nicht altersentsprechend ausleben, sondern einfach überspringen, was ihnen nicht gut tut.

Für 94 Prozent der deutschen Kinder ist das Fernsehen mittlerweile ebenso wichtig, wie die Freunde es sind, hat die „Kids-Verbraucher-Analyse“ der Verlage Bastei, Bauer und Axel Springer ergeben. Es folgen Musikhören (90 Prozent), Radfahren (84 Prozent), Videogucken (77 Prozent), Radiohören (76 Prozent) und Fußballspielen (70 Prozent).

Viel fernsehende Kinder haben oft Probleme mit stehenden schwarz-weißen Bildern, die sie nicht mehr so ohne weiteres wahrnehmen und erfassen, weil sie im Vergleich zum farbigen actionreichen Bild aus Kalifornien zu reizschwach sind. Andererseits nehmen sie viel leichter als Erwachsene komplexe Reize wahr. Wenn in einem Film des Regisseurs Oliver Stone neben der Haupthandlung noch drei Nebenhandlungen in den Bildecken spielen, bekommen Erwachsene Erfassungs- und Verständigungsprobleme sowie Kopfschmerzen, Fernsehkids aber nicht. Wenn Erwachsene einen Spielfilm auf Portugiesisch sehen, weil sie gerade in einem Hotel der Algarve weilen, haben sie Mühe, dem Inhalt des Films zu folgen, Kinder aber eventuell nicht, weil sie schon früh gelernt haben, einen Film ausschließlich vom Bild her zu verstehen, wenn sie schon als Dreijährige stundenlang „vor der Glotze geparkt“ wurden, also die Sprache, die einem Film zugrunde liegt, ohnehin noch nicht verstehen konnten.

Auf den Umgang mit den Medien kommt es in der Erziehung mehr an als auf die Medien und ihre Inhalte selbst. Das gilt auch für Print-Medien, also für Zeitungen, Zeitschriften (allein für Mädchen in der Pubertät gibt es an den Kiosken 7 verschiedene Reiterzeitschriften und für Jungen etwa 20 Motorradzeitschriften), Comics und Bücher, für Musik und Musiktexte sowie für Werbespots. So wie Eltern früher in Bezug auf ihre Kinder Angst vor „Schundliteratur“ hatten, haben sie heute Angst vor Crime and Sex auf dem Bildschirm. Und so wie sie heute dankbar wären, wenn ihre Kinder mehr Bücher über „Harry Potter“ hinaus lesen würden, werden sie dermaleinst vielleicht dankbar sein, wenn ihre Kinder mehr Fernsehprogramme verfolgen würden, statt im Internet zu surfen.

Um eine kritische Distanz zu den Medien aufzubauen, hat man deshalb in einigen Bundesstaaten der USA das Fach „media-literacy“ geschaffen, das mehr bringt als Kontrollgeräte, die den Eltern gestatten, das Sehen bestimmter Fernsehsender zu verhindern, wenn sie ihre Kinder einmal allein zu Hause lassen müssen. Als erstes deutsches Bundesland hat Sachsen ein Fach Medienerziehung in seinen Schulen eingeführt, aber viel zu spät einsetzend, nämlich erst in der Klassenstufe 9.

Zusammenfassend seien noch folgende Empfehlungen gegeben:

- Kinder bis zum Ende des 3. Lebensjahres sollten nie vor dem Bildschirm sitzen, weil er ihren Augen nicht gut tut.
- Kinder von 4 bis 5 Jahren sollten im Schnitt nur 20 Minuten täglich vor dem Bildschirm hocken.
- Kinder von 6 bis 9 Jahren ertragen täglich eine halbe Stunde Bildschirmkonsums zu Hause und eine weitere vor dem Lerncomputer in der Schule.
- Kinder von 10 bis 13 Jahren sollten nicht länger als durchschnittlich eine Stunde zu Hause plus eine Stunde in der Schule vor dem Fernseh- bzw. Computerbildschirm sitzen. Selbstverständlich kann man bei Fußballweltmeisterschaften und Olympischen Spielen eine Ausnahme machen.
- Bis zum 11. Lebensjahr sollten Kinder keinen Fernseher und keinen Computer auf ihrem Zimmer, aber schon im Haushalt zur Verfügung haben.
- Es gibt gut begabte Kinder, die so etwas wie eine Computer-Legasthenie zeigen. Sie können alles recht gut, nur am Computer versagen sie. Das ist aber genauso wenig schlimm, wie es Kinder gibt, die überall gute Leistungen erbringen, nur nicht im Fach Musik oder im Sport oder beim Basteln mit technischen Gegenständen. Die Computer-Legasthenie (richtiger als Computerasthenie zu bezeichnen) kann eine Teilleistungsstörung sein, die in einigen Jahren auch von Nachhilfeinstituten und von schulischem Förderunterricht angegangen werden wird. Bei jedem Fortschritt gibt es eben auch immer Nachteile und einige Menschen, die von ihm mehr profitieren als andere.

Zum Schluss noch ein Exkurs zu der Wirkung besonders schrecklicher Fernsehbilder, wie sie aus Kriegsgebieten oder am 11. September 2001 beim Angriff von Terroristen auf das World-Trade-Center in New York und das Pentagon in Washington, D.C. übermittelt wurden, auf die kindliche Seele:

Wie sich extrem grausame kriegerische Handlungen mit Tausenden von Opfern auf palästinensische Kinder auswirken, haben wir gesehen: Sie haben sich gefreut und gejubelt. Aber sie kannten den Krieg vor ihrer Haustür, und der ist stets schlimmer als der auf dem

Bildschirm. Außerdem hatten sie eine längere erzieherische Vorbereitung sowohl auf die aggressive als auch auf die autoaggressive Seite in sich: Sie wurden zum Steinewerfen gedrillt, und sie erklärten mit strahlenden Augen, wenn sie erst 7 Jahre alt waren: „Wenn ich groß bin, werde ich Selbstmordattentäter!"

Bei uns ist das anders: Kinder haben Angst vor Krieg, weil sie immer dann, wenn ihre Eltern oder Großeltern von Krieg sprachen, deren schmerzverzerrte Gesichter gleichzeitig gesehen haben, so dass sie früh verstanden haben, dass Krieg das Schlimmste ist, was der Menschheit widerfahren kann.

Kinder reagieren auf die Bilder aus New York und Washington oder aus Kriegsgebieten höchst unterschiedlich, je nach Alter, nach Sensibilität, nach vorausgegangenen Reaktionen auf Krieg bei ihren Bezugspersonen, nach Video- oder Computererfahrungen, nach Häufigkeit ihres Fernsehkonsums, nach Intelligenz und nach Vorerfahrungen mit Gewalt, Unfällen und eigenen Niederlagen:

- Schon Vierjährige stellen Fragen, wenn sie die Ereignisse in New York am Bildschirm mitbekommen oder durch Freunde im Kindergarten erfahren haben. Erwachsene müssen sich dann sofort viel Zeit nehmen, um das Geschehene einfach zu erklären und es vorsichtig in das kindliche Weltbild einzuordnen. Zum Glück sind Vier- und Fünfjährige so gebaut, dass sie rascher als ältere Kinder damit fertig zu werden vermögen.
- Am schlimmsten treffen die Ereignisse Zehn- bis Elfjährige; die Wahrnehmungs- und Angstkurve ist bei ihnen mit ihrer weitgehend abgeschlossenen Sinnesentwicklung, aber der zugleich viel zu geringen Lebenserfahrung am höchsten. Sie brauchen besonders viel Zuwendung, einen besonders hohen Wahrheitsgrad, besonders lange Gespräche und besonders viel angstraubenden Trost, indem ihnen beispielsweise gesagt wird, dass die Katastrophe von New York die Folge eines gezielten Kriegsangriffs auf den Dom der weltweiten Finanzwelt war, dass die vielen Opfer ihr Leben wie Soldaten verloren haben und dass nicht mit so einem Anschlag auf die unmittelbare Wohnnachbarschaft zu rechnen sei.
- Zum Glück leiden Kinder unter noch so schrecklichen Bildschirmereignissen nie ganz so, als wenn sie selbst in Kriegsgebieten, bei Unfällen oder bei Gewaltaktionen Zeugen sind. Der Bildschirm bagatellisiert immer, was schlimm ist, wenn man an menschenverachtende, gewaltverherrlichende Computerspiele denkt, was aber ganz gut ist, wenn es um transportierte wirkliche Gewalt geht.

- Besonders sensible, besonders intelligente und solche Kinder, die bereits selbst in einen schrecklichen Unfall verwickelt waren, leiden mehr als kleine, nicht so intelligente und etwas raubeinigere Kinder.
- Kinder, die bereits viel Schlimmes selbst erlebt haben, die selbst viel geschlagen, ausgegrenzt, gemobbt wurden und mit einer Fülle von alltäglichen Niederlagen konfrontiert waren, leiden nicht so schlimm wie andere, weil sie unbewusst ihr persönliches Leid mit den Opfern auf dem Bildschirm teilen; das entlastet sie ein wenig.
- Rein äußerlich scheint für viele Kinder das Erlebte schnell wieder überwunden zu sein. Aber der Schein trügt; sie verdrängen es nur, können es aber jederzeit – z.B. in ihren Träumen oder in für sie gefährlichen Situationen – wieder ängsteaufbauend aus ihrem Unbewussten hervorholen. Ihr bald erneut vorhandenes Lachen ist ihr hilfloser Versuch, vergessen zu machen, was sie dennoch nicht vergessen können, und ihr Spielen von Krieg, von Zerstörung und von Wut ist ihr Bemühen, das Miterlebte durch Handeln zu bewältigen.
- Wer Kindern das aufklärende und um Einordnung bemühte Gespräch verwehrt, belässt ihnen nur die Bewältigungsmöglichkeiten der angstvollen Träume und des aggressiven und zerstörerischen Handelns im Spiel und im Sozialen. Wenn ihnen aber das Verarbeiten im Spiel auch verwehrt ist, bleiben ihnen nur noch das Sich-Zurückziehen, das Weglaufen, das Krankwerden oder die Selbstverletzung.
- Nach den apokalyptischen Ereignissen vom 11. September 2001 kann es nicht mehr darum gehen, Kindern Ängste zu nehmen, sondern nur darum, ihnen zu helfen, mit Ängsten besser fertig zu werden.

Auf all diese Signale müssen wir Erwachsenen achten. Denn wenn schreckliche Erlebnisse nicht in Gesprächen, über Rollenspiele und durch aktives Handeln gegenüber anderen Opfern verarbeitet werden können, sondern abgespalten, übergangen, eingekapselt oder unterdrückt werden, drängen sie immer wieder aus der Tiefe der Seele nach oben, so dass selbst ein Feuerwerk aus Anlass des Jahreswechsels oder eines Sommerfestes zum Albtraum werden kann.

Die Holocaust-Forschung hat gezeigt, dass unbewältigte psychische Traumata über Generationengrenzen hinaus wirken. Auch Kinder und Enkel von verfolgten, misshandelten, internierten und umgebrachten Menschen leiden noch unter scheinbar unerklärlichen Angstattacken, Depressionen und psychosomatischen Beschwerden; nicht nur die Sünde vermag auf diese Weise zur Erbsünde zu werden, auch das Opfersein kann zu einem Erbopfersein geraten.

Eine deutliche Warnung vor gewalttätigen Spielen spricht in diesem Zusammenhang Manfred Spitzer, Hirnforscher aus Ulm, gegenüber Eltern aus: Die leicht höhere mathematische, technische und naturwissenschaftliche Kompetenz, die Kinder im Alter von z.B. 15 Jahren dabei erlangen, wird teuer mit einem Verlust an emotionalen Kompetenzen und späterer Bindungsfähigkeit erkauft!

2.7 Zuhören und Lernen

Das im multimedial vernetzten Kinderzimmer aufwachsende moderne Kind wird nur noch schlecht durch das Wort allein erreicht.

In der Demokratie muss sich anders als im Obrigkeitsstaat jeder Mensch mit Reden, mit Argumentieren wehren können, was jedoch voraussetzt, dass er auch zuhören kann.

Viele Kinder können heute nicht mehr gut zuhören, obwohl ihre Ohren funktionieren. Mit ihnen wird einerseits zu wenig gesprochen, andererseits sind sie es gewohnt, das Wort nur in Kombination mit dem actionreichen und schnell wechselnden farbigen Bild eines amerikanischen Spielfilmes oder eines Comic-Strips wahrzunehmen, weil sie schon zu früh, zu oft und zu lange vor dem Bildschirm hockten. Und weil sie am Anfang, wenn sie erst drei Jahre alt sind und schon „vor der Glotze geparkt" werden, die Wörter noch gar nicht verstehen können, lernen sie bereits ganz früh, sich ausschließlich im Bild zu orientieren und allenfalls noch die nonverbalen Aspekte des Tons wahrzunehmen, also Schüsse, Explosionen, Schreie und quietschende Reifen zum Beispiel. Wenn sie mit dem Älterwerden die Sprache besser verstehen könnten, schalten sie jedoch nicht mehr ohne weiteres um; sie bleiben bei der bloßen Orientierung im Bild und entwickeln diese Fertigkeit zu solcher Perfektion weiter, dass sie am Ende auch fremdsprachlich synchronisierte Filme ohne Mühe erfassen können; das bloße Wort überwindet aber nicht ihre Wahrnehmungsschwelle.

Kindergärten und Grundschulen sollten daher heute wieder das verstärkt tun, was sie jahrelang nicht mehr gemacht haben: Sie gestalten offensiv den Kontrast zum farbigen, actionreichen und rasch wechselnden Bild und zum nonverbal akzentuierten Ton von der Art „boing“, „zisch“ und „peng“. Kindergärtnerinnen und Grundschullehrerinnen haben das lange Vorlesen, das Erzählen und den Gesprächskreis des offenen Unterrichts wiederentdeckt und ausgebaut. Sie gehen mit ihrer Kindergruppe oder Klasse häufiger in die Kunsthalle, setzen die Jungen und Mädchen eine halbe Stunde lang im Halbkreis vor ein sich nicht bewegendes schwarz-weißes Bild und sprechen mit ihnen über dasjenige, was es darin zu sehen gibt und was es wohl aussagen soll, um die jungen Menschen gegenläufig zu ihren häuslichen Fernsehgewohnheiten auf das Ziel hin zu entwickeln, dass sie auch schwache Reize wahrzunehmen und zu verstehen vermögen. Auf diese Weise lernen sie wieder das einfache Sehen und das Zuhören.

Schon ganz kleine Kinder brauchen selbst dann viel Ansprache, wenn sie die Wörter noch nicht wörtlich begreifen können, aber bereits in der Lage sind, die durch Tonfall, Mimik, Gestik und Augenkontakt vermittelte emotionale Botschaft zu erfassen. Und wenn sie anfangs nur plappern und späterhin lediglich stammeln können, ist es dennoch außerordentlich wichtig, dass man ihnen zuhört und als Erwachsener seinerseits die Schwingungen ihrer emotionalen Botschaft versteht.

Zu den wenigen Grundbedürfnissen des Babys und des Kleinkindes und genauso zu denen des älteren Kindes und des Jugendlichen gehören Ansprache und Zuhören, und wenn beides unterversorgt bleibt, zeigen sich späterhin Wortschatz-, Grammatik- und Sprachflussprobleme bis hin zum Stottern, zum Poltern (dem Überschlagen in Stimme oder Sprache) und zur Lese-Rechtschreib-Schwäche, also der Legasthenie, sowie der fremdsprachlichen Kompetenz. Defizite an Ansprache und Zuhören lassen sich vom elften Lebensjahr an nur noch mit einem vielfachen Aufwand und nur noch begrenzt ausgleichen, wie wir das ja von Wolfskindern und ihrem „Kaspar-Hauser-Syndrom“ sowie von anfangs autistischen oder von schwerhörigen Kindern, deren Behinderung zu spät entdeckt wurde, wissen.

Von der richtigen Menge an Ansprache und Zuhören (womit nicht Schreien, „Totreden“, „In-Grund-und-Boden-Sabbeln“ oder „Mit-Wörtern-Zumüllen“ gemeint ist) hängen sogar der Gesundheitszustand, die Intelligenz- bzw. Begabungsentwicklung des jungen Menschen sowie die Lebenserwartung ab, wie die eben schon erwähnten „Wolfskinder“ belegen, aber auch das spätere Ausweichen mit einem erhöhten Aggressionspotenzial.

So hat eine Studie der Universität Potsdam über gewalttätige Jugendbandenmitglieder (meist Skinheads) in der brandenburgischen Kleinstadt Schwedt an der polnischen Grenze unter anderem ergeben, dass die Polizisten, die die jugendlichen Straftäter zu verhören hatten, immer wieder erkennen mussten, dass viele der vor ihnen sitzenden Dreizehn- bis Siebzehnjährigen eigentlich noch nie einen Menschen erlebt hatten, der ihnen einmal über längere Zeit hinweg zuzuhören bereit war.

Am bloßen Zeitmangel der Eltern kann das nicht liegen, es muss mit der elterlichen Bereitschaft zu Ansprache und zum Zuhören zu tun haben; denn Untersuchungen haben gezeigt, dass gerade Eltern, deren Alltag von Zeitmangel geprägt ist, intensiv ausgleichend bemüht sind, mit ihren Kindern viel zu sprechen, und dass solche Kinder besonders gut gelingen.

Eltern sollten daher zur Förderung von Psychohygiene, Sprachentwicklung, Gesundheit, Begabung und Konfliktfähigkeit ihrer Kinder dreierlei wiederentdecken und pflegen:

- Der günstigste Zeitpunkt für die allumfassende Zuwendung zum Kind ist das abendliche Sitzen von Mama oder Papa auf der Bettkante. Gerade dann können sie mit ihrem Kind am besten über die Ereignisse des Tages oder über einen gesehenen Film sprechen, ihm etwas vorlesen oder erzählen, die Programmpunkte des nächsten Tages durchgehen und taktisches Verhalten erörtern sowie kuscheln, balgen und scherzen.
- Eltern sollten öfter mit ihren Kindern singen, weil auch das die Sprachkompetenz und die intellektuelle Entwicklung, aber auch das Musische, das Kreative und das Emotionale sowie die Gesundheit des Kindes sehr fördert.
- Lange Autofahrten, Spaziergänge und Wanderungen sollten von Eltern für Gespräche, Wortspiele, Rätsel, Erzählungen und für das Aufarbeiten von Ängsten, Sorgen, Versagenserlebnissen, Träumen und Zukunftswünschen genutzt werden: „Das Nummernschild vor uns zeigt fünf Buchstaben; lass das die Anfangsbuchstaben der Wörter eines Satzes sein!“ So etwas vertreibt nicht nur die Langeweile, es fördert auch Kreativität und bietet Anlässe zum Sprechen, zum Zuhören und sogar zum Lachen.
- Zuhören kann aber auch sehr viel Positives bewirken: Wenn Lehrer und Eltern sich die Zeit nehmen, Kindern häufig mit Betonung etwas vorzulesen, dann lernen sie auch das Zuhören. Überdies gewinnen sie durch spannendes Vorlesen auch zunehmend Freude am Lesen und an Büchern; dass deutsche Kinder zur Zeit

vor den belgischen am zweitwenigsten im OECD-Vergleich lesen, muss nämlich dringend geändert werden.

2.8 Sprechen und Lernen

Was ein Kind lernen soll, lernt es vor allem dadurch, dass es das zu Lernende einem anderen Kind zu erklären hat.

„Reden ist Silber, Schweigen ist Gold" ist eine alte Volksweisheit, die zu früheren Untertanen in Obrigkeitsstaaten, zu längst vergangenen Industriegesellschaften und zur alten Belehrungsschule passte, ansonsten zur Duckmäusererziehung in autoritären Familien. Aus lernpsychologischer Sicht und vor dem Hintergrund einer von Mündigkeit des Bürgers bemühten Demokratie ist dieser Spruch hingegen völlig falsch.

Wir begreifen die Sachverhalte immer erst, wenn wir sie aussprechen, wir verstehen, was wir lernen sollen, wenn wir das zu Lernende anderen Menschen erklären. Für Kinder gilt das erst recht. Erinnern wir uns an den berühmten Psychoanalytiker Sigmund Freud, der die Methode erfand, den Patienten auf ein Sofa zu legen, ihm Fragen nach der frühen Kindheit zu stellen und ihn dadurch zu zwingen, seine weit zurückliegenden Erlebnisse aus der Verdrängung ins Unterbewusste wieder bewusst zu machen, auf diese Weise zu verstehen und dadurch im Sinne von Therapie verarbeiten zu können.

Erinnern wir uns aber auch an den Alltag, in dem Mama mit ihrem Auto beim Ausparken den Nachbarwagen leicht berührt. Sie schüttelt den Kopf, versteht nicht, wie es zu diesem Missgeschick kommen konnte, fährt schlussendlich irgendwann ratlos nach Hause und beginnt erst dann den zum Unfall führenden Zusammenhang zu begreifen, wenn sie ihn Papa erläutert.

Dass Schüler so wenig lernen, nämlich im Schnitt nur zwei von 45 Minuten etwas Neues, liegt vor allem daran, dass sie im Schnitt pro Unterrichtsstunde in Deutschland nur eine Minute sprechen dürfen. Dort, wo Kinder im Rahmen einer Lernwerkstatt ständig bei der Partnerarbeit miteinander mit einem erträglichen Geräuschpegel reden dürfen, sich gegenseitig etwas fragen, es erklären, nachfragen und es wiederholen, wo sie also reichlich Anlässe haben, das zu Lernende auszusprechen, machen sie erheblich größere Lernfortschritte als in der alten lehrerzentrierten Schule.

Schülerzentrierter Unterricht bedeutet eben, Schüler beim Lernen mit Handeln und mit Reden mitreißend, vertiefend und anwendend zu verknüpfen, so dass sich auch gute Schüler, die das zu Lernende bereits verstanden haben, nie langweilen, während sie schwächeren das zu Lernende erklären. Sie wenden es an, sie sprechen es aus, und dabei verstehen sie es umso mehr, üben es so ein, dass es wesentlich länger in ihrem Kopf haften bleibt, ganz abgesehen davon, dass sie große soziale, sprachliche und pädagogisch-methodische Fortschritte machen, wenn sie sich um noch begriffsstutzige Mitschüler kümmern.

Da Sprechen Lernen fördert, muss in der Schule mehr als bisher gesprochen werden. Wir wissen ja, wie dürftig im Allgemeinen die Fortschritte von Stunde zu Stunde im Fremdsprachenunterricht sind, so dass schon die Formel gilt, dass in sechs Jahren schulischen Englischunterrichts etwa genauso viel, besser: genauso wenig gelernt wird wie in sechs Wochen Aufenthalts in einer englischen Familie. Allerdings wissen Englischlehrer schon seit 100 Jahren, dass junge Menschen am besten Englisch lernen, wenn im Englischunterricht nicht Deutsch, sondern Englisch gesprochen wird, so wie man Politik weniger dadurch lernt, dass man Politik auf dem Bildschirm betrachtet, sondern dadurch, dass man Politik macht und über Politik spricht.

Etwa 10 Prozent der Menschen und somit auch der Kinder sind in der Lage, Skilaufen zu lernen, indem man ihnen von Skiern und Stöcken, von Wedeln, Kurvenfahren durch Gewichtsverlagerung, von Berg- und Talskiern und von verschiedenen Weisen des Abbremsens erzählt, ihnen Filme über Skilaufen zeigt, diese in Zeitlupe wiederholt und Texte über Skilaufen lesen lässt und danach eine Klausur über das Skilaufen schreibt, in der, wenn man gut gebimst hat, auch die Note 1 erreicht werden kann.

Aber 90 Prozent der Menschen lernen Skilaufen nur beim Skilaufen. Unsere Schulen tun immer noch so, als wären alle Kinder wie die oben genannten 10 Prozent, dabei lernen fast alle Menschen wie die anderen 90 Prozent.

Die Lernweisen dieser 90 Prozent müssen also auf die Schule übertragen werden, mit mehr Reden, mit mehr Handeln, mit mehr Partnerarbeit, mit mehr Zulassen von Fehlermachen, mit mehr Resonanz und mit dem Rückzug des stets redenden Lehrers auf die Position eines gelegentlich eingreifenden und helfenden, manchmal animierenden, ab und an erzählenden oder vorlesenden, oft entlastenden, tröstenden oder Erfolgserlebnisse organisierenden und den

Eltern bei der Erziehung zur Seite stehenden, weil ihnen die Chance zum Reden über Erziehung bietenden Lernberaters. Wenn die Schüler gerade über Handeln und Reden mit Lernen beschäftigt sind, kann der Lehrer als Coach am Spielfeldrand, also am Lernfeldrand stehend seine Schüler beobachten und hilfreich begleiten. Das ist im Kern die Zauberformel für modernes Lernen.

Eine bilinguale Herausforderung fördert dabei die Kräfteentwicklung des Kindes. Wenn es zu Hause mit zwei Muttersprachen (bzw. mit einer Mutter- und einer Vatersprache) aufwächst, lernt es eine dritte Sprache umso leichter, und zwar infolge des erhöhten sprachlichen Herausforderungspotenzials. Aus diesem Grund beginnen immer mehr Schulen immer früher mit einem sprechenden Fremdsprachenunterricht, oft schon ab Klasse 3 oder 1, oder sie starten damit schon in der Vorschule. Dazu gehören dann auch Schulen, die mehrere Fächer in englischer oder französischer Sprache unterrichten, oder auch die drei Hamburger Schulen, die bereits in ihrer Vorschulklasse damit anfangen und dann über die Klasse 1 hinaus fortsetzen, Englisch als Unterrichtssprache zu pflegen, und zwar in sämtlichen Lernbereichen außer im Fach Deutsch. Ein vorausgehendes Pilotprojekt in Kiel hatte nämlich zu erstaunlich guten Resultaten geführt, so dass das „German Institute for Immersive Learning" dieses Modell zur Nachahmung in Form eines Schulprogrammes empfiehlt, das gewiss für viele Eltern attraktiv ist. Der Versuch hatte übrigens gleichzeitig ergeben, dass die deutschsprachige Entwicklung keinesfalls darunter leidet, sondern sogar noch davon beschleunigend profitiert.

2.9 Besondere Begabungen und Interessen

Die intellektuelle Unterforderung der Hochbegabten bewirkt ihre emotionale und soziale Überforderung, und das obgleich unser Grundgesetz ein Vielfältigkeitsgebot birgt, mit dem Kinder voneinander verschieden sein dürfen.

Schon vor sehr vielen Jahren hat der damalige Bundesaußenminister und FDP-Vorsitzende Hans-Dietrich Genscher „Elitebildungseinrichtungen" für besonders begabte Menschen in Deutschland gefordert, und zwar analog zu den „Spezialschulen" in der DDR, in denen in Teilaspekten ihres Leistungsprofils talentierte junge Menschen gezielt gefördert wurden. So gab es dort Schulen für Mathematik, für Musik, für Naturwissenschaften, für Schach und verschiedene Sportarten zwischen Schwimmen, Turnen, Fußball und Leichtathletik sowie Skifahren und Skispringen. Hinter der Forderung Genschers stand die Vermutung, besonders begabte Schüler würden in den Regelschulen eher gebremst als gefördert.

Etwa 300 000 Schüler in Deutschland gelten als hoch oder besonders begabt; sie haben einen Intelligenzquotienten (IQ) über 130 und sind damit entweder im nahezu gesamten schulbezogenen Leistungsprofil oder zumindest in einigen Fächern oder in einem einzigen Fach außerordentlich talentiert. Darüber hinaus gibt es früh begabte Kinder, die nur in den ersten Lebensjahren als sehr weit entwickelt auffallen, später aber nicht mehr, früh geförderte Kinder, die dank ihrer Eltern besonders weit entwickelt, aber ansonsten normal begabt sind, Kinder mit einem „Tonbandgedächtnis", die auch nach längerer Zeit nur einmal gehörte Sätze, Verse, Zahlen oder Formeln exakt und eventuell sogar rückwärts wiederzugeben vermögen, Kinder mit eidetischer Begabung, die ihnen erlaubt, einmal in einem Bruchteil einer Sekunde wahrgenommene optische oder akustische Reize später, ohne dass es ihnen bewusst ist, in eigene zeichnerische, graphische oder kompositorische Entwürfe hinein wieder abzurufen, und „Inselbegabte" bzw. „geniale Idioten", die an sich minderbegabt oder in ihrer Gesamtleistungsfähigkeit erheblich beeinträchtigt sind, die aber in einem winzigen Ausschnitt ihres Begabungsprofils hoch leistungsfähig sind, so wie wir es aus dem Film „Rain Man" kennen, in dem der Hauptdarsteller weder lesen noch schreiben kann, aber spielend mit Zahlen oder weit zurückliegenden Kalenderdaten zu operieren und andere Menschen zu verblüffen vermag.

Der IQ von 130 wird auch „Genieschwelle" genannt, und die Kinder, die darüber liegen, müssen oft mit der Schubladenaufschrift „Wunderkinder" leben, obwohl ihr Leben und das ihrer Eltern wahrlich im Allgemeinen nicht einfach ist.

Die Nichtentdeckung oder Nichtförderung von Hochbegabten birgt erhebliche Gefahren in Richtung Persönlichkeitsstörung und Scheitern in der Schule, weniger allerdings im Leben an sich, denn Hochbegabte wissen sich meist außerhalb der Schule ganz gut zu behaupten und durchzusetzen, obwohl sie nur selten Spitzenjobs in der Gesellschaft erreichen und wenn doch, dann zum Beispiel in der Computerbranche.

Für die Höhe der menschlichen Intelligenz sind mindestens 20, wahrscheinlich jedoch über 100 Gene verantwortlich. Ihre Kombination führt bei der Mehrzahl der Menschen zu einem IQ um 100, bei einigen wenigen, oft auch durch Krankheiten oder andere traumatische Lebensereignisse während der Schwangerschaft, der Geburt oder der ersten Lebensjahre bedingt, zu einem IQ unter 90 (lernbehindert) oder unter 75 (geistig behindert). Äußerst selten ist ein IQ zwischen 180 und 200.

Hochbegabte Kinder wirken am Beginn ihres Lebens manchmal autistisch, sie schließen sich also von Umweltreizen teilweise oder ganz ab und können dann nur über die wenigen Kanäle zur Umwelt, die der Körper verlangt (Nahrung, Hautkontakte), im Sinne von Lernen erreicht und zur Umweltsensibilität hin erzogen werden.

Die meisten Hochbegabten fallen dadurch auf, dass sie früher geistig weit sind als andere Kinder. Sie fragen schon mit drei Jahren ihren Eltern „Löcher in den Bauch“, stellen hoch komplizierte, fast philosophische Fragen, die kaum jemand beantworten kann, sie haben häufig ein großes Bewegungs- und Erkundungsbedürfnis und sind sprachlich, rechnerisch und auch raumvorstellungsmäßig ihren Altersgenossen deutlich voraus. Sie interessieren sich früh intensiv für Pflanzen, Tiere, Sterne, Bilderbücher, Lexika, Tabellen, technisches Spielzeug, Steine, Informatik oder Geographie, manchmal auch für Fremdsprachen, für Musisches oder für Vorzeitliches, nicht immer allerdings für Sport und für Soziales sowie Politisches.

Hochbegabte wirken mit ihrer extremen Neugier und ihrem Wissensdurst unermüdlich und überaktiv, obwohl sie nicht wirklich hyperaktiv sind; sie haben allerdings oft ein auffällig geringeres Schlafbedürfnis als ihre Altersgenossen.

Das Hauptproblem der Hochbegabten sind Langeweile und Unterforderung, und darüber wirken sie zunächst schwierig, bevor sie tatsächlich anstrengend und schwierig werden und dann häufig sitzen bleiben oder sogar vom Gymnasium über die Realschule in die Hauptschule absteigen müssen.

Kaum eine Schülergruppe scheitert prozentual so oft in der Schule wie die der Hochbegabten. Sie langweilen sich meist schon wenige Tage nach ihrer Einschulung. Was die Mitschüler da so lernen, beherrschen sie schon lange. Um zu überleben, lernen sie früh, sich in der Schule auch anders zu beschäftigen; sie drudeln, sie schweifen in Traumwelten und Phantasien ab, weil sie sich ja meist nicht anders aktiv beschäftigen dürfen. Schnell gewöhnen sie sich dann an ihre innere Selbstbeschäftigung, so dass sie auf ihre Lehrerin unkonzentriert und störrisch wirken, was aber eigentlich überhaupt nicht stimmt.

Irgendwann werden sie dann von ihren Mitschülern in den nicht intelligenzabhängigen Leistungsbereichen überholt: Sie haben ihre Bücher nicht dabei, sie unterstreichen Überschriften, Datum und Ergebnisse nicht, sie können Aufträge nicht wiederholen, weil sie nicht zugehört haben, und sie scheinen vergesslich zu sein. Da sie das, was ihre Mitschüler interessiert und spielen, schon längst hinter sich haben, und da die Mitschüler noch nicht so weit sind, dass sie mitmachen wollen, was den Hochbegabten einfällt, werden sie rasch Außenseiter. Sie wachsen deshalb mit einem Defizit an Gleichaltrigkeit auf, sie wirken unsozial und wenig kommunikativ, manchmal auch linkisch. Das gilt insbesondere für junge Menschen mit sehr intensiven Spezialinteressen, deren vertiefte Einseitigkeit beispielsweise nur auf Siedepunkte von chemischen Elementen bezogen, gepaart mit erheblichen Kontaktdefiziten, als Krankheit beschrieben wird, die man als „Asperger-Syndrom“ bezeichnet, das nicht heilbar ist.

Hochbegabte werden oft für ihre Mitschüler anstrengend, für ihre Lehrerin schwierig und für ihre Eltern unverständlich: „Zu Hause kann er doch alles, wieso funktioniert das in der Schule denn nicht?“ Die Eltern halten die Lehrerin recht bald für eine schlechte Pädagogin und werden immer häufiger und immer vorwurfsvoller bei ihr vorstellig, bis die ganze Situation so verfahren ist, dass erst die Lehrerin und schließlich auch der Schulleiter ein solches hoch begabtes Kind loswerden wollen. Leider verstehen viel zu wenige Lehrer und Schulleiter genügend von der Problematik des hoch begabten Kindes, so dass die Hauptarbeit der Beratungsstelle besondere Begabungen in der Hamburger Bildungsbehörde darin besteht, betroffene Schüler, Eltern und Lehrer zu Experten in Sachen Hoch- oder Spezialbegabung fortzubilden. In der Folge läuft dann vieles in einer Weise besser, dass das hoch begabte Kind sogar in seinem angestammten Klassenverband verbleiben kann.

Weil Hochbegabte wegen ihrer erheblichen sozialen Schwierigkeiten von manchen Pädagogen als Behinderte eingestuft werden, wollen einige mit solchen Kindern „geschlagene“ Eltern auch von den gesetzlichen Unterstützungen profitieren, die ansonsten nur den anerkannt Behinderten zustehen. Denn die Fördermaßnahmen für Hochbegabte sind teuer und übersteigen vielfach die finanziellen Möglichkeiten der Eltern.

Mit etwa 2000 Euro im Monat müssen sie rechnen, wenn sie ihr Kind auf ein Internat für Hochbegabte geben, mit mehreren hundert Euro, wenn sie ihm eine nachmittägliche Zusatzförderung beim

„Studienkreis" organisieren, und ansonsten neigen die Hochbegabten zu allzu teuren Hobbys zwischen Zierfischhaltung, extremer Computer-, Internet- und Softwareausstattungseuphorie, Konstruktion funktionstüchtiger Aufzüge, Experimenten zur Beschleunigung von Handy-Botschaften und chemischen Versuchen zum Austüfteln der Entstehung von Rosendüften.

Es gibt drei Schulen mit Internat für hoch begabte bzw. „spitzenbegabte" junge Menschen in Braunschweig, Rostock und Königswinter, die dem Christlichen Jugenddorfwerk gehören und Jugenddorf-Christophorusschulen heißen. Sie beginnen mit Klasse 5 und bieten Unterricht in Ganztagsform an, zu dem mehr als 50 Arbeitsgemeinschaften (z.B. auch für Japanisch, Arabisch, Volkswirtschaftslehre oder Gebärdensprache, aber sowieso Informatik) gehören. Die Schüler dieser Einrichtungen brauchen so viel „Futter", dass sie wesentlich mehr Wochenstunden haben als normale Gymnasiasten.

Das Maria-Theresia-Gymnasium in München ist eine staatliche Schule, die eine Förderklasse für Hochbegabte von der Stufe 6 an führt. Schon in der Stufe 7 werden dort die Schüler mit einem IQ über 130 mit Wahrscheinlichkeitsrechnung, mit komplizierten Ampelschaltungen, mit Rhetorik sowie mit dem Funktionieren von Gedächtnisleistungen konfrontiert, sie haben 50 Wochenstunden Unterricht, der das normale Lehrplanpensum und die Zusatzanforderungen umfasst.

Im westfälischen Geseke gibt es seit kurzem eine private Lehranstalt für Hochbegabte, die als Gymnasium geführt wird und sogar schon mit Klasse 1 beginnt. Sie trägt den anspruchsvollen Namen „Talenta", ermöglicht 34 Wochenstunden Unterricht, zwei Fremdsprachen ab Klasse 5, frühzeitige Kontakte zur Universität sowie eine psychologische und heilpädagogische Betreuung ihrer oft durch permanente Unterforderung vorgeschädigten Schüler. Vor allem soll in ihr das Defizit an sozialem Lernen, das so viele Hochbegabte trifft, mit intensiver Gruppenarbeit kompensiert werden. Mittlerweile gibt es übrigens ein staatliches Angebot für Hochbegabte, nämlich das St.-Afra-Gymnasium im sächsischen Meißen.

Zum Glück können etwa 80 Prozent der 300000 Schüler mit einem IQ von 130 an aufwärts in ihren Schulklassen verbleiben; sie müssen nicht wechseln oder scheitern, weil entweder ihre Eltern ihre besonderen Eigentümlichkeiten gut aufzufangen vermögen, weil sie verständige und in Sachen Hochbegabung kompetente Lehrer haben oder weil sie selbst nicht die sozialen Defizite zeigen, die einige ihrer Schicksalsgenossen kennzeichnen.

Etwa 90 Prozent der Hochbegabten halten es übrigens auch gar nicht aus, wenn sie schon früh – also zum Beispiel mit Klassenstufe 3 oder 5 – aus ihrer Familie in ein Internat hinein ausgegliedert werden; sie brauchen nämlich in ganz besonderer Weise auch wegen ihres Defizits an gleichaltrigen Freunden ihre familiäre Einbettung, so wie auffällt, dass hoch begabte Jungen in der Regel ein außergewöhnlich enges Verhältnis zu ihrer Mutter haben; vielfach ist ihre Mutter gerade ihre einzige Lebensbezugsperson, weil alle anderen Menschen es so schwer mit ihnen aushalten.

Hochbegabte fördert man also am angemessensten,

- indem man ihren Spezialinteressen nachkommt und sie im Rahmen von für beide Seiten optimalen Kompromissen in ihren um Vertiefung bemühten Interessen unterstützt (so bietet die William-Stern-Gesellschaft an Sonnabenden in der Hamburger Universität für hoch begabte Schüler Intensivkurse in Informatik und Fremdsprachen an),
- indem man Zusatzherausforderungen für sie beispielsweise durch anspruchsvolle Computer-Software organisiert (Empfehlungen dafür geben die Hochbegabtenförderung e.V. in Bochum und Berlin und die Deutsche Gesellschaft für das hochbegabte Kind in Berlin) oder sie nachmittags bei dem privaten Nachhilfeinstitut „Studienkreis“, das es in fast jeder mittleren und größeren deutschen Stadt gibt, unterbringt,
- indem man sie mit Schicksalsgenossen, also mit hoch begabten Gleichaltrigen zusammenschließt, die man entweder in Hochbegabtenschulen und -kursen findet oder über die Deutsche Gesellschaft für das hochbegabte Kind sowie die Hochbegabtenförderung e.V. und ihre Selbsthilfegruppen für Eltern kennen lernen kann,
- oder indem man sie in normalen Klassenverbänden, die zu Lernwerkstätten gewandelt worden sind, mit den Mitschülern zu Lernfamilien oder zu Lernpartnerschaften vernetzt: Sie werden sozial herausgefordert, wenn sie schwächeren Schülern bei der Lösung von Lernproblemen helfen, sie verstehen das, was sie den anderen Schülern erklären, noch besser, vertiefter und mit Transfer- bzw. Übertragungs- und Anwendungseffekten, sie langweilen sich nicht, sie müssen ihre Konzentrationsfähigkeit und ihr Durchhaltevermögen sowie ihr Zuhörenkönnen trainieren, und sie werden dank ihrer mitreißenden Effekte und ihrer Erfolge von ihren Mitschülern zunehmend geschätzt und am Ende ganz und gar bestätigt und integriert. Außerdem entlasten sie ihren Lehrer dann mehr, als dass sie ihm Schwierigkeiten bereiten.

Übrigens gilt auch noch dieses: Viele Eltern spornen ihre Kinder zu Bestleistungen an, Nachhilfelehrer werden engagiert, in manchen Fällen sogar teure Externseminare arrangiert. Doch nicht die Klassenbesten oder Genies setzen sich später im Wirtschaftsleben durch, sondern die Schüler mit Zweier- und Dreiernoten scheffeln das meiste Geld. Das fand der amerikanische Wirtschaftsprofessor Thomas Stanley aus Atlanta bei Recherchen für sein Buch „The Millionaire Mind" (Der Millionärsverstand) heraus.

Stanley nahm 1300 US-Millionäre unter die Lupe, verglich ihre schulischen und akademischen Erfolge und kam zu dem Ergebnis: Alle hatten zuvor durchschnittliche Zensuren, und sie hatten sich durchweg mangels intellektueller Brillanz nicht für Elite-Universitäten qualifizieren können. Das Geheimnis ihres Aufstiegs war: Sie konzentrierten sich auf Gebiete, von denen sie etwas verstanden, und sie arbeiteten hart, um etwas zu erreichen, so dass sie sich an Arbeit schon früh gewöhnten.

2.10 Ausfallerscheinungen und Leistungsschwächen

Hörgestörte, hyperaktive, lese-rechtschreib- und rechenschwache Kinder sind meist gut begabt, aber in ihrem Zugang zur Welt ähnlich eigentümlich wie Autisten, die eigentlich auch geborene Lerner sind.

Wenn Kinder an sich normal begabt sind, aber in einem eingegrenzten Leistungsaspekt eine gravierende Ausfallerscheinung zeigen, dann muss man diagnostisch sehr genau hinsehen, damit man therapeutisch etwas bewerkstelligen kann. Lehrern – wenn sie nicht Sonderpädagogen sind – fehlt meist diese diagnostische Kompetenz und erst recht die therapeutische, so dass sie allzu oft mit Schuldzuweisungen und mit Ermahnungen („Nun reiß dich doch mal zusammen!") arbeiten, obgleich das Kind selbst nichts dafür kann, und auf diese Weise ein derart großes Maß an Unlust aufbauen, dass es, statt langsam kleine Fortschritte hinzukriegen, erst recht diesen Leistungsbereich, in dem es so oft versagt, für sich innerlich ganz abwählt und auf dasjenige verlagert, was es gut kann. Kinder mit einer Teilleistungsschwäche kompensieren nämlich meistens diese Schwäche, indem sie einen gegenläufigen Leistungsbereich ausbauen. So sind Legastheniker oft gute Techniker, fremdsprachlich schwache Schüler oft gute Rechner, allgemein schwache Schüler häufig gute

Sportler, schlechte Sportler gute Musiker und in vielen Fächern schlechte Schüler gute Humoristen oder Klassenkasper.

Im Einzelnen gibt es sehr, sehr viele Teilleistungsschwächen, die jedoch unterschiedlich deutlich wahrgenommen und bewertet werden. Es gibt unmusikalische, unsportliche, unpolitische und atheistische Schüler, deren Ausfälle für nicht so gravierend gehalten werden. Aber wehe, jemand ist lese-rechtschreib-schwach oder rechenschwach oder jemand hat erhebliche Probleme im Fremdsprachenunterricht! Dann ist sogleich Holland in Not, und dann gibt es sogleich Fachausdrücke wie Legasthenie oder Dyskalkulie für eine solche Schwäche. Eine Erdkunde- oder Biologieschwäche ist aber noch nie explizit beschrieben worden, eher wird so etwas auf mangelnden Fleiß oder auf eine zu dürftige Motivation zurückgeführt.

Im Folgenden seien die häufigsten Ausfallerscheinungen und das jeweilige therapeutisch ergiebige Angehen aufgeführt:

- Pro Klasse sind es etwa ein bis zwei Schüler, die dem *Hyperkinetischen Syndrom* (HKS) bzw. dem *Aufmerksamkeits-Defizit-Syndrom* (ADS) zugeordnet werden. Sie werden auch als „Zappelphilippe“ bzw. als hyperaktiv bezeichnet und fallen durch motorische Unruhe, durch mangelnde Konzentrationsfähigkeit und geringes Durchhaltevermögen auf. Sie reagieren auf unwichtige Reize, die normale Schüler als unwesentlich übersehen oder überhören, indem sie Bedeutsames von Unbedeutsamem zu differenzieren und in ihre Wahrnehmung entweder zu integrieren oder aber aus ihr auszugliedern vermögen.Viele ADS-Kinder sind übrigens nicht hyperaktiv, sondern still, zumal wenn sie Mädchen sind. Überaktive Kinder sind also oft zugleich wahrnehmungsgestörte, die jedes hinunterfallende Stück Papier und ein weit entferntes Bremsgeräusch registrieren und dann auch kommentieren, so dass Mitschüler und Lehrer durch sie erheblich gestört werden. Die Kombination von Wahrnehmungsschwäche mit Hyperaktivität, die meist Jungen trifft, nennt man neuerdings auch Aufmerksamkeits-Defizit-Hyperaktivitäts-Syndrom (ADHS), das nicht selten einhergeht mit dem, was die Amerikaner als Daddy-Defizit-Syndrom (DDS) bezeichnen. Hyperaktivität ist durchweg die Folge einer Stoffwechselstörung, und sie wird daher von Kinderärzten gelegentlich mit den Medikamenten Ritalin oder Medikinet behandelt. Ob Ritalin auf Dauer schädlich oder eher unschädlich ist, ist noch nicht erwiesen, es wird aber befürchtet, dass hyperaktive Kinder, die regelmäßig Ritalin einnehmen und dann ruhig gestellt sind, in ihrer notwendigen erst langfristig sich aufbauenden Konfliktfähigkeitsentwicklung nicht hinreichend wie ihre Altersgenossen zu reifen vermögen, weil sie immer dann, wenn Ritalin irgendwann abgesetzt wird, mit der Entwicklung von Problembewältigung wieder da weitermachen müssen, wo sie ohne Ritalin aufgehört haben. Wer also über drei Jahre hinweg Ritalin genommen hat, entbehrt gleichzeitig drei Jahre auf dem Weg zu seiner Selbstständigkeit und Lebenstüchtigkeit, wird geargwöhnt. Ritalinkritiker meinen deshalb, dass es besser wäre, hyperaktiven Kindern, statt sie zu stillen Mädchen erziehen zu wollen, wenn sie Jungen sind, mit hohem Aufwand Verhaltensalternativen für kritische Situationen aufzuzeigen und diese mit ihnen aktiv einzuüben. Dieser Weg ist jedoch sowohl für Pädagogen als auch für das hyperaktive Kind ungemein schwierig, denn sich zusammenzureißen fällt ihm mindestens zehnmal schwerer als einem diesbezüglich normalen Kind. Ein wenig lassen sich die innere und äußere Unruhe, die Aufmerksamkeitsstörung und das geringe Durchhaltevermögen bzw. die Wahrnehmungsstörung jedenfalls durch Ernährung positiv beeinflussen, wie Erfahrungen mit der Einnahme von Haferflocken (Panthotensäure) und Sauerkirschen (Mangan) nach 16 Uhr und von Linsen (Niacin) sowie roter Paprika (Vitamine A und C) am Morgen oder mit der Einnahme von Algen-Präparaten gezeigt haben. Hyperaktive Kinder brauchen jedenfalls mehr als andere Kinder viele Bewegungsanlässe in der Schule; ihnen tut eine „Bewegte Schule" mit „Aktiver Pause" gut, sie freuen sich über Botengänge während des Unterrichts und über die Chance, erlaubterweise im Klassenraum umherlaufen zu können, über Entlastungs- und Kuschelecken mit Matratzen, auf die sie vom Schrank aus springen dürfen, und über ein Praktikum als Fahrradkurier. Außerdem tut ihnen eine Sportart gut, in der sie sich täglich bis zur Erschöpfung austoben können. Übrigens werden hyperaktive Kinder oft ganz ruhig, wenn sie an der Spielkonsole sitzen oder einen actionreichen Fernsehfilm sehen dürfen, denn ihr Aufmerksamkeitsdefizit besteht eigentlich nicht darin, dass sie zu wenig wahrnehmen, sondern zu viel.

– Die *Rechenschwäche* (auch Dyskalkulie oder Arithmasthenie genannt) hat viel mit einem frühkindlichen Mangel an Bewegungserfahrungen im dreidimensionalen Raum und mit dem Mangel an Umgang mit verschiedenen Materialien (Holz, Stein, Glas, Metall, Knetmasse, Wasser, Sand, Lehm, Ton, Matsch, Gras, Plastik), Farben, Formen und Zahligkeiten zu tun. Von ihr sind besonders Kinder bedroht, die zu wenig mit anderen draußen gespielt, gematscht, geknetet, gelaufen, gesprungen, geschaukelt, geklettert, gehüpft, gerollt und balanciert haben, so dass ihr Raumvorstellungsvermögen, ihr Gleichgewichtssinn und ihre Muskelkoordinationsfähigkeit unterentwickelt blieben. Symptome für die sich anbahnende Rechenschwäche sind übrigens die Schwäche, Links und Rechts unterscheiden zu können, und die Unfähigkeit, rückwärts an einem Seil entlang zu gehen, ohne die Augen nach hinten zu richten. Rechenschwäche kann jedoch auch ganz anders verursacht sein: Die Rechenlehrerin war von Anfang an unsympathisch, sie hat zu rasch ungeduldig geschimpft, oder ihre Methode passte nicht zu diesem Kind, so dass das Kind diesen Leistungsbereich als unlustbetont innerlich abgewählt hat, um fortan nur noch Freude am Lesen, Schreiben, Reden und Zuhören zu haben. Recht schnell gerät es dann in den Teufelskreis, dass die Mitschüler im Rechenunterricht größere Fortschritte machen, mit denen die eigene Rechenunlust erst recht ansteigt und damit auch die Versagenserlebnisse im Fach Mathematik zunehmen. Wenn die Dyskalkulie dann irgendwann bemerkt wird, ist ein enorm gesteigerter Aufwand nötig, um nachzureichen, was immer fehlte. Fortschritte lassen sich zwar dann auch noch erzielen, aber wesentlich langsamer als bei anderen Kindern: Mit psychomotorischen Übungen, mit Trainieren des Rückwärtsgehens, durch den Umgang mit vielen Materialien, Farben, Formen und Zahligkeiten, mit Laufen, Hüpfen, Springen, Schaukeln, Rutschen, Rollen, mit Drücken und Boxen durch einen Schlafsack hindurch auf den Körper, mit rhythmischem Tanz, mit den aus den Niederlanden kommenden Snoezelen-Räumen, die alle Sinne zugleich ansprechen (Geruch, Ohren, Augen, Hautsinne, Muskelkoordinationssinne, Gleichgewichtssinn), mit Bewegungs-, Sport-, Wald-, Watt- und Strandkindergärten sowie mit Sinnespfaden, über deren verschiedene Pflanzendecken und Materialien das Kind kriechen muss, wachsen dann langsam nachgereicht das Zahlenvorstellungs- und das Raumvorstellungsvermögen, so dass das Kind dann auch wieder Erfolge beim Subtrahieren, beim Dividieren und beim Einschätzen von Zahlengrößen (vorher waren 1000 oder 100 000 einfach nur undifferenziert viel, und einen Unterschied zwischen 34 und 43 gab es eigentlich nicht) zu verzeichnen hat. Rechenschwache Kinder machen übrigens beachtliche Fortschritte beim Rechnen am Computer, und Beratungsstellen für mathematisches Lernen bzw. für Rechenschwäche bieten mittlerweile eine sehr effiziente Software an.

- Wissenschaftler des Leibniz-Instituts für Neurobiologie in Magdeburg haben eine Hirnregion lokalisiert, die für das räumliche Hören verantwortlich ist. Diese Hirnregion sorgt dafür, dass Standorte und Bewegungen von Geräuschquellen im Raum ausgemacht werden können. Sie befinden sich im so genannten Hörcortex in der Großhirnrinde, der für die Verarbeitung akustischer Informationen zuständig ist. Die Entdeckung könnte mittelfristig die Diagnose bestimmter *Hörstörungen* erleichtern. Einige Betroffene haben zum Beispiel Schwierigkeiten, ihre Aufmerksamkeit auf Bahnhöfen oder in Kaufhäusern auf eine einzelne Stimme auszurichten. Ursachen sind wahrscheinlich Störungen in diesem neu entdeckten Nervenzellenareal. Denn es gibt nicht wenige Schüler, die gut lernen können, wenn sie ganz allein mit einem Lehrer in einem fensterlosen und schalldichten Raum sitzen, die aber von den vielen Reizen in einem großen Lernverband so abgelenkt und unfähig sind, sich auf die wesentlichen Unterrichtsimpulse selektiv in ihrer Wahrnehmung einzugrenzen, dass sie als böse oder unwillig eingestuft werden, obwohl sie doch in Wahrheit bloß ein Hördifferenzierungsproblem haben.
- Die *Lese-Rechtschreib-Schwäche* (LRS, auch Legasthenie genannt) kann ganz verschiedene Ursachen haben, aber oft hat sie etwas mit einem Mangel an Ansprache und Zuhören in der Entwicklungszeit vor der Einschulung, mit zu wenigen Redeanlässen infolge eines Mangels an Bezugspersonen oder wegen allzu reichlichen Fernsehkonsums, mit geringer Sprachkompetenz der Eltern oder mit deren Dialekt zu tun, der mit dem Hochdeutschen in der Schule kollidiert, oder mit personalen Unverträglichkeiten zwischen Schüler und Lehrer bzw. mit dessen Methode, das Lesen und das Schreiben einzuführen. Selbst wenn die Ganzwort-, Ganzsatz- oder Buchstabiermethode bzw. die Methode „Lesen durch Schreiben“ von Jürgen Reichen der Mehrzahl der Kinder einer Klasse gut tun, tun sie einigen wenigen eventuell keineswegs gut. Leider bleiben bei jeder gewählten Methode immer einige Schüler auf der Strecke, auch wenn es bei anderen Methoden wieder andere Schüler sind. Lese-Rechtschreib-Schwäche wird am besten bekämpft, indem die betroffenen Kinder viele Vorlese- und Erzählerlebnisse bekommen, indem sie Gehörtes langsam wahrnehmen können (beispielsweise durch extrem verlangsamtes Abspielen eines Tonbandes), so dass sie Zeit gewinnen, um jeden einzelnen Buchstaben eines Wortes zu erfassen, indem sie reichlich Gesprächsanlässe erhalten (zum Beispiel über den „Stuhl-

kreis" des offenen Unterrichts oder im Rahmen von Partner- und Kleingruppenarbeit in der Lernwerkstatt), indem ihr Fehlermachen nicht bestraft wird (in vielen Bundesländern bekommen Legastheniker deshalb keine Noten für Diktate oder auch im Fach Deutsch), so dass Lernfortschritte nicht dennoch schlecht zensiert und dadurch konterkariert werden, indem sie Rechtschreib- und Eingreifprogramme einschließlich Lückentexten spielerisch am Computer bewältigen dürfen und indem sie Zusatzförderstunden, also die LRS-Stunden erhalten, in denen in Kleingruppen individuell auf ihre jeweilige Störung eingegangen werden kann. Manche Legastheniker haben bei normaler Intelligenz einfach nur ein Hörproblem der Art, dass der Weg des Hörreizes vom Ohr in die entsprechende Hirnpartie zu lange dauert. Hierbei hilft verlangsamtes Sprechen. Andere Legastheniker brauchen hingegen das Hören eines Buchstabens im Wortzusammenhang, um ihn identifizieren zu können. Sie können nicht ohne weiteres der Aufforderung folgen: „Schreib einmal ein M!" Sie können auch nicht unbedingt auf das m im geschriebenen Wort „Hamburg" zeigen, aber wenn sie das Wort „Mutter" oder „Hamburg" zugleich hören, dann können sie korrekt den Finger unter das M/m legen. Wer Legasthenie bekämpfen will, muss wissen, dass Kinder Lesen und Schreiben in vier Stufen erobern: Es beginnt mit dem Hören; erst einmal muss das Klangbild eines Wortes erfasst werden. Dann folgt das Sehen des Schriftbildes, das das Kind sich einprägt. In der dritten Stufe werden das Hören und das Sehen miteinander verknüpft, und erst in der vierten Stufe lassen sich dann erfolgreich Hören und Sehen mit dem richtigen Wiedergeben, also dem Schreiben und Lesen verbinden. Jede LRS-Therapie muss also mit dem Hören starten und nicht etwa mit dem Sehen eines Wortes.

– Die *Fremdsprachenschwäche* hat im Allgemeinen etwas mit einer muttersprachlichen Schwäche, also mit Wortschatz-, Grammatik- und Sprachflussschwächen zu tun, die oft auf den restringierten Sprachcode der Eltern und der Mitmenschen des nachbarschaftlichen Milieus zurückführbar sind. Gegen die Fremdsprachenschwäche hilft am besten häufiges auswegloses Sprechen in Englisch oder Französisch, weil die Muttersprache nicht zugelassen ist oder weil der Schüler seine Sommerferien in einer englischen Familie verbringen muss, die des Deutschen nicht mächtig ist. Auch ein schulisches Jahr in den USA kann nützlich sein. Jedenfalls bringen sechs Wochen Sprachaufenthalt in England oder Frankreich in der Regel mehr an fremdsprachlichem Fortschritt als sechs Jahre Schulunterricht in einer dieser Sprachen. Mittlerweile gibt es sehr gute fremdsprachliche Softwares bzw. Eingreifprogramme für den Computer, die Schulbuchverlage wie beispielsweise Klett oder Cornelsen anbieten. Wird ein fremdsprachlich schwacher Schüler mit einem jungen Menschen im Ausland zu einer Brief- oder E-Mail-Freundschaft zusammengeschlossen oder wird er im Rahmen einer Schulpartnerschaft mit seiner Klasse in ein wechselseitiges Austauschprogramm so eingebunden, dass er einmal bei einer Familie seiner Partnerschule in England untergebracht wird, bevor dann der Gegenbesuch seines englischen Freundes in Deutschland erfolgt, dann ergeben sich ebenfalls gute mitreißende Effekte in Bezug auf die fremdsprachliche Kompetenz.

- *Andere Teilleistungsschwächen* wie die musikalischer, sportlicher, chemischer oder geographischer Art sollten entweder, weil nicht so bildungskarriereentscheidend, hingenommen oder mit gezieltem Nachhilfeunterricht angegangen werden. Manchmal ist nur eine taktische Nachschulung in Bezug auf den Umgang mit einem konkreten Fachlehrer oder seiner ungeliebten Methode erforderlich, manchmal stellt sich eine bessere Motivation erst durch einen Lehrerwechsel ein. Eine Geographie- oder Biologieschwäche hat jedenfalls meistens nur etwas mit mangelndem Fleiß oder mit personalen Unverträglichkeiten bzw. mit einem Mangel an Motivation durch die gewählte Methode zu tun, während eine sportliche oder musikalische Schwäche durchweg andere Gründe hat, die aufzuarbeiten sich im Allgemeinen nicht lohnt, denn ein musikalisch schwacher Schüler wird wohl nicht bei einem musikalisch profilierten Gymnasium und ein sportlich schwacher Schüler nicht in einem Fußballinternat angemeldet werden.
- *Sozial und politisch schwache* Schüler haben es allerdings in ihrem Klassenverband und in der Gesellschaft schwer. Sie sind ein Stück weit unmündig, drohen Außenseiter zu werden, müssen Mobbing aushalten und vermögen sich nicht gegen politisch problematische Entwicklungen angemessen zu wehren. Sie wachsen mit Sprech-, Argumentations- und Demokratiedefiziten auf, die dann ihre eigenen Kinder wieder negativ ausbaden müssen, wenn sie nicht überhaupt zu „Cocooning" neigen und Singles bleiben. Sozial und politisch schwache Schüler profitieren deshalb vom sozialen Lernen, von Gruppenarbeit, von Gewaltprävention, von Streitschlichter- bzw. Konfliktlotsenprogrammen in der Schule

und vom Anti-Aggressivitäts-Training, das manchmal auch wie in Nordrhein-Westfalen „Werteerziehung über Dilemmata" heißt oder wie in Niedersachsen „Konfrontative Pädagogik" oder „Coolness-Training" mit Provokationstests auf dem „Heißen Stuhl". Gegen soziale und politische Schwächen hilft nämlich am besten das massive Konfrontieren mit den eigenen Taten durch Gleichaltrige, die Handeln bewerten, verpönen und um Verhaltensalternativen, die auch vorgelebt werden müssen, erweitern; denn soziale und politische Defizite haben etwas mit sich allzu stark aufrichtenden Ichs in einer Ellenbogengesellschaft, mit destruktivem Wettbewerb (es gibt auch den förderlichen Wettbewerb), mit Verwöhnung, mit Verplanung und mit einem Mangel an positiven Vorbildern in Familie und Nachbarschaft sowie auf dem Bildschirm zu tun.

– *Linkshändigkeit* galt früher als schweres Handicap; heute ist das zum Glück nicht mehr so. Der britische Prinz William, Bill Clinton und Gerhard Schröder sind Linkshänder, aber jeder 15. deutsche Schüler ist es auch. Früher konnte Linkshändigkeit ein schweres Schicksal bedeuten, weil Linkshänder in der Schule gezwungen wurden, mit der rechten Hand zu schreiben; und da ihnen das nicht leicht fiel, waren sie langsamer, so dass sie beim Diktat nicht richtig folgen konnten; schlechte Noten im Fach Deutsch waren die Folge, und so stellte sich Unlust erst gegenüber dem Schreiben, dann auch gegenüber dem Lesen und schließlich sogar gegenüber den Fächern Deutsch und Fremdsprachen ein, mit der dann die Lernmotivation in die Fächer Mathe und Naturwissenschaften verlagert wurde. Linkshänder hatten noch bis in die 60er Jahre des vergangenen Jahrhunderts hinein die Schullaufbahnprognose, allenfalls den Haupt- oder Realschulabschluss zu erreichen. Heute lässt man Linkshänder gewähren, zwingt sie also nicht mehr zum Schreiben mit Rechts. Das ist einerseits besser; andererseits bleiben aber die technischen Probleme mit einer für Rechtshänder entwickelten Schrift, mit der von Links nach Rechts geschrieben wird. Schwierig ist für sie auch, schön schreiben zu können. Das lässt schon zum einen die Feder des Füllers nicht so gut zu, zum anderen verwischen Linkshänder leicht das gerade Geschriebene mit ihrem Handballen, so dass die Lehrerin schimpft und sich danach ebenfalls Unlustgefühle gegenüber dem Schreiben einstellen, mit denen Schreiben und Lesen dann als Leistungsbereiche innerlich abgewählt werden. Vieles hängt also davon ab, wie die Eltern und die Lehrer auf die Schreib-Erschwernisse von Linkshändern reagieren. Schweigen sie ob der unschönen Schrift, ermahnen sie nicht zur Eile beim Schreiben und ermuntern sie ständig, statt zu kritisieren, dann kann ein Linkshänder auch Freude am Schreiben, Lesen sowie am Fremdsprachenunterricht gewinnen und stetig besser werden, so dass er in Klassenstufe 9 mit seiner linken Hand alles ebenso gut zu bewerkstelligen vermag wie ein Rechtshänder, auch wenn die Schrift, die ja zumeist zu seinem Glück überhaupt nicht benotet wird, nicht so wunderbar aussieht wie bei einem Mädchen, das mit der rechten Hand schreibt. Zum Glück gibt es heute schon Schreibstifte, deren Tinte unverwischbar ist, und die sollte man bei Linkshändern zulassen. Zum Glück gibt es auch schon Füller, deren Feder für Linkshänder konstruiert ist, so wie es Scheren für Linkshänder gibt. Und besonders segensreich ist für Linkshänder, wenn sie Texte am Computer, am Laptop oder schon in der Grundschule in den noch zu selten vorkommenden „Notebookklassen" schreiben dürfen, weil sie dann nicht mehr entgegen ihrer Hirnstruktur schreiben müssen, sondern weil im Umgang mit der Tastatur beide Hände gleichberechtigt sind; da das dann umgekehrt auch für Rechtshänder gilt, haben beide Schülergruppen beim Schreiben am Computer völlige Gleichberechtigung und deshalb auch Startchancen auf ihrem Weg Richtung Abitur. In Kulturen, in denen von Rechts nach Links geschrieben wird, sind Linkshänder bevorzugt, in Kulturen, in denen von Links nach Rechts geschrieben wird, sind es aber die Rechtshänder, jeweils was die technischen Probleme des Schreibens im schulischen Anfangsunterricht anbelangt. Auf Dauer sieht es aber ganz anders aus, weil linkshändige Kinder eine Anfangserschwernis beim Schreiben haben, mit der sie lernen, Mühe besser auszuhalten, vorausgesetzt die Kritik der Eltern und Lehrer hält sich in Grenzen und vorausgesetzt Ermunterung von Seiten der Erwachsenen spielt eine größere Rolle als Schimpfen. Mühegewohnte Linkshänder haben gelernt, durchzuhalten und sich durchzusetzen, und mit dieser eintrainierten Durchsetzungsstärke werden sie dann eventuell beruflich besonders erfolgreich, jedenfalls gilt das für etwa 10 Prozent der Linkshänder; die anderen 90 Prozent resignieren eher und fügen sich in ihr Versagerschicksal, weil sie nicht genügend Mutmachen auf ihrem Weg erfahren haben. Linkshänder haben jedenfalls eine etwas stärker entwickelte rechte Hirnhälfte als Rechtshänder. Die rechte Hand wird von der linken Hirnhälfte gesteuert, und Schule reduziert ja leider immer noch das Kind insbesondere auf die linke Hirnhälfte, die unser ausführendes Organ ist; die „linkshirnige“ Schule passte eben gut zu bisherigen Obrigkeitsstaaten und Industriegesellschaften, während eine Förderung der rechten Hirnhälfte früher nur stören konnte, denn Rechts sitzt das Kreative, das Kommunikative, das Soziale, das Emotionale und das Musische. Heute brauchen wir zunehmend kreative, soziale und kommunikative Menschen, die wir vor allem gerade auch unter den „rechtshirnigen“ Linkshändern finden. Und das ist der beste Trost für die Linkshänder, denen wohl eher die Zukunft gehört als den Rechtshändern.

2.11 Verplante Kinder

Ehrgeizig von ihren Eltern in eine ungewisse Zukunft hinein überforderte Kinder haben eine ähnlich ungünstige Prognose wie vernachlässigte Kinder.

Die Verplanung ist Eigenart eines totalitären oder hoch autoritären Erziehungs- bzw. Führungsstils. Sie fragt nicht nach der Zustimmung des Untertanen. Die Untertanenrolle nimmt der Verplante anfänglich ein. Er soll zu seinen späteren Glück gezwungen werden. Oder ist es eher das Glück der verplanenden Eltern selbst, die ihr Kind als Besitz empfinden und dennoch „sein Bestes“ wollen?

Verplante Kinder hat es schon immer gegeben. So wurden Mädchen seit Jahrtausenden in eine künftige Mutter- und Hausfrauenrolle hinein verplant, Jungen, damit sie den Hof oder Handwerksbetrieb ihres Vaters übernehmen, und viele andere Kinder durch ihre sie verheiratenden Väter; sogar das Liebesglück wurde auf diese Weise von Eltern entschieden, damit zwei Bauernhöfe zusammengelegt werden konnten, damit in ein großes Vermögen eingeheiratet wurde oder damit zwei Königreiche vereint werden konnten.

Wenn Eltern ihre Kinder verplanen, verfügen sie nicht nur über deren Zeit, sie steuern sie auch in eine ungewisse Zukunft hinein, weil sie Karriere, Ruhm, Lebensstandard oder akademische Ehren für ihren Nachwuchs anstreben, auch um sich selbst damit schmücken zu können. Die Verplanung von Kindern geschieht also nicht ausschließlich zu ihrem vermeintlichen Wohl, etwa „damit sie es einmal besser haben“ als die Eltern, sondern sie ist oft recht eigennützig für die Eltern selbst gewollt, damit sie gegenüber Verwandten und Nachbarn besser dastehen.

So gilt es mittlerweile als schick, seinem Kind Nachhilfeunterricht zuteil werden zu lassen, auch wenn es nur von einer 1 auf eine 2 in Mathematik abgesackt ist, während dieser vor Jahrzehnten noch als Makel galt, der verheimlicht werden musste, damit das Kind nicht als dumm eingestuft wurde. Heute wird so manch ein Kind nur deshalb zum „Studienkreis“ oder bei der „Schülerhilfe“, den beiden großen deutschen Nachhilfeorganisationen, angemeldet, um anderen Menschen zu beweisen, wie bereit man ist, viel in dessen Bildung zu investieren.

Überehrgeizige Mütter erkennt man daran, dass sie ihr Kind schon weit vor der Einschulung bei einem privaten Institut zur fremdsprachlichen Frühförderung anmelden, dass sie es täglich quer durch die Region zum Kindergeburtstag, zum Ballett- oder Klavierunterricht und zum Reit-, Hockey- oder Tennistraining chauffieren, dass sie ihm den Terminkalender wie ein Manager führen, in dem dann auch die Nachhilfestunden ab Klasse 2 stehen, dass sie ihm gleich nach der Einschulung einen Computer mit fremdsprachlicher Software und mathematischen Eingreifprogrammen besorgen, dass sie es in den Frühjahrsferien in ein Ski-Camp in die Alpen und in den Herbstferien auf einen Reiterhof schicken, dass sie es in Klasse 7 in den Sommerferien in eine englische oder französische Familie zur Aufbesserung der Note in der Fremdsprache geben und in Klasse 11 oder 12 für ein Jahr als Austauschschüler in die USA und dass sie es ansonsten auch gegen die Grundschulempfehlung zur Hauptschule an einem altsprachlichen Gymnasium anmelden. Überehrgeizige Mütter erkennt man jedoch auch daran, dass sie ständig die Klassenlehrerin der 2. Klasse ihres Kindes mit der Frage konfrontieren: „Wieso ist die Parallelklasse im Rechenbuch schon zwei Seiten weiter als Sie?“, und dass sie stets genau darauf achten, was andere Eltern mit ihren Kindern machen und wie sie es machen; sie sind ständig am Vergleichen von Ausstattungs- und Fördermaßnahmen.

Dem Kind tut eine solche Verplanung meist nicht gut; es folgt den elterlichen Erwartungen in der Regel fast ohne Widerstand bis etwa zum 13. Lebensjahr, um Vater und Mutter nicht zu enttäuschen, hat dabei allzu viele tägliche Niederlagen bis hin zum Sitzenbleiben und Rücklaufenmüssen zur Realschule oder sogar Hauptschule, das die Eltern dann mit einer Umschulung in ein Internat konterkarieren, weil auf diese Weise die Chance zur Hochschulreife noch ein Jahr länger aufrechterhalten werden kann, um dann am Ende – meist schlagartig über Nacht – vollends auszurasten, schwierig zu werden und schulisch zu scheitern. Verplante Kinder haben jedenfalls ein hohes Risiko, irgendwann mit Drogeneinstieg aus den Übererwartungen und Versagenserlebnissen ihres grauen Alltags aussteigen zu wollen, anfangs für Minuten und schließlich als Drogenabhängige oder gar -süchtige. Die Eltern gehen dann entsetzt in eine Selbsthilfegruppe von Eltern drogenabhängiger Kinder und erfahren dort viel zu spät, dass sie erstens ihren 17-jährigen Sohn nun kaum noch erzieherisch erreichen können, dass sie zweitens nur dann mit einem Ende der Drogenkarriere rechnen können, wenn ihr Sohn selbst aussteigen und Entzug machen will, und dass sie drittens mit ihrer Überdosierung von gut gemeinten Forderungen und Grenzsetzungen eigentlich alles falsch gemacht haben, weil die Reizbilanz ihres Kindes nie stimmte, weil Entlastung, Muße und Selbstbestimmung sowie die Chance, selbst Fehler machen zu können, und das Einfach-mal-gehen-Lassen stets zu kurz kamen. Ihr Kind konnte keine innere Balance finden, es fiel vom hochgesteckten Lebensseil entweder links oder rechts hinunter, und zwar links, wenn es Drogen nahm, und rechts, wenn es sich einer sich volllaufen lassenden und gegnerische Fans zusammenschlagenden Hooligangruppe anschloss.

Wer sich schon viel mit Erziehungsratgebern befasst hat, weiß bereits, dass es ein schwieriger Hochseilakt ist, wenn Kinder gelingen sollen, dass Kinder immer die richtige Gesamtdosis an Forderungen und Grenzsetzungen zwischen Über- und Unterforderungen benötigen und dass sie in jeder Entwicklungsstufe einen individuell anderen Rhythmus zwischen Leistungserwartungen und Muße, zwischen Herausforderungen und Lassen, was mehr ist als Gehenlassen, zwischen Fremdbestimmung und Selbstbestimmung, zwischen Ernst und Spiel brauchen, um wirklich gebildet, erfolgreich und glücklich zu werden. Schon Jean Paul sagte deshalb ganz humorvoll: „Kinder und Uhren darf man nicht ständig aufziehen, man muss sie auch mal gehen lassen.“

Das bisher Gesagte gilt vor allem für verplante sensible Kinder; sind Kinder aber etwas dickfelliger und trotziger, ist ihnen also ein etwas größeres Widerstandspotenzial von Geburt an zu Eigen, dann passiert oft etwas Anderes, was vielleicht gesünder ist, als stets aus Angst allen elterlichen Erwartungen nachzugeben: Einige überfordernd verplante Kinder stellen, wenn der auf bloße Anpassung zielende Erwartungsdruck zu groß wird, ihre Ohren auf Durchzug, sie werden vater- und muttertaub, ziehen sich zurück, schließen sich ein, laufen weg oder weichen mit Tricks und Lügen aus. Die Eltern haben dann das krasse Gegenteil von dem erreicht, was sie eigentlich wollten. Sie haben ihr Kind mit Überdosierung von Forderungen verschlossen gemacht, aber sie konnten nicht seine Autonomie zerstören. So ein Kind ist nur partiell aufgeopfert worden, nicht ganz wie das sensible, das am Ende im Drogenrausch zerfällt. Elterntaube Kinder konnten sich Widerstandskraft, ein Eigenleben und einen Rest von Selbstständigkeit in Gegenwehr zu ihren Eltern erhalten. Sie bleiben auf diese Weise oft ein Stück weit ungebildet, aber sie haben an Mündigkeit gewonnen. Sie machen vieles heimlich, sie wählen Freunde, die ihren Eltern nicht behagen, sie spielen Fußball, obwohl ihre Eltern auf Hockey oder Tennis hofften, sie ziehen früh zu Hause aus, ergreifen einen Beruf, den die Eltern ganz und gar nicht akzeptieren, und sie suchen später viel seltener als andere junge Menschen den Kontakt zum Elternhaus; meist ziehen sie auch noch ganz weit weg, um sich Mamas Nachkontrolle zu entziehen, am liebsten gehen sie ins Ausland, und es kann auf diese Weise geschehen, dass sie erst dann wieder in ihre Heimat zurückkehren, wenn die Bestattung eines Elternteils ansteht.

Zu jeder gesunden Entwicklung gehören auch die drei Trotzalter um das dritte, siebte und 13. Lebensjahr; aber vom 14. Lebensjahr an beginnt das von Psychologen so beschriebene Autonomiealter, in dem die Verplanung den Eltern ganz verboten sein muss, jedenfalls im Rahmen unseres Demokratie wollenden Grundgesetzes.

Im Autonomiealter geht es um das Ausprobieren des bis dahin aufgebauten Weltbildes, um das narzisstische Austesten der Wirkung des Ichs auf andere, das Ausprobieren von Grenzübertritten und Fehlermachen und um das Zurechtfinden in der eigenen Generation. Gleichzeitig richtet sich das Bedürfnis nach Orientierung von der eigenen Familie weg in die weite Welt und in die Zukunft hinein, und wenn es dann um Freundinnen und Freunde und um Ausbildungs-, Studien- und Berufsperspektiven sowie um die Zuordnung zu den Standorten in der Spaß- bzw. Freizeitgesellschaft geht, dann müssten sich die Eltern nach weitgehend getaner und hoffentlich gelungener Erziehungsarbeit leicht entspannt zurücklehnen können, um nur noch begleitend, beratend und interessiert beobachtend zu verfolgen, wie es ab dann mit ihrem bisherigen Kind als Jugendlicher, Heranwachsender und Erwachsener bis hin zu seiner eigenen Berufsfindung und Familiengründung weitergehen wird.

Während im patriarchalischen China, in Indien und in Südkorea weibliche Föten oft abgetrieben werden, auch weil die Verheiratung von Mädchen die Eltern so teuer kommt, haben in Japan mittlerweile die Jungen eher schlechte Karten. Drei von vier frisch verheirateten Paaren wollen dort lieber eine Tochter als einen Sohn haben, weil Söhne schwerer zu erziehen, also „abzurichten" seien als Töchter, meinen ihre Eltern. Ein Mädchen braucht nicht unbedingt zur Universität getrieben zu werden; es ist daher für seine Eltern billiger und verfügbarer; vor allem kümmert es sich später um seine Eltern, auch weil es in Japan keine Altersversorgung gibt, die den deutschen Verhältnissen vergleichbar ist. Japanische Töchter sind für ihre Mütter so etwas wie Partner für das Leben, weil ihre Männer sowieso meist außerhalb ihrer Familie leben und eigentlich nur mit ihrem Beruf verheiratet sind.

Japanische Jungen haben hingegen ein schweres und teures Leben vor sich; sie müssen später ihre Familie ernähren, ohne in dieser Familie zu leben; und um das zu können, müssen sie schon weit vor der Einschulung in Kumon-Schulen angemeldet werden, in denen sie mit Mathe-, Englisch- und Japanischunterricht für die Aufnahme in einen bestimmten Kindergarten hochgerüstet werden, der eine bestimmte Schule ermöglicht, die man besuchen muss, um Zugang zu einer bestimmten Hochschule zu bekommen, die die Voraussetzung für einen bestimmten Beruf in einem konkreten Betrieb ist. Die Schule mit Aufnahmeprüfungen vor jeder Stufe statt Abschlussprüfungen am jeweiligen Ende der Stufe ist für sie eine mörderische Knochenmühle mit einer hohen Rate an Suiziden bei Mitschülern, so wie auch die japanischen Männer die weltweit höchste Suizidrate aufgrund ihres eindimensional verplanten Lebens aufweisen: Während die Jungen bei jeder kleinen Niederlage in der Schule weinen und nicht einmal in der Lage sind, sich selbst ihre Schuhe zuzubinden, bringen ihre Väter sich um, wenn sie in ihrem Betrieb nicht befördert werden, wenn sie entlassen werden oder wenn ihre Firma Pleite macht. Japanische Jungen und Männer haben sich bedingungslos unterzuordnen, und trotz oder vielleicht sogar wegen ihres extrem großen Angepasstseins im Sinne von Funktionieren als Untertanen gelten sie bei ihren Eltern als schwierig. Der hohe Verplanungsgrad gegenüber japanischen Jungen korreliert übrigens damit, dass eine akademische Ausbildung ein Muss für einen Durchschnittssohn ist und dass diese seiner Familie etwa 150000 Euro abverlangt.

Leider gibt es in Deutschland mittlerweile schon ähnliche Ansätze. Kumon-Schulen und „Kinderschulen" schießen auch bei uns wie Frühförderinstitute in Sachen Fremdsprache aus dem Boden, und immer mehr Eltern – ja sogar Schüler – machen den Lehrern mächtig Dampf. So ist es inzwischen kein Einzelfall mehr, dass eine Mutter die Grundschullehrerin ihres Kindes schon in der 1. Klasse ständig fragt, ob es denn auch etwas mit dem Abitur werde. „Hören Sie mal, meine Tochter hat jetzt schon drei Wochen Englischunterricht und musste immer noch keine Vokabeln lernen!“, ist eine (Un-)Art von Vorwurf, die Lehrern immer häufiger begegnet.

In diesem Zusammenhang hat Verplanung aber noch einen anderen düsteren Aspekt: Immer mehr Eltern liefern ihre Kinder bei der Schule mit der Einstellung ab, die Lehrer müssten nun alles in eine rosige Zukunft ihres Kindes hinein verrichten: Erziehung, Bildung, Berufsfindung, Erfolg, Hochschulkarriere und hoher Lebensstandard, dafür sollen die Lehrer die Weichen stellen, während die Eltern ihrem Job und ihren Konsum-, Freizeit- und Spaß- sowie Partnerschaftsinteressen nachgehen. Abgabementalität plus Verplanung plus geringes Eigenengagement der Eltern ist eine besonders üble Mischung unserer Zeit.

Eine eigenständige Kindheit mit dem Gefühl für den Wert und das Schutzbedürfnis der jeweiligen kindlichen Lebensstufen ist eine Erfindung der Aufklärung; Kindheit gibt es also eigentlich erst seit etwa 200 Jahren; nun droht sie mit Verfrühungen durch Medieneinflüsse, durch ein Übermaß an Informationen, durch beschleunigte körperliche Reifeprozesse und durch Verplanung überehrgeiziger Erwachsener wieder auszusterben. Zurückgedrängt ist sie bereits jetzt schon, weil Kinder selbst immer früher wie Erwachsene leben wollen, weil sie immer früher etwas Erwachsenengemäßes leisten sollen und wollen. Kinder müssen ganz oft ihre Entwicklungsstufen beschleunigt oder verkürzt durchleben, oder sie müssen sie gar überspringen, also auslassen, damit sie die elterlichen Erwartungen erfüllen können. Das Ziel der selbstständigen, mündigen Persönlichkeit scheint von der Liste der wichtigen Erziehungsziele gestrichen zu sein, wenn man beispielsweise an die Aktion „Schulen ans Netz“ denkt, mit der junge Menschen nicht nur ans Internet angeschlossen werden sollen, sondern mit einer frühen Anpassung, die man positiv Flexibilität und Mobilität nennt, auch an die Erfordernisse des Erwerbslebens bzw. des Wirtschaftsstandortes Deutschland im globalisierten Wettbewerb und an den Lebensstil ihrer Eltern, die immer öfter keine Zeit mehr für sie haben. Mit dem Ausufern der medialen Ereignisse der Bildschirmwelt, die im Allgemeinen keine Unterschiede macht, wenn es um das Alter der Zuschauer geht, gibt es zudem einen Nivellierungseffekt zwischen Kindsein und Erwachsensein. Das Fernsehen ereignet sich nämlich so undifferenziert, als würde man in 1. und 12. Klassen an deutschen Schulen ein und denselben Unterricht geben. Was bei so einer „Kultur" herauskommt, ist übrigens nicht nur, dass Kinder immer früher wie Erwachsene reagieren müssen, sondern gleichzeitig bleiben immer mehr Erwachsene in vielen Bereichen ihrer Persönlichkeit kindisch, und zwar weil sie diese Anteile nie haben kindgemäß ausleben können.

Dass Eltern erwachsen und Kinder kindlich sind, ist heutzutage nicht mehr so ganz selbstverständlich, vielmehr führt die Angleichung von erwachsen sein müssenden Kindern und kindischen Erwachsenen, die wie Jugendliche sein wollen, zu dem, was Soziologen den modernen „Kind-Erwachsenen" nennen, der ein altersunabhängig uniformiertes Einheitswesen ist, der manchmal eine junge Haut und manchmal eine faltige Haut hat, aber nur, weil Faltencremes eigentlich nie zu den erwünschten Effekten führen, nämlich dass ein 50-Jähriger eine Haut wie ein 12-Jähriger hat. Susanne Guschke befürchtet jedenfalls: „Familien, in denen erwachsene Eltern mit kindlichen Kindern leben, werden bald Inseln in einem trostlosen Meer von Kind-Erwachsenen sein, Inseln hinter dem Winde. Eines Tages wird man Expeditionen nach ihnen aussenden, um zu erfahren und um zeigen zu können, wie es einmal besser war."

2.12 Jedes Kind ist einmalig

In einer Gesellschaft voller sich aufrichtender Ichs und wirtschaftlich begünstigter Ich-AGs haben es Kinder schwer, sozialkompetent zu werden.

Jeder Mensch ist einmalig; er ist unwiederholbar, und das gilt selbst für eineiige Zwillinge, die in einem gemeinsamen Milieu aufwachsen. Wenn wir sie von außen nicht so gut unterscheiden können, so kann es ihre Mutter dennoch, weil sie in ihrem Wesen zumindest minimal voneinander abweichen.

Die Bandbreite menschlicher Eigentümlichkeiten findet jedoch Grenzen der Akzeptanz, und zwar jeweils an ihren Extremen: Ein Baby, das rund um die Uhr schreit, wollen wir mit dieser Eigentümlichkeit nicht dulden, auch dann nicht, wenn wir feststellen, dass Jungen eher, länger, lauter und öfter schreien als Mädchen, und auch dann nicht, wenn uns jemand sagt, dass das Schreien einen konkreten Grund hat, weil das Kind beispielsweise unter großen Schmerzen leidet. Also gibt es in Deutschland mittlerweile Schreiambulanzen für solche Kleinstkinder, ebenso wie es Brutkästen für Frühgeborene, Vollheime, Pflege- und Adoptionsfamilien für Waisen, ein Privatgymnasium für Legastheniker, Schwimm-, Tennis- und Skigymnasien, Internate für Hochbegabte, Kliniken für Asthmatiker und Neurodermitiker, erlebnispädagogische Reisen für Crash-Kids und Segelschiffprojekte für Drogenabhängige gibt.

Innerhalb einer akzeptierten Bandbreite fangen wir Kinder mit Musikschulen, mit Sportinternaten, als Wunderkinder, als Kinderstars im Showgeschäft, als Mitglieder der Waldjugend, als Überspringer von schulischen Klassenstufen oder gar als 14-jährige Studenten ein, aber außerhalb dieser Bandbreite von irgendwie akzeptierten Eigentümlichkeiten laufen wir zu Erziehungsberatungsstellen, fragen wir Schulpsychologen und Kinderärzte und fordern wir geschlossene Heime und Jugendstrafanstalten, zumindest machen wir uns Sorgen oder haben Ängste.

Wie gehen wir damit um, wenn wir unseren 11-jährigen Sohn beim Rauchen erwischen?Wie sieht es mit der Akzeptanz der Eigentümlichkeit aus, wenn ein 9-jähriges Mädchen esssüchtig und übergewichtig ist oder ein 13-jähriger Junge keine Freunde hat und sich täglich 6 Stunden in seinem Zimmer einschließt, um lediglich mit dem Computer und dem Internet zu kommunizieren? Und wie steht es mit der Toleranz gegenüber der Eigentümlichkeit aus, wenn mein Sohn ständig viel zu laut Rap-Musik hört, sich zu selten die Zähne putzt, nie sein Zimmer aufräumt, drogenabhängige Freunde hat oder seine Freizeit in einer Punk- oder einer Skinhead-Gruppe verbringt? Ist die Eigenart meiner Tochter, überall zu spät zu kommen, genauso zu bewerten oder gar hinzunehmen wie die ihres Bruders, der überall und ständig viel zu früh erscheint?

In einer Zeit der sich aufrichtenden Ichs, die eine Folge von Demokratisierung, Werte- und Meinungsvielfalt sowie Konkurrenz in einer Winner-und-Loser-Gesellschaft sind, werden Individualitäten und Eigentümlichkeiten mehr akzentuiert und akzeptiert als in totalitären und hochautoritären Gesellschaften. In unserer modernen komplexen und komplizierten Gesellschaft wollen wir eher die unverwechselbare Besonderheit des Einzelnen betonen, auch als Gegengewicht zu vermassenden Anpassungsprozessen. Aber wenn die Eigentümlichkeiten zu Lasten der Allgemeinheit gehen, dann ist für uns Schluss, außer der Einzelne kann nichts für seine Besonderheit, weil er rotgrünblind oder körperbehindert ist oder minderbegabt.

Dennoch sagen wir zum Hyperaktiven „Nun reiß dich doch mal zusammen!“, und den Kleptomanen wollen wir einsperren und den Homosexuellen ausgrenzen.

Eigentümlich zu sein bereitet nicht nur der Gesellschaft Schwierigkeiten, sondern auch dem eigentümlichen Menschen selbst; er ist deshalb geneigt, die Nähe zu ähnlich Eigentümlichen zu suchen: Skater fühlen sich am wohlsten unter Skatern, Hools unter Hooligans, Rapper unter Rappern, Skins unter Skinheads, Russlanddeutsche unter Aussiedlern, Türken unter Türken, Riesenwüchsige unter Riesenwüchsigen und Hochbegabte unter Hochbegabten.

Die meisten Kinder haben es mit ihren Eigentümlichkeiten nicht leicht: Die Rothaarigen werden gehänselt, die Lernbehinderten werden ausgelacht, die Hyperaktiven werden als Spielkameraden gemieden, die Übergewichtigen werden in keine Handballmannschaft gewählt, die Schwulen müssen Heterosexualität vorgaukeln, die Geigenvirtuosen schämen sich ihrer Vorliebe für klassische Musik, die Hochbegabten finden keine gleichaltrigen Freunde, und die vaterlos aufwachsenden Jungen lügen ihren Freunden vor, ihr Papa sei vorübergehend beruflich im Ausland. Und das erleben wir immer noch vor dem Hintergrund des Ideals vom homogenen Klassenverband, in dem alle Schüler irgendwie gleichartig sein sollen, damit der Lehrer sie frontal beschulen kann, ohne Rücksicht auf die Besonderheiten einzelner Schüler nehmen zu müssen.

Erzieherisch schwierig ist dabei Folgendes:

- Wenn die Eigentümlichkeit des jungen Menschen unveränderbar ist, muss er seiner Besonderheit zustimmen, weil ihm keine andere Wahl bleibt: Gleichgeschlechtliche Vorlieben sind wie Farbenblindheit keine Charaktersache, sie lassen sich auch mit Gewalt nicht ändern und müssen deshalb vom jeweiligen jungen Menschen, von seinen Eltern und Lehrern und der sonstigen sozialen Umwelt akzeptiert werden. Der Erziehungsauftrag muss sowohl bei Hochbegabten, musischen Genies, Geistigbehinderten, Kleinwüchsigen, Linkshändern als auch Sommersprossigen darin bestehen, die Übereinstimmung von Eigentümlichkeit und Ich-Findung, die wir ja Identitätsfindung nennen, hinzubekommen und zu der jeweiligen Besonderheit passende Lebensstrategien als Handlungs- und Konfliktfähigkeit einschließlich einer Fülle von angemessenen Verhaltensalternativen aufzuzeigen und auch für lähmende Situationen per Vorleben und Training verfügbar zu machen.
- Wenn die Eigentümlichkeit eines jungen Menschen hingegen

nicht akzeptabel und gleichzeitig veränderbar ist, dann muss er sehr deutlich und eventuell auch mit konfrontativer Gewalt auf einen anderen Weg gebracht werden, so wenn er ständig klaut, lügt, Grenzen ignoriert oder anderen gegenüber aggressiv ist. Das funktioniert bei kleinen Kindern leichter als bei Jugendlichen, und wenn die aggressive Eigentümlichkeit eines 17-Jährigen über viele Jahre hinweg tief eingefahren ist, dann dürfen wir keineswegs mehr auf der Stufe einer bloßen Verständnis- und Appellationspädagogik stehen bleiben, dann müssen wir handeln und eventuell sogar mit Gewalt gegen Gewalt vorgehen, indem wir den 17-Jährigen im Rahmen des Anti-Aggressivitäts-Trainings auf dem „Heißen Stuhl" massiv und auch körperlich bedrängend mit seinen schlimmen Taten konfrontieren, beschimpfen und zur Reue sowie zur Wiedergutmachung über viele Stunden und Tage hinweg so lange herausfordern, bis er endlich zustimmt und sich gegenüber den anderen und gegenüber sich selbst zu einer entschiedenen Wandlung verpflichtet.

Dass Menschen und auch schon Kinder sehr eigentümlich, also ganz anders als andere Menschen sein dürfen, ist ein großer Fortschritt unserer gesellschaftlichen Entwicklung. Erziehung wird dadurch jedoch nicht leichter, denn je mehr Eigentümlichkeiten wir akzeptieren, desto mehr unterschiedliche Erziehungsweisen benötigen wir auch. Wenn wir aber mehr Eigentümlichkeiten begünstigen, produzieren wir gleichzeitig auch mehr Eigentümlichkeiten, die wir nicht akzeptieren können, oder wenn wir die auch noch irgendwie akzeptieren können, tun es andere Zeitgenossen schon längst nicht mehr oder immer noch nicht. So kommt dabei heraus,

- dass Ältere nicht akzeptieren, was bei Jungen eine hohe Akzeptanz findet,
- dass Junge nicht mehr akzeptieren können, was für Ältere noch wünschenswert ist,
- dass viele Christen nicht akzeptieren wollen, was für Moslems selbstverständlich ist, so zum Beispiel kopftuchtragende Schülerinnen,
- dass Kinder heute eine andere Erziehung benötigen, als Erwachsene kennen und umzusetzen bereit sind oder vermögen,
- dass Erziehung leicht sein könnte, wenn man sie mit dem Wandel der Gesellschaft auch zu wandeln bereit ist,
- dass wir eigentlich für jedes Kind eine andere Erziehung und auch eine eigene Schulform bräuchten
- und dass wir andere Lernorganisationsformen brauchen, die der

Eigentümlichkeit der Schüler Rechnung tragen, mit denen Unterschiedlichkeiten als Bereicherung und nicht als Belastung verstanden werden. Jedenfalls können Kinder in Heterogenität mehr Positives voneinander und miteinander lernen als in einer homogenen Konzentration einer Schule für Verhaltensgestörte oder einer Hauptschule, in der sie sich überwiegend nur negativ beeinflussen und bremsen. Wie sagt doch die Leiterin der besten Schule der Welt, des Tensta-Gymnasiums in Stockholm: „Wir sind nicht so gut, obwohl wir so viele Ausländer haben, sondern weil wir so viele 'Neuschweden' in unseren Reihen haben!"

Zum Glück haben sich im Oktober 2006 die deutsche Kultusministerkonferenz und die großen deutschen Lehrerverbände auf ein gemeinsames Programm mit der Überschrift „Fördern und Fordern" für die Schule der Zukunft geeinigt: Die Individualisierung soll ab jetzt im Mittelpunkt schulischer Bemühungen stehen.

2.13 Jungen und Mädchen sind verschieden

Wenn wir nicht zeitgemäße Erziehungsweisen auch für Jungen gestalten, droht die Zukunft weiblich zu werden.

Weltweit gesehen sind vor allem die Mädchen benachteiligt, wenn es um Schulbildung geht. Der UNICEF-Weltbericht zur Lage der Kinder weist nämlich darauf hin, dass 121 Millionen Kinder auf der Erde überhaupt nicht zur Schule gehen, und davon sind 65 Millionen Mädchen. Die meisten davon wären heilfroh, wenn sie wenigstens in notdürftig ausgestatteten maroden Räumen mit 60 Mitschülern etwas lernen könnten. In Deutschland ist das anders:

Einerseits passen sich Mädchen im Allgemeinen den schulischen Erwartungen besser an als Jungen, andererseits fühlen sie sich vielfach von den Jungen „untergebuttert", und das gilt vor allem für Fächer wie Sport, Physik, Chemie und Informatik.

Die Koedukation war ein großer Fortschritt in der Schulgeschichte. Denn es ist gerade erst gut 100 Jahre her, dass Mädchen eigentlich gar nicht zum Abitur kamen. Erst mit der emanzipatorischen Erziehungsbewegung um Helene Lange und Gertrud Bäumer herum entstanden Ende des 19. Jahrhunderts aus den „Höheren Töchterschulen" die ersten Lyzeen als Gymnasien für Mädchen, und erst in den 50er Jahren des letzten Jahrhunderts begann man, grundsätzlich gemeinsame Klassen für Mädchen und Jungen auch in den weiterführenden Schulen einzurichten.

Wie so oft schlug das Pendel dabei vom einen Extrem in das andere, wobei doch mit der Lehre von den sinnvollen Größen in der Pädagogik immer nur in der Mitte der wahre Fortschritt zu erzielen ist.

Mittlerweile haben das viele erkannt und fordern deshalb wie die ehemalige nordrhein-westfälische Schulministerin Gabriele Behler eine „reflexive" bzw. „partiell aufgelöste Koedukation", so dass Mädchen in denjenigen Fächern, in denen sie lieber unter sich bleiben wollen, von den Jungen getrennt lernen können, und zwar bei ansonsten koedukativer Einrichtung von Schulklassen.

Im Landerziehungsheim Marienau in Niedersachsen und in einigen Bundesländern wie Nordrhein-Westfalen, Bremen und Schleswig-Holstein ist daher die Möglichkeit geschaffen worden, reine Mädchenlerngruppen in Sport, Chemie, Physik, Technik und Informatik einzurichten, damit die Mädchen ihrem Körperbau, ihren Motivationen und Verhaltensweisen entsprechend gefördert werden können. Darüber hinaus gibt es in einigen Städten wie Ulm, Bonn und München immer noch Mädchengymnasien.

Erfahrungen wie die im St.-Anna-Gymnasium in München zeigen übrigens, dass Mädchen in nur für sie eingerichteten Klassen deutlich bessere Leistungen in Chemie erzielen als sonst und dass sie auch viel häufiger ein Chemiestudium beginnen. Sie haben bei Abwesenheit von Jungen einfach mehr Mut, sich zu melden, Fehler zu machen und sich auch aktiv mit Experimenten auseinander zu setzen. Die Forderung nach einer partiellen Auflösung der Koedukation geht daher vor allem von Frauen aus.

Dabei stimmen die alten Klischees nicht mehr so wie bisher. Mädchen sitzen inzwischen häufiger und länger vor dem häuslichen Computer als Jungen; Frauen haben in der Arbeitswelt wesentlich mehr mit dem Computer zu tun als Männer, in den Gymnasien finden sich inzwischen in so mancher Region mehr Mädchen als Jungen ein, sie gelangen öfter zum Abitur als diese und erreichen bessere Durchschnittsnoten.

Obwohl es bei der deutschen Gesamtzahl aller Schüler von etwa 10 Millionen etwas weniger Mädchen als Jungen gibt, sind mittlerweile 54 Prozent der Abiturienten weiblich und nur 46 Prozent männlich, während lediglich 44 Prozent der Hauptschüler und gar nur 36 Prozent der Sonderschüler Mädchen sind. In den neuen Bundesländern sind die Mädchen noch erfolgreicher. Nach Auskunft des Dortmunder Instituts für Schulentwicklungsforschung machen dort 30 Prozent aller Schülerinnen Abitur, obwohl über beide Geschlechter hinweg der Anteil der Abiturienten nur bei 27 Prozent eines Geburtsjahrgangs liegt.

Die britische Behörde für Bildungsstandard behauptet, dass Jungen den Lehrererwartungen öfter durch Aggressionen und Verweigerungen (keine Hausaufgaben machen, nicht für Klausuren lernen, notwendige Bücher nicht mitbringen) ausweichen als Mädchen, dass sie Lernerfolge bewusst minimieren, um nicht als „Streber" zu gelten, und dass sie viermal häufiger als verhaltensschwierig auffallen als Mädchen, die gewissenhafter sind, bemühter sind, sich beliebt zu machen, und sich eher mit ihrer Schule identifizieren.

Eigentlich müssten also die Jungen vor der totalen Koedukation geschützt werden, denn sie passen durchweg viel weniger zur augenblicklichen Schule als die etwas „pflegeleichteren" Mädchen.

Übrigens gilt dieses alles eigentlich nur für frontal und lehrerzentriert geführte Klassen. Im Rahmen von offenem Unterricht mit Lernwerkstattcharakter und der Partnerarbeit am Computer sowie mit dem Konzept „Schüler werden nicht mehr belehrt, sondern lernen selbst miteinander zu zweit an einem Computer" verringern sich die Verhaltensunterschiede zwischen Jungen und Mädchen beim Lernen so deutlich, dass die Koedukation nicht mehr in Frage gestellt werden muss, wenn man vom Fach Sport einmal absieht.

Das gemeinsame Lernen von Jungen und Mädchen wird während der Pubertät allerdings auch durch Rollenfindungsbemühungen überlagert. Mit Intelligenz oder Lernmöglichkeiten hat das weniger zu tun, eher schon mit Imponiergehabe und Narzissmus, und in dem Maße, wie sich so etwas zeigt, spiegelt es auch Erziehungsdefizite, also ein vorheriges Versagen der Lehrer wider, die es nicht von Anfang an geschafft haben, das aggressive Gebaren der Jungen zu unterbinden und Mädchen gegen die Faszination von Gewalt zu impfen.

Die Trennung der Geschlechter beim Lernen ist demnach auch ein Stück Resignation gegenüber sinnvollen präventiven Strategien, die bereits in der Grundschule beginnen müssen, damit sich Siebt- und Achtklässler später nicht mehr gegenseitig so stark von Lernfortschritten ablenken. Die Nachteile der Koedukation belegen also eher, dass sie bisher nicht gelungen ist, als dass sie die Koedukation an sich in Frage stellen.

Die Koedukation ist einmal eingeführt worden, um mehr Gleichberechtigung und mehr Nivellierung herkömmlicher Geschlechterklischees zu erzielen; so erzieherisch schwach, wie Schulen aber sind, haben sie mit der Koedukation eher zu einer Verstärkung unterschiedlichen Rollenverhaltens, zu einer Kontrastierung und Akzentuierung, die *Der Spiegel* mit den Wörtern „Machos“ und „Miezen“ einfängt, beigetragen. Fördert Koedukation also das Macho-Gehabe bei Jungen sowie die innere Abwahl von Fächern, die als Jungendomänen gelten, bei Mädchen?

Jedenfalls hatte Jean-Jacques Rousseau nicht Recht, als er meinte, Mädchen bedürften keiner höheren Bildung, und auch Papst Pius XI. nicht, als er 1929 in einer Enzyklika formulierte: „Abwegig und gefährlich für die christliche Erziehung ist das so genannte Koedukationssystem“, denn heute sind die Mädchen wesentlich schulgeeigneter als die Jungen, kommen sie wesentlich erfolgreicher aus den Schulen heraus, auch wenn die Koedukation, falls sie schlecht durchgeführt wird, alte Rollenstereotype erst recht zu zementierten vermag.

Das schlecht Gemachte liegt weniger an den jungen Menschen als vielmehr an den Lehrern:

- Jungen werden im Unterricht doppelt so häufig angesprochen wie Mädchen,
- Jungen werden öfter gelobt und getadelt, erfahren also mehr Beachtung,
- Mädchen werden häufiger unterbrochen, und zwar sowohl von Lehrern als auch von Jungen,
- und Lehrer halten Jungen mit guten Leistungen für intelligent und aufgeweckt, während sie Mädchen mit guten Leistungen eher für ordentlich und fleißig halten.

Der Computer jedenfalls macht keine Unterschiede zwischen Jungen und Mädchen, er behandelt sie alle gleich, er vermag also ein Auseinanderdriften von Jungen und Mädchen in missliche Rollenverhaltensweisen zu verhindern. Insofern wirkt das Computerlernen integrativer, wie es überhaupt das Phänomen gute und schlechte Lehrer zu neutralisieren vermag, vor allem wenn der Lehrer sich vom sanktionierenden und selektierenden Lenker in die Rolle des kompensatorischen Lernberaters hinein wandelt.

Im Münchner St.-Anna-Gymnasium, bis vor kurzem ein reines Mädchengymnasium mit einer hohen Quote von Abiturientinnen, die danach Naturwissenschaften studiert haben, gibt es mittlerweile auch koedukative Klassen. Die Lehrer haben sich vorher überlegt, ob sie die durch die Anwesenheit von Jungen bedingten Lernbeeinträchtigungen der Mädchen in Physik, Chemie und Informatik dadurch abwenden können, dass sie nur noch Klassen mit doppelt so vielen Mädchen wie Jungen zusammenstellen; wegen befürchteter Elternproteste haben sie aber wieder Abstand von dieser Lösung genommen.

Es wird also in Zukunft pädagogisch darauf ankommen, gerade auch im Rahmen von Koedukation zu erreichen, dass eine „geschlechtsneutrale Leistungsorientierung“ begünstigt wird, und das kann nur gelingen, wenn der Computer bereits ab Klasse 1 eingesetzt wird und wenn durch begleitende soziale Erziehung präventiv dafür gesorgt wird, dass die überkommenen Geschlechtsrollenklischees gar nicht erst wachsen.

Grundsätzlich sind die deutschen Schulen seit etwa 40 Jahren koedukativ, das heißt, Mädchen und Jungen lernen in ihnen gemeinsam. Die meisten Eltern und Schüler finden das gut so. Die Kultusminister wollen daher die Koedukation auch grundsätzlich weiterhin beibehalten.

Mit den gelegentlich dennoch vorkommenden reinen Mädchengruppen sollen Schülerinnen also bei ihren Lernfortschritten geschützt werden, sollen sie die Chance erhalten, sich mutig unabhängig von einer direkten Konkurrenz mit den Jungen melden zu können. Und im Sport zeigen sie ohnehin in den Klassenstufen 7 bis 11 andere Interessen als Jungen. Mit ihrem anderen Körperbau haben sie eben keine Lust, ständig einen schweren Völkerball gegen ihren Brustbereich geworfen zu bekommen.

Für Sport leuchtet eine Geschlechtsdifferenzierung also ein; aber für die anderen Fächer muss doch festgestellt werden, dass es nicht gegen die Koedukation spricht, wenn es mit ihr nicht so gut klappt, sondern eher gegen die Art und Weise, wie man sie umsetzt. Wenn Lehrer sich nämlich gezielt um die Integration von Mädchen und Jungen bemühen, dann funktioniert sie auch gut.

Dass Jungen der Klassenstufen 11 bis 13 heute noch besser im Umgang mit dem Computer sind, liegt übrigens nicht an der Schule, sondern daran, dass sie in jungen Jahren bereits einen Computer zu Hause hatten, die Mädchen aber nicht. Denn in den Klassenstufen 5 bis 10 sind die Mädchen im Fach Informatik durchweg längst besser als die Jungen, weil sie bei der häuslichen Computerausstattung derweil mit den Jungen gleichgezogen haben; und während die Mädchen mehr am Computer arbeiten, spielen die Jungen mehr an ihm, so dass es kein Wunder ist, dass sie auch schon hier wieder schlechter dastehen als die Mädchen, wie nämlich grundsätzlich bei fast allen schulischen Leistungsaspekten. Schützen müsste die Schule heute also eher die Jungen als die Mädchen.

Weil Lehrer das Koedukationsgeschäft vielfach nicht gut bewältigen, weil sie vorlaute Jungen eher für plietsch und intelligent halten, während sie Mädchen mit ähnlichen Verhaltensweisen eher als vorwitzig abkanzeln, und weil viele Eltern Angst vor Gewaltübergriffen von Jungen und vor sexueller Anmache haben, aber auch weil viele Mädchen selbst beim Lernen lieber unter sich bleiben wollen, gibt es in Deutschland immer noch reine Mädchenschulen, die sämtlich Gymnasien sind.

Umgekehrt gibt es aber nur ganz wenige Eltern, die eine reine Jungenschule suchen; und auch nur wenige Jungen selbst wollen auf eine Schule gehen, in der es keine Mädchen gibt. Aber der Wunsch nach einer reinen Jungenschule, in der das andere Geschlecht nicht vom Lernen ablenken kann, ist immerhin bei den Jungen selbst häufiger anzutreffen als bei ihren Eltern.

Neuerdings gibt es übrigens ganz ungewollt schon reine Mädchenklassen, so am Gymnasium Lerchenfeld in Hamburg; der Grund ist interessant: Es melden sich nicht genug Jungen, um sämtliche Parallelklassen mit ihnen einzurichten.

Zusammengefasst und etwas zu einfach überspitzt könnte man also sagen: Wenn sich in den häuslichen Erziehungsweisen und beim schulischen Lernen nicht vieles grundsätzlich ändert, dann wird die Zukunft weiblich sein, dann werden die Jungen auf der Strecke bleiben. Wir brauchen offenbar, wie gerade Frauen fordern, unbedingt eine eigenständige Jungenpädagogik, damit die Integration von Jungen und Mädchen besser gelingt, damit Jungen nicht doppelt so oft sitzen bleiben und rücklaufen, damit Jungen nicht so oft gewalttätig und Opfer von Gewalttaten werden, damit Jungen nicht die überwiegende Mehrheit der jungen Menschen ohne Schulabschluss und ohne Chance auf einen Arbeitsplatz stellen.

Kleine Mädchen zwischen 3 und 7 neigen im Übrigen dazu, die Erwartungen ihrer Hauptbezugspersonen (Mama, Papa, Erzieherin, Grundschullehrerin) mehr als erfüllen zu wollen, während Jungen gleichen Alters eher durch Ausprobieren die Welt erobern und verstehen wollen. Die Wiedereinführung der Noten in Klasse 2 in den süddeutschen Bundesländern ist also eine gezielte Benachteiligung der Jungen beim Lernen.

2.14 Schulschwänzen als Symptom

Eine Halbtagsschule kann nicht Lebensmittelpunkt junger Menschen sein, eine Ganztagsschule aber schon.

„To play truant", also Müßiggang spielen, nennen die Engländer das Schwänzen der Schule. Schulschwänzen ist das Gegenstück zur Schulpflicht, die wir in Deutschland haben, während es in den USA eine Bildungspflicht gibt, mit der mehr als eine Million Schüler die Möglichkeit des „Homelearnings" nutzen, in den Niederlanden eine Unterrichtspflicht und in Dänemark ein Bildungsrecht, das nicht bei den Eltern, sondern beim Schüler selbst liegt.

Die Schulpflicht ereignet sich gegenüber einem Gebäude, und in das wollen immer mehr deutsche Schüler nicht mehr, auch weil wir im Kern eine Halbtagsschule haben, die nicht so unbedingt Lebensmittelpunkt junger Menschen zu sein vermag, wie es die Ganztagsschulen Kanadas und der skandinavischen Länder zwangsläufig sind.

Während immer mehr junge Menschen in Deutschland erkannt haben, dass man in einer stetig beschäftigungsärmer werdenden Gesellschaft früh „in die Puschen kommen" muss, wenn man oben in der Karriere ankommen will, und deshalb sogar auf die Straße gehen, um für mehr und anderen Unterricht zu demonstrieren, gibt es gleichzeitig auch immer mehr Schulschwänzer, die sich aus höchst unterschiedlichen Gründen ihrer „Penne" entziehen:

- In einigen Fällen stören Eltern den regelmäßigen Schulbesuch, weil sie die Kinder für häusliche Aufgaben verplanen oder weil sie beruflich von Ort zu Ort ziehen und der Mühe ausweichen, immer wieder eine neue Schule zu suchen.
- Hochbegabte langweilen sich so sehr in der Schule, dass sie sie wie einen Jugendknast empfinden, oder sie werden wegen ihrer Besonderheiten in einer Weise von Mitschülern gemobbt, dass sie lieber zu Hause für sich selbst lernen.
- Schüler, die überwiegend Niederlagen in Form von schlechten Noten erwirtschaften, entwickeln über Versagenserlebnisse ein „Restbewusstsein", das sie schulmüde macht.
- Kinder, die nie die hohen Erwartungen ihrer Eltern erfüllen können, verlassen morgens ihre Wohnung, um scheinbar zur Schule zu gehen, kommen dort aber nie an, kehren allerdings mittags nach Hause zurück und erwecken dann taktisch geschickt den Eindruck, sie seien im Unterricht gewesen.

- Einige junge Menschen kommen ganz gut im Leben zurecht, sind aber nicht „für die Schule geboren“; sie empfinden den morgendlichen Besuch von Playstations in Kaufhäusern attraktiver als Unterricht.
- Manche Jungen und Mädchen steigen mit Rausch aus dem grauen Alltag mit den vielen Niederlagen aus, indem sie Drogen konsumieren, spielsüchtig sind oder zu anderen Zwängen neigen; sie leben nur im Hier und Heute und verdrängen das Morgen, weil sie von ihrer Zukunft nichts Positives mehr erwarten.
- Und dann gibt es noch die partiellen Schulschwänzer, die ein Teil ihres schulischen Pflichtprogramms versäumen, weil sie mit einigen Lehrern, Fächern oder Mitschülern nicht klarkommen.

Insgesamt ergeben sich damit z. B. folgende Zahlen: In Hannover schwänzen 17,9 Prozent der Neuntklässler ziemlich häufig; in Hamburg entziehen sich 16 Prozent der Neuntklässler mehr als 5 Tage pro Jahr ihrer Schule, 6,4 Prozent sogar mehr als 10 Tage; in Mecklenburg-Vorpommern schwänzen 1100 Jungen und Mädchen bis zu 60 Tage und 332 sogar mehr als 60 Tage. In Nürnberg hat die Polizei eine Eingreifgruppe installiert, die vormittags Schulschwänzer auf Wochenmärkten und in Einkaufszentren einfängt; in Nordrhein-Westfalen ist das Bußgeld für Schulschwänzen verdoppelt worden; in Bayern wird erwogen, Schulschwänzer von der neunjährigen Vollzeitschulpflicht zu entbinden; und in Hamburg will der Senat Schulschwänzer durch Ausschluss vom Unterricht von bis zu 10 Tagen bestrafen.

Ist es aber sinnvoll, junge Menschen mit dem zu bestrafen, was sie ohnehin wollen, nämlich nicht mehr in die Schule zu gehen?

In Niedersachsen, Schleswig-Holstein, Mecklenburg-Vorpommern, Bremen und Bielefeld geht man inzwischen anders vor:

Da das Kriminologische Forschungsinstitut Niedersachsen ermittelt hat, dass es einen engen Zusammenhang zwischen Schulschwänzen und Delinquenz gibt, hat man erfolgreiche Netzwerk-Projekte gestartet, mit denen sowohl den Eltern erzieherisch geholfen wird, als auch dem Schüler unausweichliche Beziehungen zu konkreten Lehrern, Sozialarbeitern und Psychologen geschaffen werden. Kleine Sonderklassen mit umfassend in allen Fächern wirkenden Klassenlehrern, die sich auch außerhalb des Unterrichts um sämtliche Lebensbelange ihrer Schüler bis in deren Familien hinein und bis zur Vermittlung einer Ausbildungs- und Berufsperspektive kümmern, gehören dazu, aber auch ein sehr handlungsorientierter Unterricht an „Produktionsschulen“, der um Selbstwertentwicklung durch persönliche und soziale Erfolge bemüht ist. In Schwerin bringt man das Dilemma sogar ganz ehrlich und für die betroffenen jungen Menschen konfrontativ auf den Punkt, denn seit 1998 heißt dort die Einrichtung für diese Klientel „Schule für Schwänzer“, während Bremen eine entsprechende Klasse für solche Schüler führt, die da „Schulvermeider“ genannt werden.

In Bielefeld geht die Polizei sehr erfolgreich mit dem Konzept „Eskalation der Reaktion“ gegen Schulschwänzer vor: Speziell für Schwänzer ausgebildete Polizisten bitten den Schüler beim ersten Mal, doch nun in die Schule zu gehen, beim zweiten Mal wird der Schwänzer hierzu aufgefordert, und gleichzeitig wird der Schule das Kommen des Schülers angekündigt, beim dritten Mal wird der junge Mensch in der Schule abgeliefert, beim vierten Mal wird er zu seinen Eltern gebracht und beim fünften Mal wird das Jugendamt eingeschaltet.

2.15 Sitzenlassen bringt nur selten etwas

Nur wenige Sitzenbleiber werden durch die Wiederholung einer Klassenstufe besser, denn Sitzenbleiben bringt nur dann etwas Positives, wenn der Sitzenbleiber die Wiederholung voll akzeptiert.

Gut 400 000 der zehn Millionen deutschen Schüler bleiben am Ende eines jeden Schuljahres sitzen, das sind im Schnitt mehr als einer pro Klasse. Sitzenlassen ist teuer, weil es die Schulzeit fast einer halben Million junger Menschen um mindestens ein Jahr verlängert. Das kostet in ganz Deutschland etwa zwei Milliarden Euro jährlich, also ein Geld, das man auch für Förderungsmaßnahmen im Sinne von integrativen Leistungssteigerungen ausgeben könnte. Sitzenlassen schafft aber auch massenhaft Versagenserlebnisse, mit denen sich viele junge Menschen resignativ allzu früh aufgeben, so dass zahlreiche wissenschaftliche Untersuchungen nachweisen können: Sitzenlassen bringt eher eine Verschlechterung als eine Verbesserung, und es ist nur dann sinnvoll, wenn der Schüler die Wiederholung der Klasse selbst akzeptiert, weil er lange krank war, sich ohnehin im Vergleich zu seinen Mitschülern als zu klein empfindet oder weil sich herausstellt, dass seine gut gemeinte vorzeitige Einschulung mit fünf Jahren zu permanenten Überforderungen mit allzu vielen Niederlagen geführt hat. Solche ihr Schicksal bejahenden Sitzenbleiber machen aber nur etwa ein Viertel aller Sitzenbleiber aus.

Das Sitzenlassen ist aber nicht nur teuer und Verhaltensstörungen fördernd, es ist auch unintelligent. Denn ein Zweck der Versetzungsverweigerung soll ja die Entlastung der guten Schüler von bremsenden Lernschwachen sein; aber die Rechnung geht deshalb nicht auf, weil die Sitzenbleiber meist die Mitschüler ihrer neuen Klasse einen Jahrgang darunter behindern und weil ihre vorherige Klasse mit neuen Sitzenbleibern von oben aufgefüllt wird, die in der Regel nicht leistungsfördernd auf ihr neues Umfeld wirken.

In dem Maße wie Nordrhein-Westfalen, Baden-Württemberg und auch Hamburg neuerdings jahrgangsübergreifende Klassen (jeweils zwei Klassenstufen in einem Raum) anbieten und Brandenburg, Nordrhein-Westfalen und Sachsen-Anhalt eine „flexible Eingangsphase", die man anstelle der bisherigen Klassenstufen 1 und 2 entweder ein oder zwei oder drei Jahre besuchen kann, bevor man in die 3. Klasse aufrückt, ist das Sitzenlassen ohnehin sinnlos geworden. Kinder lernen nämlich in jahrgangsübergreifenden Klassen – wie schon Peter Petersen mit seinen Jena-Plan-Schulen am Beginn des vergangenen Jahrhunderts erkannte – deutlich mehr, als wenn man sie ausgerechnet nach Geburtsjahrgängen zum Lernen zusammzustellen trachtet, was übrigens eine Erfindung der vormilitärischen Erziehungskonzeption Preußens und der Leibesertüchtigungsbewegung mit ihrem Riegenturnen um Turnvater Friedrich Ludwig Jahn war.

Zwei Drittel der deutschen Sitzenbleiber sind Jungen, die nicht wegen irgendwelcher Intelligenzdefizite, sondern durchweg aus Verhaltensgründen hängen bleiben und insofern eher ein Beleg für das Versagen ihrer Lehrer als für ihr eigenes Versagen sind.

Sitzenlassen ist also nicht nur volkswirtschaftlicher, sondern auch pädagogischer Unsinn, wie nicht nur die internationale PISA-Studie konstatiert, sondern wie auch die finnischen Schulen belegen: An ihnen kann man wie in den deutschen Waldorfschulen nicht sitzen bleiben; die Lehrer haben sich dort gefälligst auf die Eigentümlichkeiten ihrer Schüler einzustellen. Ein freiwilliges Wechseln in eine niedere Klassenstufe während des Schuljahres – was bundesweit etwa 70 000 Schüler tun – ist jedenfalls weitaus nützlicher als ein stigmatisierendes staatlich bescheinigtes Versagenserlebnis am Ende des Schuljahres.

Schleswig-Holstein hat nun endlich als erstes Bundesland das Sitzenlassen verboten, es sei denn die Eltern wollen es, weil ihr Kind lange krank war oder zu klein im Vergleich zu den Mitschülern ist. Hamburg will folgen.

3. Die 15 Gebote des Lernens

Leistung ist ein in unserer Zeit wiederentdeckter Wert, dem eine hohe Bedeutung beigemessen wird. Mit dem Zusammenwachsen Europas und der zunehmenden Globalisierung wächst der internationale Wettbewerb, und dabei erlangen auch Schul- und Schülerleistungsvergleichsstudien sowie ein „Ranking“ mit „Schulhitlisten“ immer mehr Aufmerksamkeit.

Eltern, Lehrer, Didaktiker und Psychologen sind in diesem Zusammenhang auf der Suche nach der Formel „Wie lernt ein Kind in möglichst kurzer Zeit möglichst viel und das auch noch so, dass es möglichst lange gespeichert bleibt?“. Antworten aus der Hirnforschung, aus der Lernpsychologie und von Modellschulen liegen mittlerweile vor:

- Im niederländischen Tilburg blieben eine Zeit lang jeden Donnerstag etwa 1000 Schüler zu Hause, waren aber mit dem Lehrer in der Schule vernetzt, wenn sie am Computer lernten. Sie konnten Tempo, Pausen, Vertiefungsgrad und Antworten oder Transfer selbst bestimmen; sie lernten anschaulicher und motivierter, und sie waren aktiver dabei als im herkömmlichen frontalen, lehrerzentrierten Unterricht der Wort-, Buch- und Zettelschule. Sie lernten in zwei Fünfteln der bisherigen Zeit etwa dreimal so viel, und das Gelernte blieb etwa dreimal so lange im Gedächtnis haften.
- Kinder lernen leichter und mehr, je früher sie mit dem Lernen beginnen; das nutzt man europaweit vor allem im Fremdsprachenunterricht, dessen Beginn in Deutschland von der fünften auf die dritte Klasse verlagert wurde, der demnächst in der gesamten Europäischen Union mit der ersten Klasse beginnen soll und der in Luxemburg bereits – wenn auch unschriftlich – in der obligatorischen Vorschule bei Vierjährigen einsetzt. Gleichzeitig boomen Kumon-Schulen für Kleinstkinder und Institute für eine fremdsprachliche Frühförderung schon von Dreijährigen.
- Schwächere Schüler profitieren vom Lernen am Computer mehr als gute, für die er jedoch auch einen Zugewinn bedeutet; besonders segensreich für das Lernen sind Computer bei Lernbehinderten, bei Hauptschülern, bei Verhaltensgestörten und bei

Vor- und Grundschülern. Der Kinderarzt Craig T. Ramey von der University of Alabama ist sich beispielsweise sicher, dass Hirnschäden geistig Behinderter mit Lernprogrammen fast ausgeglichen werden können, wenn man damit bereits vor Abschluss des ersten Lebensjahres beginnt, weil die Plastizität des Gehirns dann noch sehr groß ist. Mit gezielten Programmen kann man für ein besseres Schalten von Nervenverbindungen sorgen, mit denen sich das Gehirn rasch erholt und später normal leistungsfähig wird, vor allem wenn eine Sauerstoffunterversorgung durch Geburtskomplikationen vorausging. Er setzt die Erfolgsquote bei 50 bis 80 Prozent an.

– In Schulen, in denen der Umgang mit vielen Materialien im Vordergrund steht (Montessori-Schulen, Freie Schulen, Schülerschulen, Produktionsschulen und Schulen mit offenem Unterricht, mit Integrationsklassen und mit jahrgangsübergreifenden Klassen bzw. mit dem Charakter einer Lernwerkstatt statt einer Belehrungsanstalt), sind Schüler am Ende der dritten Klasse etwa so weit wie Schüler in herkömmlichen Schulen am Ende der vierten Klasse.

Junge Menschen werden heutzutage über die Medien mit Informationsdetails bombardiert, so dass der New Yorker Pädagoge Lewis J. Perelman mit seinem Buch ›School's Out‹ geradezu zu dem Schluss kommt, dass zwar noch Kinder von null bis 13 Jahren überwiegend durch die beiden Lebenswelten Familie und Schule einschließlich Kindergarten beieinflusst werden, dass jedoch Jugendliche vom 14. Lebensjahr an mehr durch die Lebenswelten Medien und Jugendkultszenerie lernen als ab dann in den beiden Lebenswelten Familie und Schule zusammen. Außerhalb der Schule lernen die jungen Menschen zwar unsystematisch und auch viel Unbedeutendes und Negatives, aber es ist eben mehr.

Wer in unserer komplexen und komplizierten Welt Probleme lösen will, muss Ordnung in den Informationswust bringen und dazu gehört auch die Kunst des Weglassens und Verdrängens. Für die Schule folgt daraus die Notwendigkeit ihres Wandels: Schüler müssen weniger Wissen vermittelt bekommen, stattdessen aber lernen, wie sie an wichtige Informationen gelangen (Erkundungskompetenz), wie sie sie auswählen und nutzen (Selbstständigkeit), wie sie sie bewerten (Kritikfähigkeit) und wie sie mit ihrer Hilfe zu Lösungen kommen (Handlungskompetenz).

Auf unserem Weg von der bisherigen Wissens- zur künftigen Wissens- und Informationsgesellschaft hat uns schon vor 350 Jahren

Johann A. Comenius die Einsicht mitgegeben, dass Wissen Sinneswahrnehmungen voraussetzt, und die Kinderärztin Maria Montessori wies uns bereits vor 100 Jahren darauf hin, dass gute Erziehung dem biologischen Bauplan des Kindes, also seinen auf die Welt mitgebrachten Grundbedürfnissen entsprechen müsse; sie lässt das Kind fordern: „Hilf mir, es allein zu tun!" Die heutige Forderung, die Belehrungsschule zu einer Lernwerkstatt umzubauen und die Be-Lehrer zu Lernberatern zu wandeln, folgt dieser Forderung, die wir aber nur umsetzen können, wenn wir wissen, wie das Hirn aufgebaut ist und funktioniert:

- Vor rund 1,5 Milliarden Jahren entwickelte sich bei höheren Lebewesen der *Hirnstamm*, auch „Reptiliengehirn" genannt, der das Gehirn mit dem Rückenmark verbindet; von ihm gehen die Impulse für Atmung, Herzschlag, Schlucken und Fortpflanzung aus, aber auch der Gleichgewichtssinn und die Bewegungskoordination werden von ihm beeinflusst.
- Vor etwa einer Milliarde Jahren entwickelte sich das *Zwischenhirn*, in dem Sinneswahrnehmungen mit Gefühlen wie Angst, Schmerz, Lust und Freude verbunden werden (im Thalamus), in dem Hunger und Durst, aber auch Schwitzen und Zittern initiiert werden (im Hypothalamus) und in dem Wachstum und Energiehaushalt, Hormonproduktion und Stoffwechsel geregelt werden (in der Hypophyse).
- Erst seit ungefähr einer halben Million Jahren existiert unser *Großhirn*, das etwa 88 Prozent unseres gesamten Gehirns ausmacht. In ihm sitzen Willen, Bewusstsein und die meisten Persönlichkeitsbesonderheiten. Es besteht aus einer linken und einer rechten Hälfte, den beiden Hemisphären, die über ein etwa bleistiftdickes Nervenbündel, den Corpus callosum, verbunden sind, der bei Mädchen stärker, bei Jungen aber schwächer ausgebildet ist. Die linke Hirnhälfte ist unser ausführendes Hirnorgan; in ihr sitzen das Kognitive, das Rationale, das Logische und so etwas wie das Zahlen-, Zeit- und Raumvorstellungsvermögen, während in der rechten Hemisphäre musische, kreative, emotionale und soziale, auch kommunikative Kompetenzen ihren Ort haben.
- Der jüngste Teil unseres Gehirns ist die *Großhirnrinde*, in der Funktionen wie Denken und Sprechen koordiniert werden.

Über unser gesamtes Leben bekommt unser Hirn etwa 100 Billionen Informationen. Rund 100 Milliarden Nervenzellen, die Neuronen, die aneinander gereiht zehnmal die Erde umspannen könnten, hat unser Gehirn, und jede dieser Neuronen vermag mit mindestens

100 000 benachbarten Nervenzellen über Synapsen zu korrespondieren. Etwa eine Billion solcher Synapsen baut unser Gehirn auf; sie regeln die Informationsverarbeitung, und zwar entweder schnell oder langsam, denn die Neuronen stehen für Geschwindigkeit (Reize können durch sie mit bis zu 500 km/h transportiert werden), während die noch häufiger vorkommenden Gliazellen für ein bedächtiges, ruhiges Überlegen förderndes Verarbeiten von Informationen stehen (etwa vier Millimeter pro Stunde). Für eine lebenserhaltende Bewertung von Informationen ist offenbar das Zusammenspiel von Schnelligkeit und Behutsamkeit wichtig, das Überreaktionen vermeidet: Informationen müssen auch „sacken" können; man muss sie eben auch überschlafen, um zu richtigen Lösungen zu kommen.

Nach dem Reiztransport werden Informationen stofflich verankert, indem Eiweißstoffe Gedächtnismoleküle bilden, nachdem chemische Botenstoffe, die Neurotransmitter, von denen Hyperaktive zu wenige haben, die elektrischen Impulse von einer Nervenzelle zur nächsten gesteuert haben.

Die Produktion dieser Eiweißstoffe ist bei Kindern besonders groß, bei alten Menschen aber eher dürftig, so dass jungen Menschen Erinnerungen leichter gelingen als alten. Informationen verlieren sich übrigens innerhalb von etwa 20 Sekunden, wenn sie im Hirn keinen Speicherplatz finden, weil dieser durch das „Wegzappen" von Unwichtigem durch fehlende Konzentration oder Motivation, durch Stress oder Angst nicht aktiviert wird.

Intelligenz wurde bislang überwiegend eindimensional im Rahmen einer bloßen Zahlenwertskala irgendwo zwischen 50 und 180 gemessen, wobei der „Intelligenzquotient" (IQ) 100 dem Durchschnitt der Bevölkerung entsprechen soll. Mit dieser Messleiste haben zwei Drittel aller Menschen einen IQ zwischen 85 und 115 und nur zwei Prozent einen IQ von mehr als 130 („Genieschwelle"), die wir als „Hochbegabte" oder „Wunderkinder" bezeichnen (Albert Einstein hatte angeblich einen IQ von 148).

Bereits 1983 hat der Amerikaner Stephen J. Gould in seinem Buch ›Der falsch bemessenen Mensch‹ die Kritik an den üblichen Intelligenztests so zusammengefasst: „Die Einteilung von Menschen auf nur einer einzigen Skala der Intelligenz hat wenig mehr gemessen als soziale Vorurteile." Gemessen wird mit einem solchen allein die linke Hirnhälfte erfassen wollenden Unterfangen allenfalls die Fähigkeit zu abstrakten Problemlösungen.

Während bei der sprachlichen und musikalischen Intelligenz

manches nur ein- bis zweimal erfahren werden muss, damit es gelernt wird, erfordert die körperlich-kinästhetische Intelligenz besonders viele Lernwiederholungen. So müssen Balletttänzer bestimmte Bewegungsabläufe etwa 100 000-mal in ihrem Leben koordiniert haben, bevor sie sie perfekt auf einer Opernbühne darstellen können.

Vor allem Kinder lernen am besten, wenn all ihre Sinne dabei beteiligt sind und nicht etwa nur ihre linke Hirnhälfte. Schule ist aber zumeist immer noch eine vorrangig „linkshirnige Einrichtung", wie Reinhard Kahl bemängelt. Zwar sind etwa ein Prozent aller Menschen in der Lage, Skilaufen auch über theoretische, über verbale Erklärungen und über das Vorspielen von Lehrfilmen zu lernen, zwar können Erwachsene oft auch bloß zuhörend lernen, weil diese Fähigkeit jahrelang durch die Schule in ihnen aufgebaut wurde, aber an sich gilt, dass Menschen durchweg nur 10 Prozent des Gelesenen behalten, nur 20 Prozent des Gehörten und 30 Prozent des Gesehenen; aber 50 Prozent bleiben schon in ihnen haften, wenn Hören und Sehen kombiniert werden; 80 Prozent sind es, wenn sie das zu Lernende selber aussprechen, und gar 90 Prozent, wenn sie das, was sie lernen sollen, selber tun.

Charmaine Liebertz sagt daher in ihrem Buch ›Das Schatzbuch ganzheitlichen Lernens‹: „Unser Gehirn ist ein geniales Kaleidoskop von Interaktionen zwischen linker und rechter Hirnhälfte, zwischen Sinneseindrücken und Emotionen, zwischen elektrischen Impulsen und chemischen Botenstoffen, zwischen bereits gespeicherten und neuen Informationen und mit einer multiplen Intelligenzstruktur." Lehrer müssten verstehen, sagt sie, wenn Lernen effizient sein soll, dass nicht nur linke Hirnhälften in die Schule kommen, sondern ganze Köpfe, dass aber auch nicht nur ganze Köpfe in die Schule kommen, sondern sogar ganze Kinder.

So haben Sechsjährige nur etwa 25 Prozent der Speicherkapazität ihres Lehrers. Sie brauchen für ihr Lernen kurze, klare Sätze und den Einsatz möglichst vieler Sinne zugleich, also das Konzept der Lernwerkstatt mit offenem Unterricht, mit Wochenplanarbeit, mit Medien- und Kuschelecken, mit Schulfrühstück, mit Anlauf- und Ausklangzeiten, ohne 45-Minuten-Takte, mit Lernbereichen statt Fächern und mit einer Fülle von Materialien, in jahrgangsübergreifenden Klassen mit Einschulung ohne Auslese und einer flexiblen Eingangsphase, die die 1. und 2. Klasse ersetzt und die man ein, zwei oder drei Jahre besuchen kann, bevor man in die 3. Klasse kommt, und mit Partner- und Kleingruppenarbeit eingebettet in Bewegung,

Spiel und Muße, wenn sie in kürzerer Zeit mehr lernen sollen als bisher.

Beim bisherigen Lernen von isolierten Fakten ohne die Vernetzung der Dinge und der Sinne wird nur die linke Hirnhälfte informiert (z.B. beim Pauken von Vokabeln, Jahreszahlen und chemischen Formeln), die rechte geht leer aus. Informationen hingegen, die zugleich beide Hirnhälften erreichen, weil sie emotional, musisch und sozial angereichert sind, werden schneller und länger gespeichert.

Und dafür muss einerseits die Brücke zwischen linker und rechter Hirnhälfte aktiviert und ausgebaut werden, andererseits muss vor allem bei den Jungen die rechte Hirnhälfte auch direkt von außen mit viel mehr Emotionalität und Körperkontakt und mit musischen und sozialen Herausforderungen angesprochen werden, damit sie wieder mit den mittlerweile schulisch viel erfolgreicheren Mädchen gleichziehen können (54 Prozent der Abiturienten sind Mädchen, nur 46 Prozent Jungen; zwei Drittel der Sitzenbleiber und Rückläufer sind Jungen, 72 Prozent der Schüler, die nicht mal bis zum Hauptschulabschluss kommen, sind Jungen).

Eine linkshirnige Beschulung können die Mädchen nämlich ganz gut über ihre breite Brücke zur rechten Hirnhälfte kompensieren; die Jungen können das mit ihrer dürftigeren Brücke aber nicht so gut, zumal wenn ihr innerer Halt zu schwach ist, weil er in einer wiederaufgelebten „coolen“ „Macho“-Gesellschaft, in der liebevolle Väterlichkeit weniger zählt als brutale Männlichkeit, einer übertrieben hohen Bedeutung von Außenwirkung durch verbale Gewalt, Bodybuilding, Kampfsporttechniken, martialische Bekleidung, Piercing, Tattooing, Waffentragen und Pitbullhaltung aufgeopfert wurde.

Übrigens ist bei kleinen Kindern nur selten die Dominanz nur einer Hirnhälfte feststellbar. Erwachsene zeigen aber eine linkslastige Hirnentwicklung infolge immer noch vorherrschender schulischer Lehrmethoden, die passend zu obrigkeitsstaatlichen Systemen und Industriegesellschaften nach wie vor das Erziehungsziel des Untertanen bzw. des „funktionierenden Rädchens im Getriebe“ anstreben.

Mit dieser Untertanenrolle können vor allem Jungen nicht gut klarkommen, weil sie den Widerspruch zu unserem demokratischen Grundgesetz nicht zu kompensieren vermögen, wenn ihre rechte Hirnhälfte unterentwickelt ist, so dass sie ihren Frust neunmal häufiger mit Gewalt hinauslassen, als Mädchen das tun.

Lernen hat mit Erfahrung zu tun, und Erfahrung ist viel mehr als Information; zu Erfahrung gehören neben Information auch Betroffenheit, Motivation, Handeln, Interaktion, Erfolg, Resonanz und Distanz sowie Entlastung. Lernen muss also mehr an Erfahrungen – wozu auch Um- und Irrwege gehören – als an Informationen ansetzen. Und so werden wir von der bisherigen Untertanen- und Wissensgesellschaft zur postulierten Kommunikations- und Informationsgesellschaft, die als „Kultur-, Wissenschafts- und Wirtschaftsstandort" im weltweiten Wettbewerb zu bestehen vermag, wohl nur gelangen, wenn wir die nötigen Informationen mit Bewegungen, Handlungen, Interaktionen, Gefühlen, Neugier bzw. Motivationen und mit Musischem und Muße anreichern. Denn eigentlich wussten wir doch schon immer, dass ein Lernen nur über den Geist schlecht funktioniert, über die Zusammenschau von Geist, Körper und Seele aber deutlich besser.

Immer noch ist der deutschen Öffentlichkeit schwer zu vermitteln, wieso Schweden bei TIMSS als auch bei IGLU auf Platz 1 liegen konnte, obwohl es dort seit 30 Jahren nur Gesamtschulen gibt und obwohl es wie in Norwegen die ersten 8 Jahre gar keine Noten und keine Leistungsdifferenzierung in A- und B-Kurse kennt (in Dänemark die ersten 7 Jahre, in Finnland die ersten 4 Jahre).

Vor 30 Jahren begannen die norddeutschen Bundesländer ihre Schulen in die Richtung zu entwickeln, wo sich heute Skandinavien befindet, und zwar mit Gesamtschulen, mit offenem Unterricht und Projektmethode, mit Berichtszeugnissen und sozialem Lernen, aber sie taten es nur halbherzig und mit vielen Kompromissen. So wurden Gesamtschulen gegründet, aber das dreigliedrige Schulwesen mit Haupt- und Realschulen sowie Gymnasien blieb daneben bestehen. Wenn man etwas halbherzig in die Zukunft hinein umsetzt, kommt meist weniger dabei heraus, als hätte man es konsequent bei dem Alten belassen. Deshalb haben die süddeutschen Länder besser abgeschnitten als die norddeutschen, aber auch weil deutsche Lehrer insgesamt den Anteil der Hausaufgaben in den letzten 40 Jahren auf ein Drittel reduziert haben und weil es trotzdem in Süddeutschland heute noch etwa doppelt so viele Hausaufgaben gibt wie in Norddeutschland.

Die deutsche Schule war jahrhundertelang die reformfreudigste und die beste der Welt, denn sie war eine Halbtagsschule mit der nachmittäglichen Ergänzung der Hausaufgaben. Das gab ganz viel an Lernen: Vormittags wurde der Schüler in großen Gruppen belehrt, nachmittags musste er allein und selbstständig Probleme lösen, üben und anwenden. Wenn Deutschland bei PISA nach oben kommen will, muss also entweder der Anteil der Hausaufgaben verdoppelt werden, oder die Hausaufgaben müssen in eine Ganztagsschule, die ja international gesehen Standard ist, integriert werden.

Was die Entwicklung Richtung Ganztagsschule anbelangt, hat Deutschland mittlerweile mit dem Vier-Milliarden-Euro-Zuschuss vom Bund den „Fuß in der Tür“. Aber ändern muss sich auf dem Weg in die internationale Wettbewerbsfähigkeit vor allem die Lernkultur. Und da können wir viel von Finnland und Schweden sowie Kanada im Sinne eines Paradigmenwechsels lernen. Neben einer ganz anderen Lehrerbildung, die nicht mehr länger nur Lehrer für Fächer und Schulformen, sondern auch Klassenlehrer schafft, die den Eltern bei der Erziehung zu helfen vermögen, brauchen wir auch die Umsetzung der Erkenntnisse von Hirnforschern und Lernpsychologen, die sich zu Geboten des Lernens bündeln lassen, auf die im Folgenden näher eingegangen wird. Die wichtigsten davon sind:

- Mit dem Lernen muss früher und ganz langsam begonnen werden, und das Tempo muss dann stärker als bisher gesteigert werden. Junge Menschen sollten mit fünf Jahren eingeschult werden und am Ende der Klasse 12 die Hochschulreife erwerben. „Auf den Anfang kommt es an“, sagen die Skandinavier. Die besten Lehrer müssen in die Vorschule und in die ersten Klassen. Zurzeit überfordern wir die Erst- und Zweitklässler, und ab Klasse 3 bis zum Abitur unterfordern wir die Schüler.
- Kinder lernen besser, wenn sie selbst lernen, als wenn man sie belehrt. Wir müssen also unsere Belehrungsanstalten zu Lernwerkstätten umbauen.
- Kinder lernen besser durch Handeln und Sprechen als durch Zuhören, also müssen sie mehr über Materialien und über Reden als bislang lernen dürfen.
- Wir brauchen eine andere Fehlerkultur beim Lernen. Die Art und Weise, wie Kinder lernen, ist die über Um- und Irrwege. Sie jahrelang mit roter Tinte, schlechten Noten, erhobenen Zeigefingern und bösen Gesichtern durch die Schule zu begleiten, ist also kontraproduktiv. Kleine Kinder lernen besser ohne Noten, ältere Jugendliche aber besser mit Noten. Wenn Schulanfänger zuerst lernen, sich selbst einschätzen zu können und ihre Gefühle angemessen zum Ausdruck zu bringen, brauchen sie noch keine Noten.
- Zu zweit ein Problem zu lösen gibt mehr an Lernen als allein, zu viert oder zu 27. Die Partnerarbeit ist also der Einzelarbeit, der

Kleingruppenarbeit und der Arbeit im Klassenverband überlegen (von vielen Ausnahmen abgesehen).

- Was Schüler lernen sollen, lernen sie vor allem dadurch, dass sie es anderen Schülern zu erklären haben.
- Kinder lernen mehr von Gleich- oder Ähnlichaltrigen als von noch so guten Erwachsenen.
- Kinder lernen in jahrgangsübergreifenden Lernfamilien mehr als bei Unterbringung nach Geburtsjahrgängen.
- Erst muss der Lehrer Respekt vor dem Kind haben, dann erhält er von ihm Respekt zurück.
- Kinder brauchen viel Resonanz beim Lernen, und zwar auch von Mitschülern und Eltern, und nicht nur in Form einer roten Drei vom Lehrer.
- Was Kinder lernen sollen, müssen sie häufig üben und anwenden können. Die Bildungs- bzw. Lehrpläne sollten also so dünn wie in Finnland oder in den Niederlanden werden, damit Zeit für Üben und Anwenden gewonnen wird.
- Lernen braucht Zeit, deshalb reichen Halbtagsschulen für unsere komplexe, komplizierte und immer wissensstärkere Welt nicht mehr.
- Lehrer sind effizienter und sie halten besser und länger durch, wenn sie nicht mehr Be-Lehrer, sondern Lernberater oder Coaches sind.
- Einsame Lehrer bringen nicht so viel zustande wie Lehrer im Team. Wenn zwei Lehrkräfte zusammen zwei Klassen führen oder eine Gruppe von Lehrern eine Klassenstufe und wenn Lehrer wie in Skandinavien 35 Zeitstunden in der Schule verbringen, von denen nur ein Teil Unterricht ist, dann ist damit auch kostenlose Supervision und Lehrerfortbildung verbunden.
- Gelassene Lehrer erreichen mehr als strenge oder gestresste.
- Portfolios, in denen Schüler über Jahre ihre Werke, ihre Selbsteinschätzungen und die Resonanz ihrer Mitschüler, Eltern und Lehrer sammeln, sind ergiebiger als bloße Notenzeugnisse.
- Klassen müssen zu Lernfamilien mit Werkstattcharakter gewandelt werden und Schulen zu Lerndörfern, die Lebensmittelpunkte der jungen Menschen sind, was Halbtagsschulen nie sein können.
- Neben Fachlehrern, die Fächer beherrschen, brauchen Schulen zunehmend Klassenlehrer, die auch etwas von Ernährung, Bewegung, Spiel, Verhaltens- und Lernstörungen, Gewalt- und Suchtprävention, Medienerziehung und Elternschaftlernen im Sinne einer zugehenden Pädagogik verstehen, zumal da mittlerweile

etwa 30 Prozent der deutschen Eltern Angst vor Erziehung haben und etwa 60 Prozent der deutschen Kinder nicht mehr hinlänglich erzogen in die Schule kommen. Die altbewährte Arbeitsteilung, mit der die Familie erzieht und die Schule bildet, funktioniert bei immer mehr Kindern nicht mehr, so dass die Schule ihren klassischen Bildungsauftrag mit einem breiteren erzieherischen Rahmen anreichern muss. In dem Maße, wie sie auch langfristig nicht wird die Erziehung des Elternhauses übernehmen können, nicht Reparaturbetrieb der Gesellschaft wird werden dürfen, muss sie gegenläufig wenigstens den Eltern bei der Erziehung zu helfen vermögen, damit ihre Bildung gelingt.

Würde man Schule in diesem Sinne organisieren, könnten auch die Jungen wieder mit den Mädchen Schritt halten.

3.1 Ruhig beginnen und dann Forderungen stetig steigern

Mit dem Motto „Auf den Anfang kommt es an“ investieren die Finnen nicht nur viel Geld in die Vorschulen und ersten Klassen, sondern auch viel pädagogische Kompetenz.

Finnland hat ja bei PISA am besten abgeschnitten. Aber warum? Mittlerweile gehen dort fast 100 Prozent aller Kinder mit sechs Jahren in die Vorschule. Die 1. Klasse beginnt mit dem siebten Lebensjahr. Und schon zuvor waren fast alle Kinder im Kindergarten. Die Finnen sagen: „Bei uns beginnt Bildung mit der Geburt.“ In Deutschland beginnt sie offenbar erst mit der Einschulung, was zur bösen Frage veranlasst: Sind die Kindergarten vor allem nur Aufbewahrungsanstalten, die der Abgabementalität von berufstätigen Eltern oder solchen mit wenig Lust auf Erziehung entsprechen?

Je jünger Kinder sind, umso besser lernen sie. Das Wichtigste, was kleine Kinder lernen, ist das Laufen und das Sprechen, und beides lernen sie, bevor sie in die Schule kommen. Schlimme Zungen witzeln daher: „Würde man die Schule auch noch damit beauftragen, den Kindern das Laufen und das Sprechen beizubringen, müsste man sich auf ganz schlechte Ergebnisse gefasst machen, denn die Schule würde versuchen, den Kindern das Laufen im Sitzen beizubringen.“

Die Art und Weise, wie Kinder lernen, ist die Art, über Um- und Irrwege zu lernen. Bevor die Schule beginnt, dürfen sie über Fehlermachen lernen, ohne dass es sogleich schlechte Noten dafür gibt. Lernen über Versuch und Irrtum, über „trial and error" ist jedoch keine Aufforderung zum Fehlermachen, und selbstverständlich soll auch nicht ein Dreijähriger durch Fehlermachen lernen, wie man eine vierspurige Schnellstraße überquert, aber die Gelassenheit von Erzieherinnen, Eltern und Lehrern ob der kindlichen Irrtümer belässt den Kindern die Motivation beim Lernen. Insofern ist es konsequent, kleinen Kindern nicht sogleich Noten beim Lernen zu geben. In Finnland sind die ersten vier Klassenstufen und zudem die Vorschule notenfrei, in Dänemark sogar die ersten sieben und in Norwegen und Schweden die ersten acht Klassenstufen; in Deutschland sind es nur die ersten beiden Klassenstufen, manchmal auch noch wie in Bremen die dritte, während Bayern gerade umgekehrt wieder die Noten ab Klasse 1 eingeführt hat.

Das Erste, was die finnischen Kinder lernen, wenn sie in die Schule kommen, ist, sich selbst einzuschätzen, ihre Leistungen zu präsentieren und ihre Gefühle angemessen zum Ausdruck zu bringen, und wer sich selbst einschätzen kann, braucht auch noch keine Noten, zumal kleine Kinder in der Selbsteinschätzung kritischer sind, als Erwachsene den Mut zum Geben schlechter Noten haben. Und wer schon mit sechs und sieben Jahren gelernt hat, seine Gefühle angemessen zum Ausdruck zu bringen, wird nie zu laut sprechen, wird kaum ausrasten oder andere verbal beeinträchtigen.

In Luxemburg kommen Kinder bereits mit vier Jahren in eine zweijährige obligatorische Vorschule, in der sie sofort mit zwei Fremdsprachen beginnen, und zwar mit Deutsch und Französisch neben der Muttersprache Liëtzenbourgisch; allerdings beginnt man dort mit dem Fremdsprachenunterricht altersstufengemäß, also nicht schriftlich, nur mit Sprechen, mit Bewegung, mit Musik, mit Tanz und mit Spiel, etwa so wie es die Anthroposophen in den Waldorfschulen mit Eurythmie, also mit rhythmischer Begleitung der Einführung der Buchstaben tun.

Fremdsprachen werden von kleinen Kindern leichter gelernt als von großen, auch weil dem kleinen Kind dafür noch eine leistungsstärkere Hirnpartie zur Verfügung steht, als wenn erst mit dem elften Lebensjahr, also in der 5. Klasse, mit der zweiten Sprache begonnen wird. So lehren es uns auch Kinder, die bilingual in ihren Familien aufwachsen. Sie können dann in der Einzelsprache nicht ganz so viel wie Kinder, die ansprache- und zuhörreich allein mit ihrer einzigen Muttersprache aufwachsen; aber eine dritte Sprache und sowieso eine vierte lernen sie dann umso leichter.

Man könnte einwenden, die kleinen Kinder würden ihrer so wichtigen Entwicklungsstufen des zweckfreien Spielens, der Bewegungserfahrungen im dreidimensionalen Raum draußen und der plaudernden Sprachanbindungsstufen beraubt, wenn sie zu früh in die Schule gehen, ganz zu schweigen von der immer wieder befürchteten Beeinträchtigung des Familienlebens. Aber es kommt eben darauf an, wie man es in einer früher einsetzenden Schule oder Vorschule oder auch schon zuvor im Kindergarten macht. Lernen geht auch spielerisch, musisch, rhythmisch und kindgemäß, denn alle Kinder sind geborene Lerner, alle Kinder möchten etwas leisten, etwas können, und alle Kinder möchten von Anfang an anderen Menschen gefallen, so wie Astrid Lindgrens Lotta, als sie aus der Schule kommt, lustreich ruft: „Ich kann so viel!" Friedrich Daniel Schleiermachers Warnung aus dem Jahr 1826 („Der Moment darf nicht einer ungewissen Zukunft aufgeopfert werden") meinte die allzu frühe Belehrung in sitzender Lebensweise durch überehrgeizige Eltern und Pädagogen, die schon kleinste Kinder in eine ungewisse Karriere hinein verplanen wollen, so wie der Amerikaner Neil Postman vor 20 Jahren vor dem Aussterben der Kindheit warnte, indem er beklagte, dass immer mehr kleine Kinder die Kindheit überspringen würden, indem sie immer früher wie Erwachsene leben wollen und müssen. Belehrt werden wollen kleine Kinder nicht, aber lernen wollen sie durchaus. Und das Familienleben wird durch Kindergärten, Vorschulen und Ganztagsschulen auch nicht beeinträchtigt, sondern förderlich ergänzt, denn selbst eine Ganztagsschule umfasst längstens ein Drittel eines Tages und gar nur ein Siebtel der Stundenzahl, die eine ganze Woche hat.

Im Moment werden Kinder europaweit mit vier, fünf, sechs oder sieben Jahren eingeschult. Irgendwann wird es im Rahmen der Europäischen Union über Brüsseler Beschlüsse zu einer Vereinheitlichung kommen, die hoffentlich bei fünf Jahren als Einschulungsalter liegt, so wie in Brüssel schon beschlossen wurde, mit der ersten Fremdsprache nicht mehr in Klasse 5, sondern schon in Klasse 3 zu beginnen und demnächst in Klasse 1.

Gerade weil wir immer mehr Sechsjährige haben, die als früh und gut geförderte Kinder schon so weit wie Achtjährige sind, und zugleich immer mehr vernachlässigte Sechsjährige, die erst so weit wie Vierjährige sind, muss man mit der Einschulung früher als bislang beginnen: Die früh geförderten Kinder beginnen sich sonst schon ein Jahr vor der Einschulung zu Hause zu langweilen, und die vernachlässigten Kinder benötigen früher als bisher eine Schule, die kompensatorisch nachreicht, was die Familie nicht zuwege gebracht hat.

PISA hat dem multikulturellen und in Sachen Familien pluralen Einwanderungsland Deutschland die größten Leistungsbandbreiten in Schulklassen bescheinigt und darüber hinaus, dass zumal die Kinder ausländischer Mitbürger deutschsprachig bereits ab Klasse 1 überfordert sind. Selbst noch unter 15-Jährigen erreichen 50 Prozent von ihnen nur oder nicht einmal die Kompetenzstufe 1 beim Leseverständnis, ohne das auch die mathematische und naturwissenschaftliche Grundbildung nicht richtig gelingt, denn das Leseverständnis ist eine „Türöffnerqualifikation" für sämtliche Schulfächer.

Zum Glück besteht mittlerweile Konsens in der deutschen Kultusministerkonferenz, dass mit deutschsprachigen Tests und mit kompensatorischen Fördermaßnahmen bereits vor der Einschulung sichergestellt werden muss, dass die Deutschkenntnisse ausreichend sind, bevor der Wettlauf mit Klasse 1 Richtung Haupt- und Realschulabschluss sowie Abitur beginnt.

Die ersten beiden Klassenstufen der deutschen Schulen überfordern die meisten Kinder, und ab Klasse 3 beginnt durchweg eine zunehmende Unterforderung bis zum Abitur. Überfordert sind Schulanfänger, wenn sie gut sind, mit Langeweile und Sitzenmüssen, und wenn sie schlecht sind, mit Sprachverständnis und Zuhörenkönnen. Allenfalls die Schüler in der Leistungsmitte einer Klasse sind angemessen gefordert. Aber diese Mitte wird ständig kleiner, indem immer mehr Sechsjährige früh gefördert oder vernachlässigt in die Schule kommen.

Wenn eine Grundschullehrerin eine solche stetig größer werdende Bandbreite frontal und lehrerzentriert wie ein Dompteur zusammenhalten will, wird ihr das nicht gelingen, weil sich viele Schüler langweilen und viele andere nichts begreifen; und sie selbst wird ein solches Unterfangen nicht 35 Jahre lang durchhalten können, sondern früh mit der Flucht in Burn-out-Syndrom, Krankheit und Frühpensionierung aus ihrem Beruf, in dem sie mit der Freude, mit Kindern zu arbeiten, begann, wieder aussteigen müssen.

Das ist volkswirtschaftlich gesehen unsinnig, so dass stattdessen von Anfang an dafür gesorgt werden muss, dass Kinder in einer Lernwerkstatt voneinander und selbst lernen, statt belehrt zu werden.

Die Finnen sagen deshalb: „Auf den Anfang kommt es an", und sie ergänzen ihr Motto: „Langsam starten und dann Gas geben."

Langsam starten bedeutet lernen, sich selbst einzuschätzen, Gefühle angemessen zum Ausdruck zu bringen, die eigenen Leistungen zu präsentieren (z.B. mit Portfolios), selbst zu lernen, zu zweit zu lernen, sich selbst Informationen zu besorgen, durch Handeln und Sprechen zu lernen und konfliktfähig zu werden. In „Startergruppen“ werden zurückgebliebene Kinder kompensatorisch an die Leistungsfähigkeit der anderen Schüler individuell herangeführt. Entscheidend ist aber, dass Vorschulklassen nur 16 Schüler haben, die von zwei akademisch ausgebildeten Lehrerinnen und einer Schulassistentin, die eine werdende Lehrerin ist, also von drei Pädagoginnen gleichzeitig geführt werden.

Die Finnen sagen überdies wie die Schweden: „Die besten Pädagogen müssen in der Vorschule und in den ersten Klassen arbeiten, denn da kann man noch so viele Schäden anrichten, Schäden nicht erkennen oder Schäden nicht ausgleichen; oben im Gymnasium kann man nicht mehr so viel kaputt machen; deshalb können die schwächeren Lehrer in den oberen Klassen eingesetzt werden.“ In Finnland und Schweden gibt man für die Vorschule und die anschließende Gesamtschule mehr Geld aus (€ 5000 pro Jahr und Schüler) als in Deutschland (€ 3500 pro Jahr und Schüler); im Gymnasium, das mit der Klasse 10 beginnt, gibt man aber weniger aus, auch weil die Computer viele Lehrerstunden ersetzen können.

Wichtige Voraussetzungen für einen solchen gezielten Lehrereinsatz sind, dass in Finnland und Schweden alle Lehrer gleich bezahlt werden, dass in Finnland immer die besten Abiturienten Lehrer werden wollen, von denen wiederum nur die besten zehn Prozent ins Lehrerstudium aufgenommen werden, dass bereits in der Vorschule akademisch ausgebildete Lehrkräfte arbeiten und dass der Lehrerberuf das allerhöchste Ansehen in Finnland hat (in Deutschland das drittschlechteste vor Journalisten und Politikern), so dass sich gute Lehrer nicht zu fein dafür sind, auch mit kleinen Kindern zu arbeiten.

„Langsam starten und dann Gas geben“ bedeutet in Finnland aber auch, dass nach Finnisch und der zweiten Landessprache Schwedisch sowie Englisch in der 5. Klasse bereits mit der dritten Fremdsprache (Deutsch, Russisch oder Französisch) begonnen wird und dass in Schweden die Schüler ab Klasse 9 oder 10 sich selbst ihren Wochenstundenplan bauen, so dass sie gezielt denjenigen Fächern einen überproportionalen Schwerpunkt verleihen, in denen sie entweder noch schwach sind oder in denen sie sich spezialisierend vertiefen wollen.

Das alles führt zu beachtlichen Erfolgen: 69 Prozent eines Schülerjahrgangs kommen in Finnland zum Abitur (in der Verfassung sind 70 Prozent vorgegeben), in Deutschland sind es nur 27 Prozent im Schnitt, in Bayern gar nur 19 Prozent. Und in Schweden gehen 90 Prozent eines Schülerjahrgangs nach der Gesamtschule in die Oberstufe, die wie in Finnland Gymnasium heißt, über 75 Prozent eines Schülerjahrgangs machen dort Abitur, und 69 Prozent studieren.

Die Leistungsfähigkeit schwedischer und finnischer Abiturienten mit derjenigen der deutschen Abiturienten zu vergleichen, bringt allerdings nicht viel, weil erstens in Skandinavien etwas Anderes gelernt wird als in deutschen Gymnasien, weil zweitens in Skandinavien viel mehr Berufe eine Hochschulreife voraussetzen als bei uns (beispielsweise Polizist, Fischkutterkapitän, Krankenschwester, Sanitäter) und weil drittens eine lang währende Bildung in der Breite eine Nation wettbewerbsfähiger macht als eine dünne Elite an der Spitze.

Schließlich ist Finnland nicht nur PISA-Weltmeister geworden, sondern bei zwei anderen Rankings auch Kreativitäts- und Wettbewerbsweltmeister; und da Kommunikationsfähigkeit dort ohnehin ein Verfassungsgebot ist, wundert es nicht – wenn man alle diese Aspekte zusammennimmt –, dass unlängst Weltmeister im Handy-Weitwurf ein Finne wurde.

3.2 Selbstlernen statt Belehren

Über Selbstlernen lernen Schüler doppelt so viel wie über Belehren.

Mehr als 70 Experten aus Wissenschaft und Erziehungspraxis haben im Auftrag des Instituts der bayerischen Wirtschaft für das Baseler Prognos-Institut als Folge von PISA eine Studie unter dem Titel „Bildung neu denken!“ vorgelegt, in der sie eine Einschulung mit 4 Jahren (wie in Luxemburg), eine Abschaffung des Sitzenbleibens (wie in Finnland), ein Abitur mit 17 Jahren nach einer 12-jährigen Schulzeit, einen Studienabschluss mit 21 Jahren, eine 9-jährige Grundschule und die Bündelung von Haupt-, Real- und Gesamtschulen zu einer Sekundarschule für das Bildungssystem im Jahr 2020 fordern. So ähnlich wird es kommen, schon weil einheitliche Standards für die EU-Länder aus Brüssel kommen werden. Der Zeitrahmen ist dabei wohl realistisch, denn ein Umbau von Schulen benötigt immer mindestens 15 Jahre, weil der Umbau des öffentlichen Bewusstseins schon stets so lange dauert.

Die meisten Eltern und die meisten Bildungspolitiker sind nämlich Opfer des Gesetzes von der Tradierung der Erziehungsweisen, das heißt, sie orientieren sich im Zweifelsfall mehr daran, was sie als Kind selbst erlebt haben, als daran, was künftig in einer schnell sich wandelnden Gesellschaft, die auch noch Konkurrenzen in Globalisierungsprozessen ausgesetzt ist, sein müsste.

Lehrerverhalten wandelt sich ebenfalls sehr langsam. Nur wenige junge Lehrer setzen um, was sie sich in Studium und Referendariat vorgenommen haben, auch weil sie zumeist einzeln in vorhandene Lehrerkollegien eingebunden und angepasst werden.

Die Art, wie man seit Jahrhunderten Schule macht, ist die der Belehrung, die noch zu früheren obrigkeitsstaatlichen Systemen passte. Und wenn man Kinder belehren will, kann die Schule tatsächlich erst mit dem sechsten oder siebten Lebensjahr beginnen, weil noch jüngere Kinder für Belehrung nicht geeignet sind.

Schon von Geburt an lernen jedoch Kinder, indem sie selbst lernen, über Um- und Irrwege, also durch Fehlermachen. Kinder schon mit vier oder fünf Jahren einzuschulen zwingt also dazu, ihrer Entwicklungsstufe entsprechend auf Selbstlernen zu vertrauen. Eine Vorverlegung der Einschulung würde daher Lehrer provozieren, ihre Methode von Belehrung Richtung Selbstlernen zu ändern. Die frühere Einschulung wäre also vor allem ein Impuls Richtung Paradigmenwandel der Lernkultur.

Man kann messen, dass Kinder mehr in kürzerer Zeit lernen, wenn sie unbestraft selbstlernen dürfen. Man sieht deshalb auch in Grundschulklassen, die zu Lernfamilien mit Lernwerkstattcharakter, also mit dem material- und handlungsreichen offenen Unterricht mit Wochenplanarbeit, und am besten noch zu Integrationsklassen umgebaut wurden, in denen nichtbehinderte und behinderte Schüler gemeinsam in zwei Räumen und in Gegenwart ihrer Klassenlehrerin, einer Erzieherin und einer Sonderpädagogin arbeiten, ganz andere frohe, engagierte Gesichter mit leuchtenden oder höchst konzentrierten Augen, während im herkömmlichen frontalen und lehrerzentrierten Unterricht die tristen, gelangweilten oder erschöpften Gesichter überwiegen.

Gerade hat wieder einmal eine internationale Expertengruppe im Auftrag der OECD ein vernichtendes Urteil über das deutsche Schulsystem gefällt: Es spiegele ein vergangenes gesellschaftliches System wider, es spalte mit seiner weltweit einmaligen Trennung in Sonderschüler, Hauptschüler, Realschüler und Gymnasiasten die Lehrer in verschiedene, gegensätzliche Interessengruppen, die sich untereinander – zumal über unterschiedliche Berufsverbände – bekämpften, und das führe zu einem „versteinerten Schulalltag“, der mehr durch gegenseitige Blockaden als durch Innovationen beim Lernen geprägt sei. Mit seinen Schulen sei Deutschland „auf dem Weg in eine alte Zeit“, resümiert der schwedische Erziehungswissenschaftler Mats Ekholm.

Schulen seien bei uns „unflexibel“ in Verwaltung und Besoldung, weil sie nicht selbstverantwortlich seien, denn sie würden von entfernt sitzenden Ministerien gelenkt, und weil ihre Lehrer verbeamtet seien, was international gesehen ein Unding sei.

Verbeamtete Lehrer müssten sich nicht um ihren Arbeitsplatz sorgen, sie seien deshalb nicht „kundenorientiert“, also schülerzentriert, und sie verspürten keinen Hang, sich ständig fortzubilden.

In Kanada haben die Lehrer so schön mit ihrem Konzept „teachers as learner“ erkannt: Niemand kann junge Menschen zum Lernen bewegen, wenn er nicht ständig selbst mit Lernen befasst ist, und deshalb haben die Lehrer des „Durham Board of Education“ in der Provinz Ontario beschlossen, nicht mehr diejenigen Fächer zu unterrichten, die sie selbst studiert haben, aber schon solche, zu denen sie selbst Lernlust haben. „Die Lehrer haben sich bei uns unsichtbar gemacht, weil vor allem die Schüler ständig mit Lernen beschäftigt sind“, das ist so ein stolzer Satz kanadischer Pädagogen, mit dem sie zugleich zugeben, dass ihre aus der Ausbildung mitgebrachte Qualifikation nicht hinlänglich für einen modernen Unterricht ist.

„Media-literacy“ ist ein neues Fach an kanadischen Schulen, in dem die herkömmlichen Kulturtechniken Lesen und Schreiben mit dem neuen Unterrichtsgegenstand Computer einschließlich Internet verknüpft werden. Und warum kommt dabei so viel heraus? Weil die Lehrer selbst ohne Computer aufgewachsen sind, haben sie die Chance, von älteren Schülern und über eigenes Fehlermachen im Umgang mit diesem Gerät so zu lernen, wie das gleich danach auch ihre Schüler tun müssen.

Wenn sich Be-Lehrer zu Lernberatern oder Coaches wandeln, die nicht mehr selbst die Tore beim Lernen schießen, sondern am Spielfeldrand stehend das Lernen ihrer Schüler begleiten, dann lernen Kinder leichter, besser und mehr, und die Lehrer selbst halten auch noch länger durch. Es gibt an so manchem deutschen Gymnasium anderthalb Fächer, in denen die Schüler von vornherein besser sind als ihre Lehrer, und genau in diesen anderthalb Fächern sind die Lernzugewinne besonders groß: Das halbe Fach ist der Leistungskurs Inline-Skating und das ganze ist Informatik bzw. Computerkurs.

In finnischen Schulen kann kein Schüler sitzen bleiben, und niemand muss als Rückläufer eine Schule wechseln, was schon regional in einem dünn besiedelten Land gar nicht ginge, wenn die nächste Schule 150 km entfernt ist. Aber an Gesamtschulen gibt es ja ohnehin kein Rücklaufen wie bei uns vom Gymnasium zur Realschule und von dieser zur Hauptschule. Ein deutscher Gymnasiallehrer hat immer irgendwo in seinem Hinterkopf die Devise: „Zur Not kann ich diesen Schüler sitzen lassen oder rücklaufen lassen.“ Wenn jedoch ein finnischer Lehrer von Anfang an weiß, dass er den schwierigen Janne nie mehr loswerden wird, dann stellt er einen Schalter in seinem Kopf um und beginnt, sich auf die Lernbesonderheiten von Janne einzulassen, so dass selbst Janne etwas lernen wird.

Lehrer überschätzen ihre eigene Bedeutung beim Lernen, und sie unterschätzen meist zugleich die Lernmöglichkeiten ihrer Schüler: Wenn eine Studie des Psychologischen Seminars der Universität Hamburg zum Schluss kommt, dass ein deutscher Schüler im Schnitt nur zwei Minuten pro Unterrichtsstunde etwas Neues lernt, und zwar von dem, was der Lehrer beabsichtigt hat – was ja an sich schon skandalös wenig ist –, und dann noch vier Minuten etwas Neues, das der Lehrer gar nicht beabsichtigt hat, dann heißt das ja, dass Lehrer ohnehin nur halb so viel zustande bringen, wie es das Selbstlernen der Schüler schafft. Lehrer sollten also das doppelt so starke Selbstlernen befördern und nicht das dürftige Lernen durch ihr Belehren!

3.3 Lernen durch Handeln und Sprechen

Die dänischen Lehrer sagen: „Früher hatten wir drei Zugangskanäle zum Kind, wenn es um Lernen ging: Lernen durch Zuhören, Lernen durch Handeln und Lernen durch Reden; heute haben wir nur noch zwei: Lernen durch Handeln und Lernen durch Aussprechen.“

„Learning by doing“ ist eine über 80 Jahre alte Devise des amerikanischen Philosophen und Pädagogen John Dewey, die zwar einerseits fast jedermann inzwischen geläufig ist, die aber viel zu selten in den deutschen Schulen beherzigt wird. „Lernen durch Handeln“ ist dabei die nicht ganz so korrekte Übersetzung wie die, die da heißen müsste: „Lernen während des Handelns“. Lernen durch Versuch und Irrtum, durch „trial and error“, das gibt es zwar begrenzt im Werkunterricht, bei der Nadelarbeit, beim Kochunterricht, im Sport und in den Physik- und Chemie-Fachräumen, wenn denn die Schüler dort in Gruppen handelnd experimentieren und wenn nicht jeder Fehler mit einer schlechten Note eingefangen wird.

Lehrer sind an handelnden Unterricht zu wenig gewöhnt, sie sind für ihn unzulänglich ausgebildet, und den Schulen mangelt es meist an der dafür erforderlichen Ausstattung, auch weil der Haushaltsposten „Verbrauchsmaterialien“ in der Regel zu knapp bemessen ist.

Lernen beim Handeln wird überdies eher für eine lernarme Materialverschwendung als für ein produktives Lernen gehalten, weil die meisten Menschen – und zumal die Eltern – immer noch an die altbewährten Vorzüge des Belehrens glauben, das aber tatsächlich nur bei etwa zehn Prozent der Schüler funktioniert, und die sitzen eher in unseren Gymnasien.

Gymnasiasten lernen zur Not auch durch Belehrung, aber selbst sie lernen beim Handeln besser als beim Belehren. Dänische Berufsschullehrer haben schon vor über zehn Jahren Folgendes erkannt, und sie sind dafür von der deutschen Bertelsmann-Stiftung mit einem Preis ausgezeichnet worden: Man glaubte jahrhundertelang in Schulen daran, dass man für Lernen drei Zugänge zum jungen Menschen hat: Lernen durch Zuhören, Lernen durch Handeln und Lernen durch Reden. Überwiegend wurde auf das Zuhören vertraut: Der Lehrer erzählte etwas oder las etwas vor. Dann kam das Lernen durch Reden im Rahmen eines Unterrichtsgesprächs, das aber zumeist „auf den Spitzen ritt“, also darauf vertraute, dass es von 8 aktiven unter 30 Schülern gemeinsam mit dem moderierenden oder nur Fragen stellenden Lehrer geführt wurde, während die Mehrheit wieder nur zuhörte. Und dann gab es noch sehr selten das Lernen durch Handeln in der Holzwerkstatt, beim Völkerballspiel, bei den Proben für eine Schüleraufführung oder bei Experimenten zum Hebelgesetz im Physikunterricht.

„Das Lernen durch Zuhören“ funktioniert jedoch nicht mehr, sagten die dänischen Berufsschullehrer; das sei eine Folge des multimedial ausgestatteten Kinderzimmers in Verbindung mit dem Umstand, dass immer mehr Eltern immer weniger Zeit für ihre Kinder haben oder sich nehmen, also nicht mehr genügend mit ihren Kindern sprechen, ihnen kaum noch zuhören, und selbst Oma liest kaum noch etwas vor, erzählt nicht mehr aus der Bibel, und Papa setzt sich nicht mehr abends vor dem Einschlafen auf die Bettkante seines Kindes, um den Tag noch einmal Revue passieren zu lassen.

Das schnell wechselnde farbige und actionreiche Bild aus einem kalifornischen Spielfilm oder einem Comic, ergänzt mit Schuss- und Explosionsgeräuschen oder solchen von quietschenden Reifen überwindet noch die Wahrnehmungsschwelle des modernen Kindes, aber das Wort allein nicht mehr. „Montags-Syndrom" nennt man das an deutschen Grundschulen, wenn schon Sechsjährige nach 30 Stunden Bildschirmkonsum am Wochenende, einer durchweg sitzenden Lebensweise vor der „Glotze" und auf dem Rücksitz einer Limousine, weil die Familie am Sonntag vier Stunden zum Kaffeetrinken zu Oma von Hamburg nach Dortmund und vier Stunden wieder zurückfuhr, und einer begleitenden ungeeigneten Ernährung mit Pommes, Ketchup, Mayonnaise, Kartoffelchips, Salzstangen, Cola und Schokoriegeln am Montagmorgen nicht mehr dem bloßen Wort ihrer Lehrerin folgen können.

Die dänischen Lehrer haben daraus den Schluss gezogen, beim Lernen nur noch auf Handeln und Sprechen zu vertrauen und das Zuhörenkönnen überhaupt erst langsam in der Schule zu entwickeln, und zwar über Gesprächskreise Gleichaltriger, während Kinder früher bereits zuhören konnten, wenn sie in die Schule kamen.

Vor dem, was Kinder selbst tun, bauen, herstellen, reparieren oder aufführen, bleiben auf Dauer im Schnitt 90 Prozent haften, von dem, was sie selbst erklären, 80 Prozent, während von dem, was sie lesen, nur 10 Prozent, von dem, was sie hören, nur 20 Prozent und von dem, was sie nur sehen, lediglich 30 Prozent in ihrem Inneren präsent bleiben. Auf Lesen, Hören und Sehen zu vertrauen, ergibt nur etwa ein Drittel so viel an Lernen, wie auf Handeln und Aussprechen zu setzen. Lautes Auswendiglernen, das Aufsagen von Gedichten, das Sprechen einer Rolle eines Theaterstücks, das gemeinsame Aussprechen von Merkregeln im Chor – und am besten noch in Reimform –, das Selbstbauen von Holzautos, die mit einem Gummiband angetrieben werden, das Konstruieren von Kraftübertragungsmaschinen, das Mikroskopieren von lebenden Einzellern, Keimversuche mit Bohnen, das eigenständige Beschaffen von Informationen aus dem Internet sowie das gemeinsame Lösen einer schwierigen Matheaufgabe in Partnerarbeit an einem Computer, all das sind effizientere Lernweisen als das bloße stille Lesen von Texten oder das passive Zuhören, wenn der Lehrer vorn etwas über die Besonderheiten der Norddeutschen Tiefebene erzählt.

Wohlgemerkt: Wenn der Lehrer ganz anschaulich etwas über Wölfe zu erzählen vermag oder eine äußerst spannende Kurzgeschichte wie ein geschulter Schauspieler vortragen kann, dann ist das auch gut, und so etwas ist ohnehin für eine nachgereichte Hörerziehung unverzichtbar; aber Lernen gelingt dennoch eher und nachhaltiger, wenn die Schüler das zu Lernende selbst aussprechen und wenn sie es durch eigenes Handeln und Fehlermachen gewinnen oder – besser gesagt – sich selbst erobern.

3.4 Lernen mit neuer Fehlerkultur

Die Art und Weise, wie Kinder lernen, ist die Art und Weise, über Um- und Irrwege zu lernen.

Gehorchen oder Selbstentscheiden, das ist die Wahl, mit der Lehrer ihren Schülern Lernweisen zugestehen. Selbst entscheiden zu können wäre kompetenter, gehorchen zu müssen ist aber die Regel, obwohl sie keineswegs zu einer modernen Demokratie mit dem Erziehungsziel eines mündigen Bürgers passt.

Als im Dezember 2001 die Ergebnisse der ersten internationalen PISA-Studie bekannt wurden, war der Schock doppelt: Nicht nur landeten die deutschen Schüler insgesamt auf Platz 21 von 31 vermessenen Staaten der Organisation für wirtschaftliche Zusammenarbeit und Entwicklung (OECD), sondern es erwies sich vor allem auch als verheerend, dass es einen engen Zusammenhang zwischen sozialer Herkunft des Schülers und seinen Bildungschancen gab, der nirgendwo so groß war wie in Deutschland.

Offenbar ist es ein bestrafungswürdiger Fehler, wenn man in dieser Familie geboren wird und nicht in jener. Die Schuldhaftigkeit des Klapperstorchs ist bei uns maximal ausgeprägt. Aber dieser Fehler wird noch zweimal fortgesetzt: Wer aufgrund seiner sozialen Herkunft in der Hauptschule landet, wird für diesen Fehler damit bestraft, dass er sich in der stigmatisierenden Restkonzentration schwacher Schüler bald aufgibt und nach Verlassen der Hauptschule kaum Ausbildungschancen hat, denn die für Lernen mitreißenden Effekte durch gute Schüler, die weltweit möglich sind, bleiben bei ihm dauerhaft aus, was schließlich seine eigenen Kinder erneut ausbaden müssen. Denn wir haben zur Verwunderung von fünf internationalen Experten mit ihrer Lehrervergleichsstudie unter dem Namen „Attracting Developing and Retaining Effective Teachers“, die ebenfalls im Auftrag der OECD erstellt wurde, immer noch ein fragmentiertes Schulsystem, zergliedert in Sonderschulen, Hauptschulen, Realschulen und Gymnasien, das offenbar dem Schutz leistungsstarker Schüler vor schwachen Mitschülern dient und uns deshalb schon ab Klasse 5 eine dauerhaft zementierte extrem große Leistungsbandbreite zwischen abgekoppelten Versagern und unterforderten Überfliegern beschert. Und sich innerhalb dieses Systems für den Beruf eines Hauptschullehrers zu entscheiden, ist dann der weitere große bestrafungswürdige Fehler: Hauptschullehrer, die ja besonders gut sein müssen, weil sie besonders schwache Schüler zum Lernen motivieren sollen, werden gemeinsam mit ihren schwachen Schülern bestraft, indem sie vier Wochenstunden mehr unterrichten müssen als Gymnasiallehrer und zwei Besoldungsgruppen schlechter als diese bezahlt werden, obwohl sie über Bildung hinaus auch noch ganz viel an Erziehung zustande bringen müssen, während die Gymnasiallehrer vor allem nur bilden sollen.

Wenn der schwedische Erziehungswissenschaftler Mats Ekholm erstaunt über das schulische Entwicklungsland Deutschland resümiert, die 16 deutschen Länder seien „auf dem Weg in eine alte Zeit“, dann meint er damit wohl die preußische Dreiklassengesellschaft, in der Fehlermachen stets schwer bestraft wurde.

Kinder lernen am besten über Um- und Irrwege; ihre Art zu lernen ist, durch Fehlermachen zu lernen. Fehlermachen wird zwar immer irgendwie im Sinne einer natürlichen Strafe geahndet, indem man ein falsch geschriebenes Wort noch einmal schreiben muss, indem man ein verhaspeltes Wort noch einmal auszusprechen hat, indem das Knie blutet, weil man beim Rollschuhlaufen gestürzt ist oder indem man das unachtsam umgestoßene Glas ersetzen muss, aber im wirklichen Leben kommt doch nicht eine schlechte Note obendrauf! Wenn ein Elfjähriger beginnt, auf einem großen Platz Skateboardfahren zu lernen, wird er recht bald einmal hinfallen; aber dann steht er mit der Absicht wieder auf, diesen Fehler künftig zu vermeiden. Und nach zahlreichen weiteren Versuchen wird ihm das auch gelingen. Stünde aber von Anfang an immer ein Lehrer mit einem Notenbuch und einem rot schreibenden Füller daneben, hätte er wahrscheinlich bald keine Lust mehr zum Üben. Es ist nämlich schon schlimm genug, dass ein Kind, das vom Reck fällt, sich einen Arm bricht und unter großen Schmerzen wimmert, obendrein noch von seiner Mutter ausgeschimpft und mit Taschengeldentzug zusatzbestraft wird. Warum benoten wir kleine Menschen, die doch lernen wollen, die anderen Menschen gefallen wollen, die etwas können wollen, mit Fünfen und Sechsen über ihren offensichtlichen Misserfolg hinaus? Tun wir es nur, um den Eltern einen Vergleich mit Mitschülern zu ermöglichen?

Nein, wir tun es auch, um den versagenden Schüler zu mehr Mühe zu bewegen. Aber das funktioniert allzu oft nicht. Es funktioniert nur bei Schülern, die nach zahlreichen Einsen und Zweien einmal eine Fünf schreiben, weil sie für die angekündigte Klausur nicht gelernt haben; aber es ist vollständig kontraproduktiv bei Schülern, die stets schlechte Noten bekommen, denn die werden durch schlechte Noten nur angeregt, sich vollends mit „self-fulfilling prophecy" aufzugeben und zu dem Schluss zu kommen: „Ich kann ja sowieso nichts."

Wenn man deutschen Eltern erzählt, dass kleine Kinder besser ohne Noten lernen, ältere aber besser mit Noten, dann glauben sie nur das Zweite. Und wenn man ihnen dann berichtet, dass schwedische Schüler bis zur achten Klassenstufe keine Noten bekommen und dass Schweden sowohl bei der TIMSS-Studie international auf Platz 1 stand als auch bei der nach PISA folgenden IGLU-Studie, dann verstehen sie die Welt nicht mehr, jedenfalls mehrheitlich. So tief steckt in der deutschen Seele die Vermutung, ohne Druck und ohne bescheinigte Niederlagen ließe sich nichts lernen. Lernen muss todernst, verdrussreich und stets von Strafe bedroht sein, weil offenbar Kinder nicht freiwillig lernen wollen, obschon sie doch aber in Wirklichkeit geborene Lerner sind.

Lernen braucht Resonanz als Motor, nicht aber Angst vor Strafe als Antrieb, wiewohl Bayern nun in der Folge von PISA auf eine Erhöhung der Angst und der Selektion setzt, denn es hat nicht nur die Hürden vor den weiterführenden Schulen und vor dem Realschulabschluss sowie dem Abitur erhöht, sondern beginnt wieder in Klasse 1 mit den Noten, die umgekehrt international gesehen von unten in der Schullaufbahn immer weiter nach oben rutschen.

Wenn Kinder beim Lernen Fehler machen, müssen wir uns freuen, weil sie dann aus den Fehlern lernen und besser werden können, vorausgesetzt sie gefährden nicht ihre Gesundheit oder gar ihr Leben durch Fehlermachen.

Reinhard Kahl nennt jedenfalls seinen ersten großen Film über die Baseler Schulreform „Lob des Fehlers" und nicht etwa „Das Unglück des Fehlers" oder „Das Drama des Fehlers". Wir brauchen also eine neue Fehlerkultur in den deutschen Schulen, damit Lernen nicht behindert wird. Kinder brauchen Resonanz, aber nicht Strafe, wenn sie Umwege beschreiten. Ein Beispiel dazu, das von Jürgen

Reichen, dem berühmten Baseler Schulreformer, stammt: Wenn Karl-Heinz in der 1. Klasse statt „Riesenrad“ „Reisenrad“ schreibt, hat die alte Schule das falsch geschriebene Wort rot unterstrichen und den Fehler rot auf dem Rand der Seite vermerkt. Und da dort 20 rote Striche am Rand waren, schrieb die Lehrerin mit Rot unter die Arbeit „20 Fehler, 5, Meyer“ und darunter mit Rot „Du musst mehr üben“ und darunter mit Rot „Unterschrift von deiner Mutter“. Was soll Karl-Heinz daraus lernen?

Jürgen Reichen sagt stattdessen zu Karl-Heinz: „Das Wort Riesenrad hat sehr viele Buchstaben, und die hast du alle richtig, nur zwei davon hast du vertauscht.“ Mehr muss er gar nicht sagen, denn nun will Karl-Heinz wissen, welche beiden er vertauscht hat. Darauf kommt er entweder nach längerer Betrachtung selbst, oder Annegret, seine Nachbarin, wird es ihm sagen. Am Ende hat er genauso viel gelernt wie mit der vielen roten Tinte, nur dass die viele rote Tinte zudem so demütigend, so beschämend, wie die Finnen sagen, war.

Wenn im kanadischen Durham eine Schülergruppe aus Holz-, Plastik- und Metallresten Autos baut, die von einem Gummiband angetrieben werden und diagonal durch einen großen Raum fahren sollen, fährt zunächst kein einziges Auto so richtig. Die alte Schule hätte dafür eine 5 gegeben, wenn es zwar gut aussieht, aber nicht fährt, und eine 6, wenn es weder gut aussieht noch fährt. Da das in Durham aber nicht passiert, tüfteln alle Schüler so lange an dem Gefährt herum, bis es endlich gut fährt, und dann jubeln sie vor Glück über ihr Werkergebnis. Thomas Edison sagte einmal, er habe 10 000-mal versucht, eine funktionierende Glühbirne zu konstruieren, aber erst beim 10 001. Mal brannte sie so, wie er sie haben wollte. Und er ergänzte: „Ich habe nicht erst beim 10 001. Mal etwas gelernt, sondern 10 001-mal.“

Aber leider hängen die deutschen Schüler immer noch an den Marionettenfäden ihrer Lehrer beim Lernen und die deutschen Lehrer an den Marionettenfäden ihrer Ministerien, mit denen sie per Lehrplananbindung auf ein Zentralabitur hinhecheln müssen. „Viel Energie geht damit verloren, das per Fehlermachen verheddertе Garn wieder zu entwirren“, sagt Reinhard Kahl.

Dabei wäre doch die Therapie für die deutschen Schulen so einfach: „Leinen los!“ in Richtung auf eine selbstständige Schule mit einem starken Schulleiter und mit Partizipation der Schüler und Eltern bei der Gestaltung der Lernprozesse. Resonanz ist dabei nötig, nicht aber Strafe. Und diese Resonanz heißt Evaluation, so wie die Finnen und Schweden es machen: Alle paar Jahre können die Schulen selbst per Tests feststellen, ob sie die Vorgaben aus ihren Hauptstädten gut, knapp oder kaum erreicht haben. Sie gucken dabei in den Spiegel und wissen dann, wie sie im Vergleich dastehen. Das ist Resonanz. Allerdings kann der Blick in den Spiegel gelegentlich auch als Strafe empfunden werden, wie wir alle aus unserem Alltag nach einer durchzechten Nacht wissen.

Was eine neue Fehlerkultur bedeutet, lässt sich am besten beim Lernen am Computer veranschaulichen: Das Computerlernen bietet den ungeheuren Vorteil, dass man auf dem Bildschirm etwas versuchen darf, ohne dass das Experiment bestraft wird. Der Computer arbeitet eben nicht mit roter Tinte und schlechten Noten, er reagiert ganz sachlich mit dem Hinweis auf den falschen Weg oder das unstimmige Resultat, so dass die Neugier des Schülers geweckt oder erhalten bleibt, es noch einmal auf andere Weise auszuprobieren, bis die richtige Lösung ihn aus sich selbst heraus belohnt, weil der Bildschirm – anders als der Lehrer – in Sachen Moralisieren fast immer neutral bleibt.

Kinder wollen stets gut, tüchtig und lieb sein, wenn sie noch nicht verzogen worden sind; und diese hohe Anfangsmotivation, etwas leisten zu wollen, muss Schule eigentlich möglichst lange zu erhalten trachten. Am besten gelingt ihr das zur Zeit mit dem Computer und mit der Partnerarbeit der Schüler sowie in der Kombination mit Lernentwicklungsberichten, also mit Notenfreiheit.

Das Lernen am Computer zwingt zu einer ganz neuen Lehrerrolle, die in etwa an die mäeutische Methode („Geburtshelfer-" bzw. „Hebammenmethode") von Sokrates anschließt. Der Lehrer belehrt nicht mehr, sondern berät beim Lernen, das der Schüler selbst aktiv vollzieht.

Da der Computer sich meist vernetzend mit Lebenszusammenhängen befasst, passt zu ihm nicht mehr so gut ein fachgegliederter Lehrgangsunterricht mit Lehrplänen, sondern besser ein Lernen im Rahmen von Lernbereichen mit offenen Bildungsplänen, die den natürlichen Lebenszusammenhängen entsprechen.

Die Fachkompetenz der Lehrer, die ja bislang vor allem zu Fachlehrern, zu „Fachidioten", ausgebildet wurden, kommt in der Lernberaterrolle nicht mehr so stark zum Tragen, so dass sie in vielen Aspekten beraten müssen, die nicht mit ihren Studienfächern korrespondieren. Sie nähern sich damit besonders guten bzw. älteren Schülern an, die schwachen Schülern etwas erklären, tun also etwas, was sie selbst keineswegs an der Universität studiert haben. Sie sind dann so nahe am Fragehorizont des schwachen Schülers dran, dass sie sich viel besser in seine Lernnot versetzen können, als derjenige, der vor vielen Jahren bereits alles verstanden hat. Für den fachfremd beratenden Lehrer gilt wie für den guten Schüler, der einen Zusammenhang bereits begriffen hat, dass er bei einem Problem Rat gibt, das er selbst gerade erst begriffen hat und das er in dem Moment besonders gut durchschaut, in dem er es erklärt. Ernst Pöppel sagt dazu, dass man beim Lehren selbst am meisten lerne, und indem man bei diesem Lehren, Erklären oder Beraten noch selbst lernt, ist man viel toleranter und beweglicher (also überhaupt nicht so sanktionsbereit) als der Fachmann, dessen Erkenntnisgewinn Jahre oder Jahrzehnte zurückliegt und der zum wiederholten Male sein Wissen vorträgt.

Schüler, die im Rahmen von Partner- oder Gruppenarbeit anderen etwas erklären, und Lehrer, die in Fachaspekten helfen, die sie selbst nicht studiert haben, sind demnach durchweg die besseren Lehrer bzw. Lernberater, als hoch kompetente Fachlehrer es in ihren Fächern sein können, jedenfalls aus der Sicht des Fehler machenden Schülers, der Hilfe braucht. In München macht damit die erste deutsche „Schülerschule", die eine private Einrichtung ist, beste Erfahrungen; die Jungen und Mädchen lernen in ihr vor allem von Mitschülern und kaum noch von Lehrern.

Der nicht strafende Computer, der die Neugier des Schülers auf die richtige Lösung erhält, der ältere oder bessere Schüler, der den jüngeren oder schwächeren im Rahmen einer Partnerarbeit aufklärt, und der Lehrer in der Rolle des Lernberaters, des „Coaches", wie Jürgen Reichen sagt, der fachfremd hilft oder ermuntert, sind zusammen die günstigste Kombination für eine lerneffiziente Schule; denn die bisherige Fachkompetenz des Fachlehrers kommt viel besser in einer ausgereiften und optimal gestalteten Computer-Software zum Tragen, und der einzelne Lehrer bewirkt viel mehr, wenn er sich denjenigen Schülern zuwendet, die etwas noch nicht verstanden oder die andere Probleme haben.

Der Computer reduziert Leistungsbandbreiten von Schulklassen, weil er jeden Schüler zum selbstständigen Lernen zwingt und jeden irgendwie zum Erfolg führt, auch wenn das jeweils ein anderer Erfolg nach einem jeweils anderen Lerntempo ist. Und da es in der Schule ja vor allem um Lernen geht, muss man dringend dafür sorgen, dass gute und schwache sowie ältere und jüngere Schüler zu Lerngemeinschaften, die man sogar „Lernfamilien" nennen könnte, zusammengestellt werden; denn entgegen der Befürchtung ihrer Eltern lernen auf diese Weise vor allem die älteren und die besseren

Schüler besonders viel, wie schon Peter Petersen in seinen Jena-Plan-Schulen erkannt hatte, wie wir schon lange aus den einklassigen Landschulen mit ihren Helfersystemen wussten und wie uns heute die mit Computern ausgestatteten Integrationsklassen für behinderte und nichtbehinderte Schüler, die Integrierten Haupt- und Realschulklassen in Hamburg, in Rheinland-Pfalz und im Saarland sowie die Erfahrungen mit einem wohldosierten offenen Unterricht in der Grundschule lehren. In solchen kombinierten Lerngruppen gibt es stets mitreißende Effekte, ohne dass zugleich die besonders leistungsstarken Schüler gebremst werden; sie verstehen alles besser, indem sie es den anderen erklären, und werden dabei auch noch sozial- und beratungskompetenter. Und die schwachen Schüler werden von den guten mitgerissen und dürfen über Fehlermachen hinzulernen, ohne mit roter Tinte, schlechten Noten, bösen Blicken, erhobenen Zeigefingern und enttäuschten Gesichtern verfolgt zu werden, zumal wenn ihre Lernberater nicht mehr genötigt sind, Noten zu geben.

Für gute Schüler in integrierten Lerngruppen gilt, was Ernst Pöppel für ältere Geschwister beschreibt, die ja laut Statistik durchweg intelligenter als ihre jüngeren Brüder und Schwestern sind: „Ältere klären Jüngere darüber auf, was man machen kann, darf oder soll. Sie entdecken Fehler und weisen darauf hin, und sie kritisieren Sachverhalte, indem sie in die Rolle eines Lehrers schlüpfen." Indem sie dies tun, verbessert sich ihr eigenes Verständnis der Sache natürlich auch. Im Zeigen und Erklären sind die Älteren nämlich „viel aktiver beteiligt als die Jüngeren".

Langer Rede kurzer Sinn: Am meisten nützt der Computer beim Lernen schwachen Schülern, also Geistigbehinderten, Lernbehinderten, Hauptschülern, sowie Hyperaktiven, Hochbegabten und Grundschülern, weil sie an ihm in einer Weise ungestraft Fehler machen dürfen, dass sie, statt entmutigt zu werden, angestachelt werden weiterzumachen, so dass die entlastende neue Fehlerkultur mit einer erhöhten Anstrengungskultur, die ebenfalls ungewohnt ist, kombiniert wird.

3.5 Lernen braucht Zeit

Lernen kann nur in ständigem Wechsel von Anstrengung und Entspannung gut gelingen.

In Hamburg sind viele Lehrer in den „Dienst nach Vorschrift" getreten. Sie haben sich massenhaft krank gemeldet und in ihren Kollegien beschlossen, keine Klassenfahrten, Sport- und Schulfeste sowie Schachturniere mehr anzubieten. Die Öffentlichkeit zeigt sich in Leserbriefen empört über diese Streikmentalität „auf dem Rücken der Schüler", aber die Lehrer entgegnen: „Unser Ruf ist ohnehin derart mies, dass er gar nicht mehr schlechter werden kann; und wie sollen wir uns sonst gegen die verordnete Arbeitszeiterhöhung wehren?"

Wenn Lehrer gut sein sollen, muss man auch gut mit ihnen umgehen. Man muss ihnen also vor allem Zeit geben, Zeit fürs Unterrichten, für Korrekturen, für Vorbereitungen, für die erzieherische Zuwendung zu Schülern, für Gespräche mit deren Eltern, für das allgemeine Klassen- und Schulleben über das bloße Unterrichten hinaus, für Fortbildung, aber auch für ihre Regeneration.

Aber wie soll das geschehen? Der Hamburger Senat argumentiert bei seinem neuen Arbeitszeitmodell mit „mehr Gerechtigkeit", indem er die Lehrerarbeitszeit nach Fächern faktorisiert und indem er Jahres- und Lebensarbeitszeitkonten einrichtet, von denen die Pädagogen „abbuchen" können: Eine Sportstunde wird mit 72 Minuten verrechnet, eine Deutschstunde mit 102 Minuten und eine Chemiestunde mit noch mehr Minuten, ein Elterngespräch mit 7 Minuten, und Lehrer, die eine Klasse führen, sollen dafür drei Wochenstunden Ermäßigung erhalten. In Bremen und Nordrhein-Westfalen sind derartige Pläne schon vor Jahren gescheitert, weil jeder Lehrer eines Kollegiums je nach seinen Fächern und nach seiner Ausbildung eine andere Wochenstundenverpflichtung bekommen sollte und die Kollegien damit aus Neid zu explodieren drohten.

Das Wort Schule bedeutet in seinem sprachlichen Ursprung so viel wie Muße. Denn Lernen braucht kontemplative Ruhe und damit Zeit, und ohne den ständigen Wechsel von Anstrengung und Entspannung gelingt Arbeit nicht gut.

Man muss Lehrern also Zeit geben und nicht nehmen. Aber wofür? Für ihr Privatleben oder für ihr Engagement gegenüber ihren Schülern? Da es solche und solche Lehrer gibt, also solche, die dem überspitzten Klischee „kleine Morgenstelle mit guter Bezahlung und vielen Ferien" entsprechen, und solche, die sich bis zur

Burn-out-Erschöpfung für ihre Schüler verschleißen, meint der Staat, die Lehrerarbeitszeit planwirtschaftlich von oben herab verordnen zu müssen, zumal wenn er – wie Hamburg – gleichzeitig plant, mit einem Mehr an vermeintlicher Gerechtigkeit und mit der Anpassung an die bundesweit mittlerweile wieder übliche 40-Stunden-Woche im öffentlichen Dienst überdies etwa 1000 Lehrerplanstellen einsparen zu können. Denn das „gerechtere" Modell, das aber kein einziger Lehrer haben will, bedeutet im Schnitt eine Erhöhung der Wochenunterrichtsverpflichtung um zwei Stunden, in vielen Fällen sogar bis zu vier Stunden. Wer so an den Lehrerberuf und somit an die deutsche Kapitalressource Kind und Bildung herangeht, darf sich nicht wundern, wenn Lehrer mit dieser Verunmündigung nur noch das zu tun bereit sind, was sie unbedingt verordneterweise leisten müssen.

Dabei braucht eine gute Schule auch neben einem Minimum an verbindlichen Bildungsstandards den kreativen pädagogischen Bezug zwischen Lehrer und Schüler. Sie braucht Zeit für Üben und nachhaltiges Anwendenkönnen des Gelernten, die mit den immer noch überfrachteten Lehrplänen auf dem Weg zu Notenhürden vor dem Übergang zur Realschule und zum Gymnasium und zum Zentralabitur gar nicht zur Verfügung steht. Sie braucht Zeit für eine notenfreie Gelassenheit, die die schwedischen Gesamtschullehrer auszeichnet, die in den ersten acht Klassenstufen keine Zensuren erteilen, aber den Eltern und Schülern in langen Gesprächen dennoch Resonanz geben. Sie braucht Zeit für die selbstbestimmte Freiheit des Schülers wie in Schweden, sein Abitur in zwei, drei oder vier Jahren anzusteuern, und sie braucht die Zeit für „Sabbatjahre" der Lehrer, die sich auffrischen wollen. Sie braucht aber wahrscheinlich keine starren 265-Wochenstunden-Unzeit-Regelungen für Schüler von Klasse 5 bis zum Abitur, wie sie die deutsche Kultusministerkonferenz vereinbart hat. Sie braucht Zeit für den Ausbau der Schule in Richtung eines ganztägigen Angebots, mit dem Schule zum Lebensmittelpunkt von jungen Menschen wird, weil immer mehr Kinder nachmittags zu Hause unbetreut sind. Sie braucht die Anlauf- und Ausklangzeiten eines Schultages der Verlässlichen Halbtags- oder Ganztagsschule, in der die Lehrerin zugegen ist, die Schüler aber über ihre Präsenz selbst entscheiden. Sie braucht vielleicht keinen obligatorischen Ganztagsbetrieb, sondern den fakultativen der offenen Ganztagsschule, die man mittags verlassen kann, in der man aber auch bis abends bleiben kann. Sie braucht Zeit für mehr Teamarbeit ihrer Pädagogen, weil das Verständnis für lern- oder verhaltensschwierige Schüler erst mit dem Gespräch über sie einsetzt. Sie braucht Zeit für Erziehung über Bildung hinaus, weil die altbewährte Arbeitsteilung zwischen der Familie, die erzieht, und der Schule, die bildet, bei etwa 60 Prozent der deutschen Schüler nicht mehr hinlänglich funktioniert, weil bei immer mehr jungen Menschen der schulische Bildungsauftrag ohne einen breiteren erzieherischen Rahmen in der Luft hängt.

Von den finnischen Schulen, die keinen Schüler durch Sitzen- oder Rücklaufenlassen oder durch Umschulungen in eine Sonderschule loszuwerden vermögen, können wir mit ihrem Slogan „Auf den Anfang kommt es an“ lernen, dass gerade die personalintensive Ausstattung der nur 16 Kinder umfassenden Vorschulklassen mit zwei Pädagogen und einem Lehrerassistenten und mit dem Motto „Die besten Pädagogen gehören in die Vorschule“ mit viel Zeit für den einzelnen Jungen und das einzelne Mädchen ein starkes Fundament für eine ziemlich problemlose und daher kostengünstigere anschließende Schullaufbahn gelegt wird. Und wenn die Finnen sagen, dass ihre Pädagogen 35 mal 60 Minuten in der Schule verbringen, von denen nur ein Teil Unterricht ist, der andere Teil aber dem Schulleben und der Teamarbeit in den reich ausgestatteten Lehrerbüros gewidmet ist, dann investieren sie vor allem mit dem Faktor Zeit in die Zukunft. Sie tun es aber auch mit dünnen Rahmenlehrplänen, die erst vor Ort in der einzelnen Schule mit Leben erfüllt werden, mit der Entlassung der Schule aus der planwirtschaftlichen Obrigkeit in die kommunale Selbstständigkeit, mit dem hohen Ansehen ihrer um ein Drittel schlechter als in Deutschland bezahlten Lehrer und mit der Auswahl der 10 Prozent besten Bewerber unter den Interessenten für ein Lehrerstudium, die durchweg die besten der 70 Prozent eines Schülerjahrgangs sind, die zur Hochschulreife gelangen.

Die Entwicklung der herkömmlichen deutschen Halbtagsschule in Richtung Ganztagsschule schafft zunächst einmal mehr Zeit. Aber was macht man mit dieser Zeit? Dient sie der Aufbewahrung der Kinder von Eltern mit Abgabementalität oder der Bildung? Bildung benötigt aber auch Muße, also Freiraum und Freizeit, denn wenn Eltern von ihren Kindern verlangen, auch in den Ferien für die Schule zu lernen, dann bleibt vor allem die Lernmotivation auf der Strecke.

Die Schule Hegholt in Hamburg ist eine der besten deutschen Schulen, obwohl sie eher in einem Hamburger Problemgebiet liegt bzw. an ein solches grenzt. Sie hat eine Vorschule, eine Verlässliche Halbtagsgrundschule, eine Integrierte Haupt- und Realschule mit vorgeschalteter Beobachtungsstufe, mit zwei Klassenlehrern pro Klasse, mit Notebook- bzw. Laptopklassen, mit offenem Unterricht und Projektmethode; sie versteht sich als Stadtteilschule in Vernetzung mit umliegenden Betrieben, Sportvereinen, Polizei, Feuerwehr und engagierten Bürgern, und sie ist schon lange eine offene Ganztagsschule mit pädagogischem Mittagstisch, Schulaufgabenhilfe und einer Fülle von außerunterrichtlichen Neigungskursen musischer, technischer und sportlicher Art bis hin zu Informatik, Hockey, Rudern und ökologischen Projekten. Ihre Lehrer sind durchweg alt, aber höchst engagiert. Mit dem neuen Lehrerarbeitszeitmodell des Hamburger Senats macht man ihr wunderbar reiches Schulleben jedoch nicht gerechter, sondern man trifft es obrigkeitsstaatlich so in den Nerv, dass es kaum noch eine Überlebenschance hat.

Wenn eine Studie über 43 Schulen Schleswig-Holsteins hinweg gerade ergeben hat, dass jeder zehnte Schüler unter Mobbing leidet, aber nur jeder dritte Lehrer bereit ist, einen solchen Schüler auf sein Leiden, von dem er Kenntnis hat, anzusprechen, und dass nur jeder vierte Schüler, der unter Gewalt leidet, seine Lehrer darauf anspricht, dann ist das ein Spiegelbild der aktuellen deutschen Schulmisere: Zeit ist nur für Unterricht vorgesehen, nicht aber für die individuelle Not einzelner Schüler und ihrer Familien.

Lehrer benötigen aber Zeit für Unterricht, Schulleben und Erziehung, für leibliche Versorgung, für kompensatorische Zuwendung, für Familienergänzendes, für Prävention gegen Gewalt, Angst, Krankheit und Sucht, für die Bewahrung des Auslebenkönnens der Kindheitsstufen, die immer mehr Kinder bloß überspringen, für den Aufbau von kritischer Distanz gegenüber Medien, Trends und Sogwirkungen im Jugendalter, für die Integration von Migrantenkindern, Behinderten und jungen Menschen mit Ausfallerscheinungen und besonderen Begabungen, für das Einfangen immer größer werdender Verhaltens- und Leistungsbandbreiten zwischen vernachlässigten und früh geförderten Kindern und dafür, dass die Jungen mit einer speziellen Pädagogik nicht immer mehr den Anschluss an die Leistungsentwicklung der Mädchen verlieren.

Verstehen Bildungspolitiker und Ministerialbürokraten genügend davon, um die Rahmenbedingungen von Schule in ihre Zukunft hinein zu begünstigen? Oder läuft es auch künftig noch so ab wie mit dem neuen Bildungsplan Sachkunde für die Hamburger Grundschulen? Er ist so voll gepfropft mit zugegebenermaßen wunderbaren Pflichtelementen, dass eine Hamburger Lehrerin beklagte: „Wenn ich davon auch nur zwei Drittel umsetzen will, muss ich dafür vier Jahre von montags erste Stunde bis freitags fünfte Stunde Unterricht einsetzen, und für etwas Anderes bliebe keine einzige Stunde Zeit übrig." „Pädahektik", wie der Hamburger Präventionslehrer Ingo Würtl sagt, ist eben missverstandene um einen falsch verstandenen Zeitfaktor angereicherte Pädagogik, die statt eines notwendigen fröhlichen Lehrers einen niedergedrückten Unterrichtsvollzugsbeamten schafft.

Lernen braucht übrigens auch Rhythmisierung, also den gestalteten Wechsel von Anspannung und Entspannung: 1. Stunde Mathe, 2. Stunde Bewegung, 3. Stunde Deutsch, 4. Stunde Musikmachen, 5. Stunde Physik, 6. Stunde Rollenspiel oder Theater, dann Mittagstisch und dann zwischen 14.30 und 16.30 Uhr ein Leistungskurs Latein, das wäre eine rhythmisierte Schule.

3.6 Lernen in Partnerschaft

Die Partnerarbeit ist dem Lernen allein und dem Lernen in großen Gruppen überlegen – jedenfalls durchweg, aber nicht unbedingt im Einzelfall.

Die deutsche Schule setzt Schüler mehrheitlich immer noch entweder allein vor ein Problem – nämlich bei Hausaufgaben oder Klassenarbeiten – oder zu 27 – nämlich beim Lernen im Klassenverband.

Am besten lernen sie allerdings – und das kann man messen –, wenn sie zu zweit eine Aufgabe lösen. Die Partnerarbeit ist ergiebiger als das Lernen allein, das Lernen zu viert – was man ja auch Kleingruppenarbeit nennt – oder das Lernen in großen Gruppen. Das gilt alles über alles, denn manches lernt man auch gut allein – wie zum Beispiel Vokabeln – oder zu 27 – wenn es beispielsweise um Gewaltprävention durch Konfrontation in Verbindung mit Rollenspielen geht. Problematisch ist jedenfalls oft die Kleingruppenarbeit, weil sich in ihr zwei Schüler dem Mitwirken entziehen können, während die beiden anderen den Auftrag erfüllen.

Selbstverständlich sollte der Schüler auch allein lernen können und selbstverständlich auch in großen Gruppen, wenn er im Schulorchester spielt oder wenn der Lehrer etwas spannend erzählt oder vorliest.

Das Lernen zu zweit hat sehr viele Vorteile:

- Schüler können beim Lernen miteinander sprechen und begreifen das, was sie lernen sollen, dadurch besser, dass sie es dem Partner erklären.

- Um- und Irrwege lassen sich mit unbestraftem Fehlermachen beschreiten.
- Gleich- oder Ähnlichaltrige werden besser durch Gleich- oder Ähnlichaltrige mitgerissen als durch noch so gute Erwachsene.
- Ein guter Schüler langweilt sich nicht, wenn er einem schwachen etwas zu erklären hat. Er wird zu einer sozialen Leistung herausgefordert, die zunehmend in der Arbeits- und Wirtschaftswelt gefragt ist. Denn Teamfähigkeit ist mittlerweile eine ebenso wichtige Schlüsselqualifikation wie Rechenfertigkeit oder Leseverständnis.
- Der bessere Schüler in der Partnerschaft trainiert Toleranz.
- Über Partner- bzw. Teamarbeit vermag auch soziale und leistungsmäßige Integration befördert zu werden, so etwa beim gemeinsamen Lernen eines Nichtbehinderten mit einem Behinderten, eines Ausländerkindes mit einem deutschen Kind, eines Jungen mit einem Mädchen oder eines Kindes aus einem sozial schwachen Milieu mit einem Kind aus gutbürgerlichem Milieu.
- In der Partnerarbeit verschwinden oft die Leistungsunterschiede zwischen Haupt- und Realschülern, wie wir aus den Integrierten Haupt- und Realschulklassen wissen, die so in Hamburg heißen, aber im Saarland Klassen der Erweiterten Realschule, in Rheinland-Pfalz Klassen der Regionalen Schule oder ansonsten auch Gesamtschule.

Die Partnerarbeit ist die ideale Organisationsform für das Lernen am Computer. Wenn zwei Schüler zusammen an einem Computer lernen, kommt durchweg mehr dabei heraus, als wenn jeder Schüler an einem Computer lernt, wie wir aus den deutschen Notebook-Klassen wissen, die das meiste Lernen am Laptop betreiben.

3.7 Schüler lernen besser, indem sie zugleich erklären

Was Schüler lernen sollen, lernen sie vor allem dadurch, dass sie das zu Lernende auszusprechen haben.

Wenn ein Mädchen Liebeskummer hat, ruft es seine beste Freundin an, um mit ihr über das Leiden zu sprechen. Nach einer halben Stunde beginnt es aber wieder von vorn. Und wenn es nach einer Stunde wieder von vorn beginnt, sagt die Freundin: „Wir drehen uns im Kreise, und außerdem muss ich jetzt mal zum Klo."

Die Freundin muss in dem Gespräch eigentlich nur „ja" und

„nein“ und gelegentlich „Es ist doch nicht deine Schuld“ sagen, denn sie dient nur der Funktion, dass das Mädchen mit Liebeskummer einen Sparringspartner braucht, um durch Erklären zu begreifen, was ihm widerfahren ist.

Der berühmte Psychoanalytiker Sigmund Freud hat diese Art der Gesprächstherapie erfunden: Er legte den Patienten auf eine Couch und stellte ihm Fragen nach dessen früher Kindheit. Dadurch zwang er den Patienten, durch Erklären sein Leiden zu verstehen.

Wenn deutsche Schüler zur Zeit im Schnitt nur eine Minute von 45 Minuten im Unterricht reden, dann verstehen sie viel zu wenig. Sie müssten also mehr reden beim Lernen, damit sie mehr als die bisherigen zwei Minuten pro Unterrichtsstunde von dem lernen, was der Lehrer beabsichtigt hat, und mehr als die vier Minuten von dem, was der Lehrer gar nicht geplant hatte.

Sieht man in finnische, schwedische oder kanadische Schulen oder in die deutschen Freien Schulen, dann fällt auf, dass die Schüler wesentlich häufiger und mehr sprechen als in den üblichen Belehrungsanstalten. Sie lernen handelnd und sprechend, sie sprechen vieles im Chor, also zum Beispiel Merksätze und Regeln; sie wiederholen im gemeinsamen Sprechen ein gerade verstandenes mathematisches Gesetz, und sie prägen sich Vokabeln oder ganze Sätze durch lautes, immer wieder wiederholtes Reden ein. Die Reimform von der alten Art „Iller, Isar, Lech und Inn fließen zu der Donau hin“ oder auch absurd Witziges wie im Deutschunterricht finnischer Schulen („Verwandte vergessen verrückte flugfähige Vögel im Volkswagen“ – wenn es um die Aussprachenunterschiede von w, v und f geht) unterstützt dabei die Lerneffizienz durch Aussprechen, so wie lautes Beten und lautes Einstudieren von Gedichten auch zur Selbstbeeinflussung führt, also wie autogenes Training wirkt, mit dem man sich lernend Positives selbst so einredet, dass es ein Leben lang zur Verfügung steht. Reden ist also auch immer eine autosuggestive Lernweise.

An schwedischen Schulen gibt es auch das „Martyrium“: Ein guter Schüler geht mit einem, der längere Zeit gefehlt hat, in diesen „Lernkerker“ und erklärt ihm über gemeinsames Sprechen so lange das Versäumte, bis dieser es verstanden hat.

Was junge Menschen (aber auch alte) lernen sollen, lernen sie am besten, indem sie das zu Lernende anderen zu erklären haben. Das ist eine entscheidende Einsicht für eine künftige Schule, und das funktioniert nicht nur zwischen guten und schlechten Schülern, zwischen Deutschen und Ausländern, sondern auch besonders gut beim

Lernen am Computer, wenn zwei Schüler dort mathematische Aufgaben, die auch noch in Textform verkleidet sind, zu lösen haben. Der gute Schüler, der die Aufgabe eigentlich schon begriffen hat, erreicht über das Erklären zudem noch höhere Abstraktionsgrade und gewinnt Transferqualifikationen, weil er schließlich dem schwachen Schüler das Problem an den Beispielen von Tortenstücken, Arbeitslöhnen, Grundstücksaufteilungen und Zinsberechnungen versucht zu verdeutlichen.

Übrigens gilt auch für Erwachsene in der Schule und im Umfeld der Schule, dass sie das zu Lernende durch Aussprechen besser begreifen:

- Wenn zwei Lehrer gemeinsam zwei Klassen führen oder wenn ein Team von Pädagogen für eine Klasse zuständig ist, dann werden die Verantwortlichen oft untereinander über den schwierigen Karl-Heinz sprechen. Und über das gemeinsame Sprechen beginnen sie meist erst, Karl-Heinz zunächst langsam und dann immer besser zu begreifen. Das ist kostenneutrale Supervision und Lehrerfortbildung über Reden und Aussprechen, denn das Aussprechen beinhaltet auch immer ein Stück weit Autosuggestion, zumal wenn man etwas mündlich vereinbart und es dann zur Verstärkung noch einmal sprachlich ausdrückt.
- Wenn ein Lehrer oft mit der Mutter von Karl-Heinz über seine Verhaltensschwierigkeiten spricht, dann beginnen beide, ihn durch Sprechen besser zu verstehen; sie lernen ihn durch Aussprechen kennen. Das ist im Kern der Sinn von Hausbesuchen durch Lehrer oder von „Elternstammtischen" mit Erziehungsthemen, die einmal im Monat über Jahre hinweg stattfinden, wie sie Hamburger Lehrer in Problemgebieten durchführen.
- Und Eltern verstehen Erziehung meist erst dann, wenn sie oft über Erziehung sprechen. Das ist im Kern der Sinn der „parent raps" der kanadischen Schulen: Eltern sprechen einmal in der Woche in der Schule miteinander über Erziehung. Die Lehrer sitzen nur dabei und stellen gelegentlich eine sinnvolle Frage; denn würden Lehrer Nachhilfe in Erziehung anbieten, würden die meisten Eltern aus Scham gar nicht erst kommen.
- Wenn ein Schüler besonders schwierig ist, wird oft eine „Erziehungskonferenz" anberaumt, in der Schulleiter, Lehrer, Sozialpädagogen, Schulpsychologen und Eltern durch Reden und Zuhören erst schlauer werden und dann auf dieser Basis weiterführende Lösungen finden.

- An der Hamburger Schule für minderjährige Mütter gelten die Lehrpläne der Hauptschule. Die 13- bis 16-jährigen Mütter bringen ihr Baby in die Schule mit. Außer Englisch, Deutsch, Mathe und Geschichte gibt es jeden Tag eine Stunde Kinderpflege und eine Stunde Erziehung, in der die jungen Mütter aus meist schwachen Milieus mit einer schlechten erzieherischen Prognose, auch weil sie noch so jung sind, am Beispiel ihrer kleinen Kinder über Erziehung miteinander reden. Und da sie das so oft tun, werden sie über das Reden über Erziehung erzieherisch richtig gut, wie ihre Lehrerinnen berichten, die mit vielen dieser Mädchen auch noch Jahre nach der Schulzeit in Kontakt bleiben.
- Wenn schon Lehrerstudenten zu zweit eine Unterrichtsstunde vorbereiten, geben und dann nachbereiten, werden sie unterrichtsdidaktisch gesehen meistens recht gute Lehrer, und zwar weil sie erst über das viele gemeinsame Sprechen beginnen, die Unterrichtskultur so richtig zu begreifen.

„Lernen ist eine Reise“, wie Norm Green, der Motor des Durham Board of Education in Kanada, immer zu sagen pflegt. Erst während der Reise ereignet sich das Lernen, zumeist durch das Sprechen miteinander. Das gilt auch für Lehrer, ganz besonders aber für Schüler.

3.8 Lernen von Gleichaltrigen

Jugendliche hören mehr auf andere Jugendliche als auf Erwachsene; deshalb müssen Lehrer im Jugendalter positive Einflüsse durch andere Jugendliche indirekt organisieren, statt selbst Jugendliche direkt erziehen zu wollen.

Junge Menschen lernen besser von Gleichaltrigen als von noch so guten Erwachsenen, eine Aussage, die Lehrer durchaus zu kränken vermag. Judith R. Harris, die bekannte amerikanische Psychologin, sagte einmal, Erziehung sei bei Jugendlichen ab 14 Jahren ziemlich sinnlos, weil Jugendliche nicht mehr erzogen werden wollten. Der liebe Gott habe dafür gesorgt, dass Jugendliche genau wüssten, dass sie ihre Zukunft vor allem mit ihresgleichen teilen würden und kaum mit der vor ihnen lebenden Generation, deshalb seien sie geneigt, sich mehr aneinander zu orientieren.

Im Jugendalter spielen Trends der Jugendkultszenerie eine immense Rolle; sie zerren mit Sogwirkungen am einzelnen jungen

Menschen, der sich noch nicht seiner selbst sicher ist, der noch nicht genau weiß, wer er ist, der in einer zerrissenen pubertären Übergangsphase lebt, in der er sich oft und lange, an sich mit verschiedenen Klamotten, Frisuren, Posen und Mimik herumexperimentierend narzisstisch vor dem Spiegel stehend betrachtet.

Er ist geneigt, weil in seinem Inneren noch alles ziemlich schwach ist – und das meint vor allem seine rechte Hirnhälfte mit dem Emotionalen, Kreativen, Ästhetischen, Kommunikativen und Sozialen –, auf Außenwirkung zu vertrauen, sich in der Reaktion anderer junger Menschen zu spiegeln, auszuprobieren, wie sie auf ihn und seine Aktionen reagieren.

Er ist auf Anerkennung und Ansehenszugewinn erpicht und leidet sehr, wenn er ausgegrenzt, niedergemacht, abgewertet, gehänselt oder gemobbt wird. Sein Selbstwertgefühl ist noch allzu gering, aber er weiß, dass er noch nicht erwachsen und doch kein Kind mehr ist.

Kinder und Erwachsene wollen abends relativ früh ins Bett gehen und am nächsten Morgen wieder früh aufstehen. Sie haben einen anderen Tag-Nacht-Rhythmus als Jugendliche, die spät ins Bett wollen und am nächsten Morgen lange schlafen wollen.

Auch hierfür hat der liebe Gott gesorgt, denn Jugendliche brauchen ein paar Stunden am Tag, in denen sie sich miteinander auf ihrem Weg in ihre späteren Partnerschaften erproben können, ohne dass ständig Kinder und Erwachsene zugegen sind. Das Sich-aneinander-orientieren-Wollen hat also im Ansatz einen biologischen Sinn, und es begünstigt infolgedessen auch das Lernen voneinander.

In dem Maße, wie Kinder in immer jüngeren Jahrgangsstufen bereits wie Jugendliche leben, sich kleiden, shoppen, schminken, piercen, tätowieren und in Restaurants wie McDonald's gehen wollen, in dem Maße, wie sie mit Sonnenbrille, mit Handy am Ohr und Gel im Haar cool aussehen wollen, Filme sehen wollen, die für Erwachsene gemacht worden sind, Musikrichtungen konsumieren wollen, auf denen Jugendliche stehen, und die Jugendszenesprache mit ihren Identifizierung und Abgrenzung erlaubenden Sprachcodes beherrschen wollen, und in dem Maße, wie Erwachsene immer länger und noch mit 60 Jahren jugendlich aussehen wollen, werden die Jugendlichen selbst in immer abartigere Nischen hineingezwungen, in der Hoffnung, dass Kinder und Jugendliche ihnen nicht auch noch dahin folgen. Also tragen sie Plateau-Schuhe, überweite und überlange Jeans, am besten noch falsch herum wie „KrissKross“, deren Schritt in der Kniekehle hängt, sich sicher seiend, dass Erwachsene diesen Trend wohl nicht mehr mitmachen wollen und Kinder das von ihren Eltern noch nicht erlaubt bekommen.

Da aber Kinder mit Neil Postmans Devise vom „Verschwinden der Kindheit“ dennoch wie Jugendliche aussehen und leben wollen, also ihre herkömmlichen Entwicklungsstufen des Spielens, des Bewegens und der Sprachanbindung schlichtweg mit dem Motto „Kindsein ist Kindischsein“ zu überspringen trachten, sind sie bereits ebenso wie die Jugendlichen geneigt, sich vor allem aneinander und weniger an Erwachsenen, zumal an Eltern und Lehrern, zu orientieren. In der Folge lernen sie besser voneinander als durch Lehrer.

Verstärkt worden ist dieses Phänomen dadurch, dass im Moment die Generationen wieder ziemlich unverbunden nebeneinander und sogar gegeneinander her leben. In den 80er Jahren des vergangenen Jahrhunderts waren sich die Generationen noch besonders nahe, ihre Grenzen verschwommen so weit, dass Kinder zu ihren Eltern nicht mehr „Mama“ und „Papa“ sagten, sondern „Marion“ und „Stephan“. Dass das heute nicht mehr so ist, liegt an stressgeplagten, von Arbeitslosigkeit, Armut und Beziehungsproblemen bedrohten Erwachsenen, die keine Zeit mehr für ihre Kinder oder keine Lust mehr auf sie haben, und an den Kindern, die nicht mehr Kind sein wollen. Ausgerechnet die unausgegorene zerrissene Übergangsgeneration der Pubertät haben sich die beiden ehemals heilen Generationen der noch intakten Kindheit und der Reife des Erwachsenenalters zum höchsten Lebensideal erkoren; aber mit dieser „ewigen Jugend“ ist die Jugend selbst gezwungen, sich zwischen Kindheit und Erwachsenenwelt auszukoppeln und auf einen eigenen, von Erwachsenen unverstandenen heimlichen Sonderweg zu machen, der meist erst mit Etablierungsprozessen im Alter von etwa 23 Jahren wieder in die Erwachsenenwelt einmündet, in der Form allerdings recht zerzauster Ex-Jugendlicher.

Das größte pädagogische Defizit unserer heutigen Gesellschaft hat darin seine Ursache, dass die Mehrheit der Erwachsenen immer noch meint, sie könnte Jugendliche direkt erziehen, dabei können sie es allenfalls indirekt, indem sie dafür sorgen, dass Jugendliche Positives voneinander lernen, dass negatives Verhalten von hochrangigen Jugendlichen verpönt und positives von ihnen verstärkt wird. Erwachsene, zumal Eltern und Lehrer, sollten wissen, dass sie vor allem nur gute Moderatoren für Lernen in der Gleich- oder besser Ähnlichaltrigkeit sein müssen, damit die gewünschten Ab- und Aufwertungen aus dem Mund von jungen Menschen in das Ohr von jungen Menschen geraten können.

Erwachsene können nur noch dadurch erzieherisch auf Jugendliche wirken, dass sie hier und nicht da wohnen, dass sie ihr Kind zu dieser und nicht zu jener Schule melden, dass sie es bei diesem und nicht bei jenem Sportverein unterbringen, dass sie dieses schenken und nicht jenes, dass sie hierhin und nicht dahin reisen, dass sie die Übernachtung bei diesen Freunden begünstigen und bei jenen hintertreiben und dass sie Gewalt oder Drogen durch andere junge Menschen verpönen lassen, aber nicht dadurch, dass sie es selbst tun.

Je dichter ein Erwachsener am Jugendlichen dran ist, je mehr Zeit er mit dem jungen Menschen verbringt, desto geringer sind seine direkten Erziehungserfolge, desto größer seine indirekten. Am wenigsten erreichen deshalb von 14 Jahren an aufwärts die Eltern, etwas mehr die Lehrer, noch etwas mehr die Trainer im Sportverein, noch etwas mehr erwachsene Idole aus Sport, Film oder Musik, die der junge Mensch noch nie persönlich getroffen hat; aber am allermeisten vermögen andere Jugendliche zu erreichen, sowohl positiv als leider auch negativ. Denn das Lernen in der Gleich- oder Ähnlichaltrigkeit funktioniert außerordentlich gut.

Bei kleinen Kindern haben Erwachsene noch sehr starke erzieherische Einflussmöglichkeiten, die nehmen aber mit dem Älterwerden des Kindes permanent ab, während gleichzeitig die Einflusseffekte durch Gleichaltrige ständig zunehmen. Allerdings haben Gleichaltrige, die Außenseiter sind oder in Rangordnungen weit unten stehen, meist weniger Einfluss als hoch anerkannte Erwachsene. Und in schlimmen Lebenskrisen wie bei Liebeskummer, Krankheit, Sitzenbleiben oder Verhaftung durch die Polizei sind Jugendliche dann doch wieder ganz gut durch Erwachsene erreichbar.

Kinder bis etwa zum 13. Lebensjahr werden überwiegend durch die beiden Hauptlebenswelten Familie und Schule einschließlich Kindergarten erzogen, Jugendliche ab 14 aber viel mehr durch Gleichaltrigkeit und Medien. Wohlgemerkt, das betrifft nur die grundlegenden weichenstellenden erzieherischen Einflüsse auf die Persönlichkeitsentwicklung und zunächst nicht das Lernen im engeren Sinn, denn Lernen kann man in jeder Altersstufe. Aber die erzieherischen Einflüsse sind letztendlich ja auch eine weiterreichende Form des Lernens.

Jedenfalls ist es heute nicht mehr sinnvoll, an den deutschen Halbtagsschulen festzuhalten, weil der Nachmittag dann dem zufälligen Lernen am Bildschirm, in der Fußgängerzone, im Kaufhaus, in der Clique und in der jugendkulturellen Nachbarschaft überlassen bleibt, zumal der Anteil der Hausaufgaben, von den Schülern liebevoll „Schulis“ genannt, in den letzten 40 Jahren auf heute etwa ein Drittel geschrumpft ist.

Die Halbtagsschule vermag nicht Lebensmittelpunkt junger Menschen zu sein, die Ganztagsschule kann das aber durchaus sein oder werden. Überall, wo wir weltweit Ganztagsschulen haben, sind diese auch ein Lebenszentrum junger Menschen neben dem der Familie, wenn sie überhaupt noch ein solches zu sein vermag.

Ganztagsschulen in Schweden, Finnland oder Kanada sind oft bereits „Lerndörfer“, in denen junge Menschen vor allem Positives voneinander lernen, sofern die Lehrer diese Chance begriffen haben. Wenn die Kanadier sagen, bei ihnen hätten sich die Lehrer „unsichtbar“ gemacht, weil die Schüler vor allem voneinander lernen, dann stellt der Besucher zugleich immer auch fest, dass Aggressionen, Zerstörungen, Graffiti, Schreien oder überhaupt ein extremer Geräuschpegel sowie Schulschwänzen kaum noch vorkommen, denn die Lehrer gestalten dort ein optimales Lernklima für das so gut funktionierende Lernen der Schüler voneinander. Schulschwänzer gibt es dort deshalb so selten, weil es zum Abkoppeln von der für jeden jungen Menschen so bedeutsamen Gleichaltrigkeit führt. In Deutschland gibt es nur deshalb so viele Schulschwänzer, weil sich die Kurzform unserer Schule recht gut bis zum Mittag im Bett, vorm Fernseher oder vor der Playstation, in U-Bahnen und Einkaufszentren überbrücken lässt, bevor dann am Nachmittag der eigentliche Lebensmittelpunkt in der selbst gewählten Jugendkultnische einsetzt, wovon es zur Zeit etwa 200 verschiedene Arten in Deutschland gibt (Skater, Skins, Rapper, Punks, Hools, Sprüher, S-Bahn-Surfer, Hacker, Straßen- und Stadtteilbanden, ...). Aber selbst Schulschwänzer finden sich gelegentlich zwar nicht im Unterricht ein, aber schon in der Hofpause, um den Kontakt zur Gleichaltrigkeit, zu ihren Freunden, zu ihrer Clique auch am Vormittag zu wahren.

Schule ist also gut beraten, sich zum Lebensmittelpunkt ihrer Kunden hin zu wandeln und ihre Kunden mehr selbst und voneinander lernen zu lassen als von Lehrern – daher aus Belehrten Lerner, aus Be-Lehrern Lernberater, aus Klassen Lernfamilien und aus ihrer Halbtagseinrichtung ein jugendkulturelles und überdies kommunales Lerndorf zu machen.

3.9 Lernen in jahrgangsübergreifenden Lernfamilien

Kinder nach Geburtsjahrgängen in Schulklassen zu geben, ist eine Erfindung Preußens gewesen, um über Schule vormilitärische Erziehung zu händeln.

Zur Zeit der großen deutschen pädagogischen Reformbewegung vor 80 Jahren hatte Peter Petersen mit den Jena-Plan-Schulen seine gute Idee umgesetzt, immer drei Geburtsjahrgänge bzw. Klassenstufen in einem Klassenraum zusammenzufassen: Die Klassen 1 bis 3, 4 bis 6 und 7 bis 9 saßen jeweils in einer Lerngemeinschaft, die Schulen hatten also drei Stufen. Außerdem waren die Jena-Plan-Schulen Einheitsschulen, heute würden wir Gesamtschulen sagen. Bis zum Ende der 60er Jahre gab es eine solche Schule in Hamburg.

Seit vielen Jahren gibt es so etwas wieder. Heute nennt man das Modell „jahrgangsübergreifende Klassen". Es umfasst aber nicht mehr drei Jahrgänge, sondern nur noch zwei in einem Raum. Der Vorteil ist, dass die Schüler mal zu den Jüngeren, dann zu den Älteren, dann wieder zu den Jüngeren und dann erneut zu den Älteren gehören, was einen ständigen Wechsel von Unterordnung und Mitgerissenwerden auf der einen Seite und Überordnung und Verantwortungtragen auf der anderen Seite ergibt.

Die Peter-Petersen-Schule in Köln hat damit seit langem allerbeste Erfahrungen gemacht, und daher gibt es dieses Schulmodell, von der Landesregierung in Nordrhein-Westfalen begünstigt, nun schon an sehr vielen Schulen des Landes und übrigens auch in Hamburg.

Mit der Lehre von den sinnvollen Größen in der Pädagogik haben sich dabei zwei Klassenstufen in einem Raum als effizienter erwiesen als drei und sowieso als nur eine, die ja eine Erfindung Preußens im Sinne seiner vormilitärischen Erziehung und des Riegenturnens nach Turnvater Friedrich Ludwig Jahn war. Beides passt jedoch keineswegs mehr in unsere plurale und werte- sowie meinungsvielfältige demokratische Gesellschaft: Ein Jahrgang in einem Raum entspricht dem Bedürfnis von lehrerzentriert und frontal vorgehenden Belehrern nach homogenen Lernverbänden, in denen jedes Kind wie das andere zu funktionieren hat, aber nicht mehr dem Vielfältigkeitsgebot einer modernen Demokratie, wie wir sie heute haben.

In jahrgangsübergreifenden heterogenen Lernverbänden, in denen Kinder selbst und voneinander lernen, können Entwicklungsunterschiede, Frühförderungen, Vernachlässigungen, Teilleistungsschwächen, Behinderungen und multikulturelle Unterschiede nicht nur als förderlich für Integration, also für soziales Lernen genutzt werden, sie wirken insbesondere auch bereichernd und zugleich kompensatorisch, übrigens weil dann auch Koedukation besser funktioniert, denn da Lehrer solche Heterogenität nicht mehr frontal zusammenhalten können, sind sie gezwungen, ihren Unterricht Richtung Lernwerkstatt umzubauen, und das entspricht zumal den Jungen viel eher. Wenn Journalisten die Leiterin der besten Schule der Welt, des Tensta-Gymnasiums in Stockholm, fragen, wieso ihre Schule so gut abschneide, obwohl doch 80 Prozent ihrer Schüler Ausländerkinder seien, fragt sie zurück: „Was heißt hier obwohl? Wir sind so gut, weil wir hier so viele Nationen haben!“

Unterschiede bereichern, wie wir aus der bunten deutschen Restaurant-Landschaft wissen. Beim jahrgangsübergreifenden Lernen langweilen sich gute Schüler nie, denn sie werden enorm herausgefordert, indem sie den schwachen beim Lernen helfen; und die schwachen Schüler werden deutlich beim Lernen mitgerissen, weil sie von Ähnlichaltrigen besser als von Erwachsenen lernen, weil sie beim Lernen in Partnerarbeit selbst handeln und reden dürfen, weil Ähnlichaltrige mit ihrem Fehlermachen im Rahmen einer Partnerarbeit gnädiger bzw. toleranter umgehen als benotende Lehrer, die ständig Daten für das nächste Zeugnis sammeln, und weil schwache Ältere ganz viel guten Jüngeren beizubringen vermögen, so dass die schwachen Schüler nur halb so viele Niederlagen haben wie bei jahrgangsgleicher Unterbringung. Wenn gute Schüler den Stoff eigentlich längst begriffen haben, aber nun erneut mit einem schwachen Schüler auf andere Art und Weise durchgehen, vertiefen sie das bereits Verstandene nachhaltig, sie wenden es sogar anders an und gewinnen damit Abstraktions- und Transferqualifikationen; sie profitieren damit gewaltig im Sinne der für Lernen auch so wichtigen Aspekte Üben-, Anwenden- und Handelnkönnen. Wir wussten ja ohnehin schon immer, dass beim klassischen Nachhilfeunterricht der Nachhilfelehrer im Sinne von Lernen meist mehr profitiert als sein Nachhilfeschüler: Denn das, was man anderen erklärt, versteht man selbst umso besser.

Jahrgangsübergreifende Lernfamilien machen das Sitzenlassen vollends entbehrlich, denn im Zweifelsfall rückt ein einzelner Schüler nicht in die nächste Stufe auf wie die Hälfte seiner Mitschüler, aber er behält immer noch die andere Hälfte seiner Mitschüler, so dass sein Versagen nicht zugleich mit einem radikalen Milieuwechsel verknüpft wird, denn seine Umgebung bleibt ihm wie bei sämtlichen anderen Schülern seiner Schule auch nach jeden Sommerferien zur Hälfte vertraut.

Die jahrgangsübergreifende Unterbringung wird mittlerweile schon in mehreren Bundesländern in Form der „Flex-Klassen" praktiziert: Der Schulreifetest wird abgeschafft, alle Kinder kommen mit sechs Jahren in die Schule (oder auch mit fünf, wenn die Eltern das so wollen). Man nennt das mit dem Erfinderland Schleswig-Holstein „Einschulung ohne Auslese". Und diese neu eingeschulten Kinder kommen dann in die „Flexible Eingangsphase", die die herkömmlichen Klassenstufen 1 und 2 ersetzt. In dieser Flex-Klasse, die stets über zwei bis drei sehr unterschiedlich ausgestattete Räume und zwei Lehrerinnen oder eine Lehrerin und eine Erzieherin oder eine Lehrerin, eine Erzieherin und eine Sonderpädagogin, die allerdings für mehrere Flex-Klassen zugleich zuständig ist, verfügt, verbleibt der Schüler nun entweder ein, zwei oder drei Jahre, bevor er in die 3. Klasse wechselt, je nachdem ob er frühgefördert, besonders begabt, benachteiligt, schwach, vernachlässigt oder sonstwie beeinträchtigt oder stark ist, so dass sowohl in den Flex-Klassen selbst unterschiedlich alte und unterschiedlich leistungsfähige Schüler sitzen als auch in allen Stufen ab Klasse 3 jeweils mehrere Geburtsjahrgänge, so wie es in den Oberstufen der Gymnasien auch die Regel ist, weil viele Schüler schon ein- oder zweimal sitzen geblieben sind oder einige gar eine Klasse übersprungen haben, oder so wie es in den schwedischen Gymnasien ist, die die Klassenstufen 10 bis 12 umfassen, in denen jeder Schüler aber für sich entscheidet, ob er in zwei, drei oder vier Jahren zum Abitur kommen will.

Gute Erfahrungen mit Flex-Klassen haben bisher besonders die Bundesländer Brandenburg, Sachsen-Anhalt und Nordrhein-Westfalen gemacht. Schleswig-Holstein hatte zwar als erstes Bundesland diese Idee, praktiziert dieses Modell aber noch gar nicht, obwohl es doch so nah an den guten skandinavischen Schulverhältnissen dran ist.

3.10 Lernen mit Respekt und Resonanz

Zunächst muss der Lehrer Respekt vor dem Schüler haben, dann erhält er auch Respekt als Resonanz zurück.

Die Finnen sagen: „Auf den Anfang kommt es an, wenn das Kind zur Schule geht." Und sie ergänzen: „Erst einmal müssen die Lehrer Respekt vor dem Kind haben, bevor die Lehrer dann Respekt von dem Kind zurückbekommen." Denn das Kind kommt nicht mit einem leeren Rucksack in die Schule, sondern mit einem schon ziemlich vollen durch sein vorschulisches Leben. Bildung beginnt nämlich mit der Geburt und nicht erst mit der Einschulung.

Früher verlangte man von dem Kind schon am Tag vor der Einschulung: „Zunächst musst du viel Respekt vor deinem Lehrer haben", aber den konnte das Kind im Sinne von Vorschusslorbeeren ja nur vor der Amtsautorität des ihm noch völlig unbekannten Lehrers haben. Da schimmert sie also wieder durch, die Erziehung des Untertanen im Obrigkeitsstaat, den wir heute doch gar nicht mehr haben. Der Lehrer muss heute darum kämpfen, Autorität zu werden. Autorität ist nichts Vorgegebenes, sie muss über die Anerkennung im Kind erst erobert werden. Zwar kann der Lehrer sehr viel dazu beitragen, dass er Autorität wird, aber er ist es nicht nur von seinem Amt her. Ob er Autorität wird, entscheidet das Kind selbst in seinem Kopf und seinem Herzen.

Der Pädagoge muss also überzeugen, indem er um die Zustimmung des Kindes ringt, nicht von vornherein allein durch sein Amt. Deshalb sagen die Finnen: „Auf den Anfang kommt es an", und sie nennen den Weg von der Einschulung bis zum Schulabschluss: seinem wenn es um Forderungen und Verbote und um die Achtung seiner Person durch das „Langsam starten und dann Gas geben". Also beginnt es dort damit, dass die Schulleitung ihre allerbesten Lehrer in die Vorschule und die ersten Klassen steckt, dass nur 15 Schüler in der Vorschule sind, dass zwei akademisch ausgebildete Lehrer und eine werdende Lehrkraft, der Schulassistent, dieser kleinen Schülergruppe gleichzeitig zur Verfügung stehen, und dass mit „Startergruppen" sich anfangs erweisende Erziehungs- und Bildungsdefizite, Teilleistungsschwächen, Ausfälle und Behinderungen für einen Ausgleich, so gut es geht, also für kompensatorische Erziehung und Bildung gesorgt wird.

Die Note symbolisiert eine autoritäre Macht, die Schüler bestimmten höher- oder minderwertigen Kategorien zuordnet. Darüber freuen sich leistungsstarke Schüler, aber für schwache bedeuten Noten zunächst nur Verdruss, mit dem Motivation und schließlich Selbstaufgabe und Reststigmatisierung eingeläutet werden, und das wäre das Gegenteil von einer lernfreudigen, respektvollen Schulkarriere, die nicht von Anfang an schwache Schüler von guten abkoppelt und am Ende zur sich selbst erfüllenden Prophezeiung, also zur nachgereichten Bestätigung einer schon anfangs gestalteten ungünstigen Schullaufbahnprognose führt.

Warum tun wir uns in Deutschland so schwer, die Vorteile des schon lange notenfreien und unumstrittenen integrativen Schulsystems von Finnland, Schweden, Norwegen, Dänemark und Kanada zu übernehmen? Und warum vertraut Bayern in der Folge von PISA nun wieder noch stärker auf das Selektive, auf die „Rüttelsiebfunktion" von Schule, wie Helmut Fend sie nennt, indem es die Noten wieder ab Klasse 1 greifen lässt?

Seit dem 19. Jahrhundert geht es den deutschen Schulen eigentlich nie darum, alle Schüler mit einem Vorschuss an Respekt auf den schweren Weg des Lernens mitzunehmen, sondern vielmehr darum, in der Schule erneut abzubilden, was die Schüler schon zuvor an günstigen oder ungünstigen erzieherischen Bedingungen hatten. Die deutsche Schule bestätigt einfach nur die Entscheidung des Klapperstorchs, das Kind in dieser Familie oder in jener abzusetzen, völlig unabhängig von seinem eigentlichen IQ.

Sie ist immer noch bereit, Kinder auf dem Weg von Klasse 1 bis 12 oder 13 zurückzulassen, wenn sie schon mit ihrer Familie Pech hatten. Sie waltet immer noch in der althergebrachten Arbeitsteilung, mit der die Familie erzieht und die Schule bildet: Als Halbtagsschule kann sie allerdings auch nicht sehr viel mehr als eine kleine Ergänzung zur Sozialisation von Familie und nachbarschaftlichem Milieu sein. PISA bestätigt Deutschland deshalb auch die größte Verknüpfung von sozialen Vorbedingungen und Schulerfolg weltweit, was ja heißt, dass die Familie bildungsmäßig immer noch bedeutsamer ist als die Schule, die eigentlich den Bildungsauftrag hat. Das katholische Arbeitermädchen vom Land mit guter Begabung hat es in Deutschland immer noch sehr viel schwerer, zum Abitur zu kommen, als ein evangelischer Bürgersohn, der in einer großen Stadt lebt und nur mittelmäßig begabt ist.

Die deutsche Schule zeigt also ziemlich wenig Respekt vor Schülern, die durch ihre Herkunftsmilieus bedingt Startnachteile in die Schule mitbringen.

In Deutschland trägt leider immer noch, was bereits 1874 der Soziologe Albert Schäffle postulierte: „Eine Schule, die an der familiär durch Vererbung und Erziehung bestimmten Leistungsfähigkeit eines Kindes etwas ändern will, betreibt pädagogischen Kommunismus." Finnland, Schweden und Kanada haben sich jedoch schon längst von dieser schulischen Rüttelsiebfunktion früherer Zeiten befreit und werden heute mit Abiturientenquoten von 69 bis 75 Prozents eines Jahrgangs und mit Studienquoten von 60 bis 69 Prozent eines Jahrgangs belohnt (in den USA studieren 41 Prozent eines Jahrgangs, in Deutschland etwa 22 Prozent).

In Deutschland vertrauen wir mit der Art, wie wir Schule machen, immer noch auf familiär geförderte Leistungsspitzen, aber nicht auf ein breites Bildungsfundament der Bevölkerung. Macht uns das im internationalen Wettbewerb leistungsfähig genug? Kurzfristig würden die Bundesländer Bayern und Baden-Württemberg diese Frage mit Ja beantworten, denn sie haben bei PISA-E besser abgeschnitten als die 14 anderen Bundesländer, die durchweg höhere Abiturientenquoten erzielen; langfristig wird das aber mit Sicherheit nicht mehr gelten, weil unser viergliedriges Schulsystem mit Sonder-, Haupt-, Realschulen und Gymnasien zu viele auf der Strecke gebliebene, früh von mitreißenden Lerneffekten abgekoppelte Versager produziert, die unter anderem auch ein Spiegelbild des Phänomens Familienzerfall sind.

Wenn es die Familiensituation ist, die vor allem Schüler auf Bildungsgänge aufteilt, dann ist das ein Indiz für eine respektarme Schule gegenüber familiär benachteiligten jungen Menschen; dann überschätzen wir den Artikel 6 unseres Grundgesetzes, mit dem die Erziehungsgewalt bei den Eltern liegt, und machen es den Bildungspolitikern zu leicht, auf nachhaltige ausgleichende und zukunftschaffende Bildungsinvestitionen zu verzichten.

Kinder wollen sich und ihr Können präsentieren; eines ihrer Grundbedürfnisse ist dasjenige nach Resonanz. Sie wollen zwar anfangs noch nicht wissen, was sie nicht können, aber das erfahren sie dennoch recht bald, wenn sie Fehler machen. Deshalb sollten Erwachsene mit dem Fehlermachen der Kinder grundsätzlich gelassen umgehen. Gelassenheit bedeutet: Das Kind hat ein Recht auf Fehlermachen, weil es vor allem über Um- und Irrwege lernt. Und was ein Fehler ist, bemerkt das Kind meist selbst. Der Fehler ist ihm peinlich, und das sollte Strafe genug sein. Der Fehler muss also nicht noch zusätzlich mit einer Zweitstrafe über die natürliche Strafe hinaus geahndet werden. Dass das Kind selbst etwas aus dem ihm peinlichen Fehler lernt, wird immer noch allzu oft dadurch verfremdet, dass das Kind mit einer Note abgewertet wird, so dass das Kind lernt, der Noten wegen dieses zu tun und anderes zu lassen, aber nicht um seines eigenen Grundbedürfnisses wegen, etwas zu können, etwas richtig zu können und dabei gleichzeitig geschützt zu werden. Denn Schule sollte eigentlich ein Schonraum für Lernen sein und nicht etwa eine Arena für Wettkämpfe, Rangordnungen und Bundesligatabellen.

Wenn der Vierjährige ein Bild malt und alle fünf Minuten mit der Frage zu dem anwesenden Erwachsenen kommt: „Wie hab ich das gemacht?", dann steht dahinter sein Grundbedürfnis nach Resonanz. Er ist sich seiner selbst noch nicht sicher, er weiß noch nicht, wer er ist, er hat wegen seiner kurzen Lebenszeit noch nicht hinlänglich ein einigermaßen stimmiges Weltbild aufbauen können, es mangelt ihm noch an Orientierung in dieser komplexen, komplizierten Welt, und daher möchte er sich und sein Können im Urteil anderer Menschen spiegeln.

Er misst an der Resonanz seine Kräfte, seine Außenwirkung, er justiert an der Reaktion des Erwachsenen – oder auch des Gleichaltrigen – seinen inneren Kompass, und da möchte das Kind schon mehr hören als „Das ist eine 3". Wenn ein Kind in Klasse 7 einen dreistündigen Aufsatz schreibt, sich dabei viel Mühe gibt, und wenn es dann nach drei Wochen diesen Aufsatz zurückbekommt und unter ihm nur eine rote 3 steht und dann noch der Namenszug seines Lehrers – ebenfalls in Rot –, dann ist das für die erbrachte Leistung eine zu dürftige Resonanz; sein Resonanzbedürfnis wird durch die mechanische Einordnung in die Schublade mit der Aufschrift „3" zutiefst verletzt, obwohl es auf den ersten Blick vielleicht noch froh ist, dass da keine „5" darunter steht. Die bloße rote „3" steht für den Verwaltungsakt eines Stunden gebenden Unterrichtsvollzugsbeamten, nicht aber für die Resonanz eines engagierten Lernberaters einer Lernfamilie in einem kundenorientierten Lerndorf. Der Respekt des Coaches gegenüber dem ihm anvertrauten Lerner würde eine ausführliche liebevollere helfende, aufbauende, weiterführende Resonanz gebieten, wie sie Lehrkräfte zustande bringen, die ihren Schülern am Ende von Halbjahr und Schuljahr mühselig und individuell gestaltete Lernentwicklungsberichte – die im Volksmund auch „Berichtszeugnisse" genannt werden – statt der nackten Notenzeugnisse überreichen.

Die Finnen bringen den Schulanfängern zunächst bei, sich selbst einschätzen und Gefühle angemessen zum Ausdruck bringen zu können. Und wenn sie sich selbst einschätzen können und nicht mehr so schnell ausrasten, weinen, schreien oder beleidigt sind, dann brauchen sie auch keine Noten; aber Resonanz wollen sie dennoch haben, und die bekommen sie auch, zum Beispiel wenn sie sich und ihre Werkergebnisse präsentieren und indem sie die eigenen Stellungnahmen, die ihrer Mitschüler, ihrer Eltern und ihrer Lehrer in ihren Portfolios sammeln.

Großer Respekt gegenüber Schülern zeigt sich aber auch noch über ein anderes Detail: Die Finnen, Schweden und Dänen investieren viel Geld in eine kindgemäße Architektur der Schulgebäude und in ihre Ausstattung mit Pflanzen und Bildern, also in das Räumliche. Die deutschen Schulen hingegen leiden nicht nur an dem, was man „Renovierungsstau“ nennt, sie sind auch oft noch entweder Symbole für das Sparen im Bildungsbereich oder für Belehrungsanstalten passend zu früheren obrigkeitsstaatlichen Systemen. Wie sagen doch die Finnen? Sie sagen: „Die wichtigsten Lehrer sind die anderen Schüler, die zweitwichtigsten Lehrer sind die Lehrer, und die drittwichtigsten Lehrer sind die Räume mit dem Interieur.“

3.11 Lernen durch Üben und Anwenden

Was ein Balletttänzer, der auf einer Opernbühne auftritt, an Muskelkoordination beherrschen muss, muss er etwa 100 000-mal in seinem Leben geprobt haben.

Die Länder, die bei PISA ganz oben stehen, haben alle ziemlich dünne Rahmenlehr- bzw. Bildungspläne. Die deutschen Schulen werden allerdings mit extrem dicken Bildungsplänen gegängelt. Zwar füllt jede finnische Schule vor Ort die dünnen Rahmenlehrpläne aus Helsinki mit Leben, indem sie auf ihre nachbarschaftlichen, regionalen Besonderheiten reagiert, aber es bleibt viel Zeit für das handelnde und das redende Selbstlernen und für das Üben und das Anwenden.

Die deutschen Schulen entwickeln sich mit ihren dicken Lehrplänen zurzeit immer mehr in Richtung Erhöhung der Notenhürden am Ende der Grundschule auf dem Weg zum Gymnasium und zur Realschule und in Richtung Zentralabitur, so dass den Lehrern für Üben und Anwenden nur noch wenig Zeit bleibt. Eine Lehrerin aus Baden-Württemberg kommentierte jüngst die neuen Bildungspläne ihres Landes mit der Bemerkung: „Davon kann man höchstens ein Drittel schaffen, und wenn man sich noch so viel Mühe gibt.“

Wir sprechen in den 16 deutschen Bundesländern vom Faktor „Lehrplananbindung“, was bedeutet, dass je nach Bundesland 75 bis 85 Prozent des Unterrichts irgendwie vorgeschrieben sind und nur 15 bis 25 Prozent zur freien Verfügung des Lehrers, weil er aktuell oder regional Schwerpunkte setzen will, stehen. Mit der Angst, seine Schüler könnten die in der Landeshauptstadt formulierten Abiturthemen nicht bewältigen und ihm vorwerfen, sie seien nicht hinlänglich auf die gestellten Fragen vorbereitet worden, muss aber seine Gelassenheit vollends auf der Strecke bleiben, was heißt, dass er nicht wagen wird, den ohnehin kleinen Spielraum für Aktuelles und Regionales zu nutzen. Ob er will oder nicht, er kann sich kaum seiner Rolle als ferngelenkte Unterrichtsmaschine entziehen, und er muss seine Schüler in die Rolle von Lernmaschinen zwängen.

Außerhalb der Schule lässt sich beobachten, wie Menschen lernen: Kinder, die ihr Skateboard beherrschen wollen, wiederholen hunderte von Malen ihre Sprünge; Jugendliche, die Fußball auf einem Bolzplatz spielen, schießen immer wieder auf das Tor; und Balletttänzer, die auf der Bühne der Hamburgischen Staatsoper auftreten wollen, müssen etwa 100000-mal in ihrem Leben die Art von Muskelkoordination und Balance geprobt haben, die für ihr professionelles Präsentieren erforderlich ist, ganz zu schweigen vom Laufen- und Sprechenlernen des anfangs nur krabbelnden und plappernden Kindes.

Was Schüler können sollen, müssen sie oft geübt und angewendet haben. Gute Schulen sehen also lange Übungs- und Anwendungsphasen vor, und das können sie heute eigentlich nur noch als Ganztagsschulen bieten.

In der bisherigen Halbtagsschule waren die Hausaufgaben die nachmittägliche Übungs- und Anwendungsergänzung. Aber wohlmeinende Lehrer haben deutschlandweit in den letzten 40 Jahren den Anteil der übungs- und anwendungsstarken Hausaufgaben um zwei Drittel reduziert; und noch heute gibt es im Schnitt in Bayern und Baden-Württemberg doppelt so viele Hausaufgaben auf wie in Norddeutschland. Wenn Deutschland bei PISA weiter nach oben kommen will, müssen – zumal in Norddeutschland – die Hausaufgabenanteile mindestens verdoppelt werden, damit außerhalb der innerschulischen Lehrplanzwänge mehr übende und anwendende Anteile für Lernen geschaffen werden; oder die Hausaufgaben müssen in die Schule integriert werden, und damit hätten wir dann die auch mit der Notwendigkeit von Üben und Anwenden zu begründende Ganztagsschule.

Der Ulmer Hirnforscher Manfred Spitzer kritisiert in diesem Zusammenhang übrigens die Dummheit deutscher Lehrer, in Klassenarbeiten Stoff abzufragen, der einen Tag vor der Klausur eingeübt wurde; in Klassenarbeiten sollte nämlich nur Stoff geprüft werden, der vor mehr als sechs Wochen dran war, weil nur dann ein nachhaltiges Lernen ermittelt werden kann. Was vor ein bis drei Tagen gelernt wurde, ist meist nach weiteren vier Tagen wieder vergessen.

3.12 Lehrer als gelassene Lernberater

Die finnischen Lehrer erreichen mit Gelassenheit mehr als die gegängelten deutschen Lehrer.

Lehrer können nur gut sein, wenn man auch gut mit ihnen umgeht. Das betrifft ihr öffentliches Ansehen, das betrifft die Investitionen in ihre Ausbildung, das betrifft vor allem aber ihren Arbeitsplatz. Viele Schulen in Deutschland sind gebäudemäßig verrottet, vornehm als „Renovierungsstau“ beschönigt. Die materielle Ausstattung der Klassenzimmer ist durchweg dürftig; die meist zu hohen Klassenfrequenzen erlauben kein individuelles Eingehen auf die Besonderheiten von Schülern; die enge Anbindung an übervolle Lehr- oder Bildungspläne setzt sie stofflich unter enormen Druck, zumal wenn es um Notenhürden vor dem Übergang zur Realschule und zum Gymnasium sowie um das Zentralabitur geht, so dass sie kaum noch Freiräume für Aktuelles und für besondere nachbarschaftliche Aspekte haben; das ständige Vermessen ihrer eigenen Leistungen und der ihrer Schüler ist eine ergänzende Erschwerung.

Und dann sind da noch höchst unterschiedliche, teilweise gegensätzliche Erwartungen der politischen Parteien, der Eltern und der Abnehmer von Absolventen, also der Ausbildungsbetriebe und Hochschulen, und das Phänomen veränderter Kinder als Folge von Familienzerfall und Medieneinflüssen mit dem Resultat extrem großer Verhaltens- und Leistungsbandbreiten, die da stets in einer auf Frontalunterricht hin konzipierten Belehrungsanstalt vor ihnen sitzen und die sie wie ein Dompteur irgendwie zusammenhalten sollen. Der zunehmende kompensatorische Erziehungsauftrag über den bildenden hinaus erweist sich im Angesicht von immer mehr ADS- bzw. ADHS-Kindern, von feinmotorisch gestörten, von solchen mit Hörcortex- und anderen Wahrnehmungsstörungen gezeichneten Schülern, von Hochbegabten und einseitig begabten, von Legasthenikern und Dyskalkulikern, von Jungen, die nicht mehr mit den Mädchen Schritt halten können, von Frühgeförderten und Vernachlässigten, von solchen, die ein Schulfrühstück, einen pädagogischen Mittagstisch oder psychomotorisches Extraturnen benötigen, und von solchen, die besonders aggressiv oder autoaggressiv sind, die Drogen nehmen oder ängstlich sind, die krank oder von anderen Ausfällen geplagt sind, als kaum noch machbar, zumal wenn es an entsprechenden obligatorischen Ausbildungs- oder Fortbildungsanteilen mangelt.

Lehrer sitzen heute zwischen allen Stühlen, nämlich zwischen ihrer eigenen weit zurückliegenden Ausbildung für Kinder, die es gar nicht mehr gibt, ihrem eigenen Älterwerden mit Burn-out-Syndrom, ihrem schlechten Ruf, ständigen Reformen und Erlassen, die sie nicht mitmachen, dem Mobbing fraktionierter Kollegien, dem Übermaß an verschiedenen Außenerwartungen, den Sparmaßnahmen im Bildungsbereich und solchen bürokratischen Konstrukten wie Lehrerarbeitsmodellen, mit denen erzieherische Leistungen abgewertet und korrigierende aufgewertet sowie solche des pädagogischen Ethos ganz getilgt werden.

Mir kommt der heutige Lehrer wie ein Schiffbrüchiger vor, der in tosender See auf einem Floß sitzend mit Hilfe einer Apfelsinenkiste, die sich zufällig auch noch auf seinem Floß befindet, versucht, um ihn herum schwimmenden Delfinen beizubringen, wie ein Computer funktioniert.

Wie soll er dabei gelassen bleiben? Wie soll er dabei gut sein? Denn wenn er außer Bildung noch ganz viel Erziehung nachreichen muss, wird er auch noch schlechter bezahlt und muss er auch noch einige Wochenstunden mehr unterrichten.

Die finnischen Lehrer sind in ihrem Land hoch angesehen, die deutschen sind es aber bei uns nicht. Zwar gibt es nicht *die* Lehrer, sondern solche und solche, wenn aber mehr als 90 Prozent weit vor dem 65. Lebensjahr die Flucht über Burn-out-Syndrom und Krankheit in die Frühpensionierung antreten, und zwar in einem Beruf, in dem sie einmal mit der Freude, mit jungen Menschen zu arbeiten, begannen, dann stimmt etwas mit ihrem Arbeitsplatz und mit ihrer Psychohygiene nicht.

Aber es gibt auch einen Weg, wie Lehrer nicht nur länger gut durchhalten könnten, sondern wie zugleich auch noch ihre Schüler mehr lernen könnten. Dieser Weg wäre von folgenden Meilensteinen flankiert, die aber wohl erst mit einem gewaltigen Wandel des öffentlichen Bewusstseins, für den man nach bisherigen Erfahrungen mit Reformen in Deutschland etwa 15 Jahre veranschlagen müsste, gesetzt werden können:

- Alle Lehrer müssen gleich bezahlt werden.
- Alle Lehrer haben eine gemeinsame Arbeitszeit von 35 Wochenstunden à 60 Minuten in der Schule zu verbringen, und zwar, indem nur ein Teil davon Unterricht ist, der andere Teil aber in wohl ausgestatteten kleinen Lehrerzimmern verbracht wird, in denen es individuelle Arbeitsplätze, Computer, Internet- und Telefonanschlüsse, Bücher, andere Arbeitsmaterialien sowie ein Gerät zum Fotokopieren und Entspannungsecken gibt, in denen eine Couchgarnitur steht, so dass auch Teamarbeit möglich wird.
- Nur ein Teil der Lehrer sind Fachlehrer, ein anderer Teil hat ein grundständiges Klassenlehrerstudium hinter sich, das auch dazu qualifiziert, den Eltern bei der Erziehung zu helfen. Darüber hinaus gehören zu jedem Kollegium ein Schulpsychologe, ein Sozialpädagoge, eine Erzieherin, eine Schulkrankenschwester, ein Familienhelfer, Beratungs- und Sonderschullehrer, ein Präventionslehrer gegen Verhaltensstörungen, Aggressionen und Süchte sowie mehrere Schulassistenten, die nicht ein Referendariat in einem Studienseminar machen, sondern vor Ort auf den Lehrerberuf vorbereitet werden. All diese Personen müssen bei gleicher Arbeitszeit gleich bezahlt werden, und sie müssten alle ein Studium nach dem Abitur abgeschlossen haben, also Akademiker sein.
- Zwei Lehrer führen zwei Klassen gemeinsam, oder ein Team von Lehrern führt gemeinsam eine Klassenstufe oder einen Doppeljahrgang von jahrgangsübergreifenden Lernfamilien.
- Die einzelne Schule erhält die Personalhoheit, weil sie neue Lehrer passender, also „schulschärfer" – wie man in Nordrhein-Westfalen sagt – einzustellen vermag, als das eine entfernt sitzende Regierungszentrale kann. Damit wäre ein größerer Konsens in Lehrerkollegien möglich, als wir ihn heute im Allgemeinen haben.
- Schulen werden autonomer, was ihr Profil (Schulprogramm), ihr Budget, ihr Management, ihr Sponsoring und ihre Anpassung an ihre Region (Stadtteil-, Nachbarschafts-, Regionalschule) anbelangt. Dafür müssen mittlere Schulbehörden abgeschafft und die Kompetenzen der bisherigen Schulräte auf die dann gestärkten Schulleiter übertragen werden.
- Schulen brauchen starke, in Drittelparität von Lehrern, Eltern und Schülern auf Zeit gewählte Schulleiter und eine Schulkonfe-

renz als oberstes Organ der Schule, bestehend aus Schulleiter, Lehrern, Eltern, Schülern, Vertretern des Hauspersonals und Vertretern der Kommune, die die Aufsicht über die Schule hat.

- Lehrer dürfen nicht mehr verbeamtet sein. Wenn sie als Angestellte Zeitverträge bekommen, sind sie auch bereit, sich an Wochenenden und in den Ferien fortzubilden, weil sie ansonsten damit rechnen müssten, dass ihr Vertrag nicht verlängert wird.
- Wenn Schulen freigelassen und zugleich schon ab Klasse 1 in einen Wettbewerb zueinander um die Anmeldezahlen gesetzt werden, dann müssen sie besser werden, als sie es heute durchweg sind.
- Dieser Wettbewerb darf aber nicht nur Schulqualität im Sinne von Ranking an sich meinen, sondern er muss auch ein Wettbewerb verschiedener Profile bzw. Schulprogramme sein (technisch, musisch, sportlich, altsprachlich, neusprachlich, mathematisch, naturwissenschaftlich, computer- bzw. informatikmäßig, wirtschaftlich; Ganztagsschulen und offene Ganztagsschulen, Hochbegabtenschulen, Legasthenikerschulen, Schulen mit mehreren Fächern in englischer Sprache; Fremdsprachen wie Arabisch, Chinesisch, Japanisch, Türkisch; Schach, Chor, Orchester; Montessoripädagogik, Produktionsschulen und vieles andere mehr). Denn wir brauchen heute nicht mehr höher-, mittel- und minderwertige Bildungsgänge, wie sie mit dem dreigliedrigen Schulsystem noch repräsentiert werden, sondern eine Fülle von höchst andersartigen, aber gleichwertigen Bildungsgängen nebeneinander. Jeder Lehrertyp wird dann per Ausschreibung, Bewerbung und Personalhoheit der einzelnen profilierten Schule irgendwo eine zu ihm passende, ihn erfüllende Nische finden. Denn es wird immer noch genügend Eltern und Schüler geben, die ein altsprachliches oder humanistisches Gymnasium wünschen, das sich nicht in die häusliche Erziehung einmischt.
- Bezogen auf ein länderübergreifendes allgemein bildendes Fundamentum, das kleiner sein muss als bislang, damit auch Zeit gewonnen wird für den Aufbau von Erkundungs- bzw. Informationskompetenz, Teamfähigkeit, Selbstständigkeit und soziales Lernen, politische Mündigkeit, Konfliktfähigkeit, Toleranz und Kritikfähigkeit, Handlungskompetenz und Kreativität sowie Geschmacksbildung, also für die immer wichtiger werdenden Kernkompetenzen bzw. Schlüsselqualifikationen bis hin zum Präsentierenkönnen, die weit über die sächsischen Kopfnoten für Fleiß, Ordnung, Mitarbeit und Betragen und über die saarländischen

Benimm-Bausteine hinausgehen, und bezogen auf die Leistungen in den besonderen Schwerpunkten der profilierten Schule braucht man dann – wie in Finnland – alle zehn Jahre eine Selbstevaluation der einzelnen Schule aufgrund einer bundesweiten Vorgabe, wie sie jetzt mit den Beschlüssen über „Bildungsstandards“ umgesetzt wird, damit die Abschlüsse der verschiedenen Schulen mit jeweils anderen Schulprogrammen ein vergleichbares Niveau erreichen.

– Das Wichtigste ist aber: Wenn Lehrer nicht mehr vor allem frontal belehrende an Lehrplanvorgaben von Ministerien hängende Unterrichtsvollzugsbeamte sind, sondern coachende Lernberater, dann halten sie selbst länger gut durch und dann lernen zugleich die von Belehrten zu Selbstlernern gewandelten Schüler in kürzerer Zeit wesentlich mehr. Und das wäre dann die Quadratur des Lernkreises, mit der Schule volkswirtschaftlich betrachtet wieder produktiv, also lerneffizient und damit international wettbewerbsfähig geraten könnte.

Wie sagte doch ein elfjähriger deutscher Schüler, der seit zwei Jahren eine Schule in Helsinki besuchte, auf die Frage eines deutschen Journalisten nach einem Vergleich von deutschen und finnischen Schulen: „Erst dachte ich, ich würde hier in Finnland weniger lernen, bis ich merkte, dass ich hier sehr viel mehr als in Deutschland lerne; aber was ich hier lerne, wird in Deutschland nicht unbedingt als Lernen begriffen. Der größte Unterschied ist aber: In Deutschland sind die Lehrer streng und erschöpft, in Finnland sind sie alle immer gelassen.“ Dem bleibt nichts mehr hinzuzufügen, außer: Das Klima in den finnischen Schulen ist einfach fröhlicher, aber dafür haben die finnischen Schulen 30 Jahre benötigt, nachdem sie sich vom Vorbild des deutschen Schulwesens verabschiedet hatten, in dem die Lehrer nicht gelassen, sondern getrieben sind.

Getrieben sollen sie künftig noch mehr werden, jedenfalls in Niedersachsen: Nach niederländischem Vorbild wird es einen „Schul-TÜV“ geben, also eine Gruppe von etwa 100 Inspektoren, die zur Zeit ausgebildet werden und die dann unangemeldet in den Schulen auftauchen, um deren Qualität zu erkunden, und zwar in Hinblick auf Schulleitung, Unterricht, Gebäudezustand, Ausstattung, Förderung von schwachen Schülern, Hausmeister, Stundenausfälle und Schulleben. Die Ergebnisse werden dann publik gemacht, so wünscht es der Kultusminister Bernd Busemann.

Nachdem die Schulaufsichtsbeamten in Niedersachsen weitgehend abgeschafft wurden, kommen sie als Inspektoren durch die

Hintertür wieder hinein. Schulleiter und Lehrer werden damit wieder ein Stück mehr gegängelt, aber vielleicht auch zum Vorteil der Schüler, weil im Wettbewerb Schulen eigentlich nur besser werden können. Denn die Schul-TÜV-Inspektoren sollen nicht nur kontrollieren, sie sollen vor allem auch beraten und unterstützen.

3.13 Lehrer im Team

Wenn zwei Lehrer zusammen zwei Klassen führen, ist das gleichzeitig kostenlose Supervision und Lehrerfortbildung.

Einsame Lehrer haben es schwer. 1978 schrieb Horst Brück sein berühmtes Buch ›Die Angst des Lehrers vor seinem Schüler‹, und er beklagte schon damals den hohen Krankenstand der Schulmeister und ihre Erschöpfung, die wir heute „Burn-out-Syndrom" nennen. So hat eine Studie der Universität Potsdam jüngst ergeben, dass 85 Prozent der brandenburgischen Lehrer erschöpft oder psychisch krank seien.

Das liegt daran, dass die meisten Lehrer ihre Berufsprobleme mit sich allein ausmachen. Wenn eine junge Lehrerin eine neue Klasse übernimmt, wird sie dreimal im Lehrerzimmer ansprechen, dass sie mit Karl-Heinz und mit seinen Eltern so viele Probleme hat, weil sie sich von den erfahrenen Lehrern gute Ratschläge erhofft. Beim vierten Mal wird sie es nicht mehr erzählen, weil nun langsam der Eindruck entstehen könnte, sie sei vielleicht doch eine schlechte Lehrerin. Bestenfalls geht sie dann noch in ein Seminar der Lehrerfortbildung, das ihr einen hohen Grad von Anonymisierung unter gleichen Lehrern bietet, oder begibt sich in eine Supervisionsgruppe oder in eine psychologische Beratungsstelle; ansonsten wird sie vielleicht noch in Büchern oder Zeitschriften Hilfe suchen.

Wie sollen aber Lehrer ihre Schüler teamfähig machen, wenn sie selbst nicht teamfähig sind? Sie mussten schon als Schüler allein lernen, sie haben auf sich allein gestellt studiert und das Referendariat im Alleingang bewältigt, und nun stehen sie wieder allein vor Klassen mit großen Verhaltens- und Leistungsbandbreiten, zwischen Schulamt, Schulleitung, Kollegium und den Eltern ihrer Schüler.

Wenn Studenten bereits von Studienbeginn an zu zweit Unterrichtsstunden vorbereiten und geben, können sie auch später gut zu zweit in einer Schule klarkommen. Für diesen Weg entscheiden sich vom Berufsantritt an oder etwas später ohnehin viele deutsche Lehrer, nachdem sie in einem Lehrerkollegium einen Freund oder eine Freundin gewonnen haben. Sie versuchen dann, möglichst viel Unterricht wechselseitig in ihren Klassen abzudecken oder gar zu zweit die Ordinariate zweier Parallelklassen zu erobern, um dann auch gemeinsam auf Klassenfahrt gehen zu können.

Wer solche vertrauten Zweierteams genau beobachtet, stellt nicht nur fest, dass sie in den Pausen im Lehrerzimmer zusammenhocken, er kann auch mitkriegen, dass die beiden Partner oft miteinander am Nachmittag telefonieren und gelegentlich gemeinsam in den Ferien verreisen.

Ein solches Zweierteam lebt eine informelle, aber äußerst ergiebige Form von Lehrerfortbildung und Supervision an sich selbst, ohne dass das den Staat etwas Zusätzliches kostet.

Gute deutsche Schulleiter haben längst erkannt, dass es sich rechnet, zwei befreundete Lehrer mit der gemeinsamen Führung zweier Klassen zu beauftragen. Wenn zwei Lehrkräfte gegen ihren Willen zu einer Partnerarbeit zusammenverordnet werden, geht das Unterfangen allerdings meist schief. Es gelingt nur, wenn sich zwei Lehrkräfte – am besten eine Frau und ein Mann – freiwillig für ein Zweierteam entscheiden, zur Not geht das auch mit zwei Frauen, weil an der Grundschule gar kein Mann unterrichtet, oder mit zwei Männern, die schon vom Studium her befreundet sind. Die Lösung Frau und Mann tut jedenfalls den Schülern gut, weil sie je nach Thema, Wellenlänge und eigenem Geschlecht dann wenigstens eine brauchbare Bezugsperson zu finden vermögen, mit der eine stimmige Chemie herstellbar ist. Mit Schuld oder Qualität hat die stimmige Wellenlänge allerdings auf beiden Seiten nichts zu tun, denn eine Lehrerin kann für 25 ihrer 27 Schüler gut sein – weil dort die Chemie stimmt –, aber für zwei nicht, so wie umgekehrt auch Lehrer für zwei ihrer 27 Schüler gut sein können, weil sie für die beiden genau das repräsentieren, was sie dringend benötigen, aber für die anderen 25 nicht.

Wenn zwei Lehrkräfte zu zweit zwei Klassen führen, ist das zunächst einmal kostenneutral. Besser wäre, zwei Lehrkräfte führten eine Klasse und wären wie in den finnischen Vorschulen in jeder Stunde gemeinsam zugegen, aber dieses Modell ist im Moment zu teuer. Einige Schulen haben sich aber immerhin für eine Anderthalb-Lösung entscheiden können, weil jede Klasse im Schnitt etwa die Lehrerstunden von anderthalb Lehrkräften erhält, denn an vielen Schulen hat man zur Hälfte Vollzeitlehrer und zur anderen Hälfte Teilzeitkräfte.

Bei der Lösung zwei Lehrkräfte für zwei Klassen, die kein zusätzliches Geld kostet, muss darauf geachtet werden, dass die beiden Lehrkräfte unterschiedliche Fächer bzw. Lernbereiche vertreten, so dass sie mit der Lehre von den sinnvollen Größen in der Pädagogik etwa 70 Prozent des Unterrichts ihrer beiden Klassen abdecken können. Die Lehre von den sinnvollen Größen besagt aber auch, dass die anderen 30 Prozent von anderen Lehrern gegeben werden sollten, damit die Schüler auch andere Lehrerpersönlichkeiten mit anderen Herausforderungsprofilen erleben können.

Wenn zwei Lehrkräfte zusammen zwei Klassen führen, gemeinsame Elternabende und gemeinsamen Projektunterricht anbieten, wenn sie auch die Hausbesuche und die Elternstammtische gemeinsam durchführen, dann werden sie nicht nur dreimal ansprechen, dass mit Karl-Heinz alles so schwierig sei, sondern sie werden es immer wieder über die gemeinsamen vier Jahre ihrer Klassenführung tun. Und das ist dann kostenlose Supervision und Lehrerfortbildung sowie Investition in die Psychohygiene: Auf vier Schultern lässt sich die Last mit Karl-Heinz leichter tragen, und dadurch dass beide Lehrkräfte immer wieder über Karl-Heinz miteinander reden, beginnen sie überhaupt erst, ihn zu verstehen, so wie Schüler am besten lernen, wenn sie das zu Lernende anderen Schülern zu erklären haben, und so wie Eltern in Sachen Erziehung meist erst dann gut werden, wenn sie oft über Erziehung sprechen.

An manchen Gesamtschulen gibt es das Team-Kleingruppen-Modell (TKM), das sowohl für die Schüler- als auch für die Lehrerseite gilt: Sechs Lehrer führen zusammen drei oder vier Klassen und unterrichten nur in diesen Klassen. Sie wachsen mit ihren Klassen gemeinsam über vier oder sechs Jahre (das sind die optimalen Klassenlehrerzeiten) nach oben und bauen sich ihren Stundenplan selbst. Mit diesem Modell hat die Gesamtschule Köln-Holweide allerbeste Erfahrungen gemacht, auch weil die Lehrer nicht in 13 Klassen von sechs verschiedenen Stufen unterrichten, sondern Tag für Tag nur mit den Schülern ihrer Klassenstufe zu tun haben. Umfassung, Kontinuität und Fortschrittskontrolle sind bei diesem Team-Kleingruppen-Modell besonders intensiv und effizient; das Gespräch der beteiligten Lehrer untereinander stärkt jedes Mitglied dieses Teams ungemein, Erschöpfungszustände kommen dabei sehr viel seltener vor.

Die Finnen und Schweden haben sich ebenfalls für Lehrer im Team entschieden:

- Manchmal ist das gesamte Kollegium bereits ein Team, weil es überhaupt nur sechs Personen umfasst: Schulleiter, Lehrer und Schulassistent oder Schulpsychologe, Sozialpädagoge oder Schulkrankenschwester.
- Mit der Personalhoheit der einzelnen Schule werden von der Schule selbst nur Personen eingestellt, die auch in das Kollegium passen, so dass Wertekonsens gegeben ist.
- Wenn Schulen größer sind, baut man mehrere kleine Lehrerzimmer, in denen jeweils nur bis zu acht Personen sitzen, die alle in einer Klassenstufe arbeiten. Diese Lehrerzimmer sind gemütlich und funktionabel: eine Couchgarnitur, für jeden Lehrer ein separater Arbeitstisch mit Computer, Internetanschluss und Telefon, ein gemeinsamer Konferenztisch, Bücher, Fotokopiergerät sowie Regale und Schränke voller Unterrichtsmaterialien.
- Wenn finnische und schwedische Lehrer 35 Zeitstunden à 60 Minuten pro Woche in der Schule verbringen müssen und nur ein Teil davon Unterricht ist, dient der andere Teil der Arbeit im Team in diesem kleinen Lehrerzimmer. Lehrer, Schulassistent, Schulpsychologe, Sonderschullehrer und Sozialpädagoge reden über konzentrationsschwache, aggressive, hochbegabte, hyperaktive, rechenschwache oder sonstwie auffällige Schüler im Team, oft auch in Gegenwart des Schulleiters, und beginnen auf diese Weise, die Schüler besser zu verstehen und hilfreiche Lösungen für die Zukunft zu finden. Sie stellen dabei aber nicht fest, wer Schuld hat, sondern sie fragen sich, was sie fortan tun können.
- Der rückwärts gerichtete Blick mit der Schuldfrage würde eben auch deshalb ziemlich nutzlos sein, weil finnische und schwedische Schulen keinen Schüler loswerden können, wie das in Deutschland möglich ist (hier sucht man nach der Schuld, um eine Rechtfertigung für den Verweis von der Schule oder aus einer Klasse zu finden); sie müssen stattdessen Wege finden, sich auf noch so schwierige Schüler fortan besser einstellen zu können, denn ein Sitzenbleiben ist ebenso wenig möglich wie eine Weiterleitung des Kindes an eine Sonderschule, und der Abstieg von einem Gymnasium zu einer Realschule oder von da zu einer Hauptschule ist in Ländern mit einer flächendeckenden Gesamtschulversorgung ohnehin ausgeschlossen.

3.14 Präsentieren mit Portfolio statt Notenzeugnis

Portfolios sind mehrdimensionale, aussagestarke Entwicklungsberichte, die mehr die Schüler selbst erstellt haben als ihre Lehrer.

Wer die Lehrerarbeitszeit von oben her bürokratisch zu regeln gedenkt, darf sich nicht wundern, wenn Lehrer nur noch das tun, was sie unbedingt machen müssen. Aber gerade in Sachen Erziehung und Bildung braucht es pädagogischen Ethos und die Mündigkeit zu tun, was gerade regional und aktuell erforderlich ist.

Verplante Lehrer neigen zu dem, was am einfachsten geht, also unter anderem zum Notengeben und zum Zeugniserteilen. Schülerverhalten und -leistungen mit Ziffern einzufangen ist relativ unkreativ und führt Großbetriebe dazu, sich selbst ein Bild von der Selbstständigkeit, der Kreativität, der Erkundungs- und Handlungskompetenz, der Kritikfähigkeit und der Flexibilität ihrer Bewerber zu machen, und „Portfolios" spiegeln den jungen Menschen auch stimmig in seiner Sozial- bzw. Teamkompetenz wider:

So begünstigt das Volkswagenwerk an Wolfsburger Schulen, was in den USA, in Kanada, in Finnland und Schweden bereits weit verbreitet ist, nämlich „Portfolios" anstelle von Notenzeugnissen, zumindest aber ergänzend anzulegen. In ihnen werden entweder in Form eines Ordners oder aber auch eines Kastens Schülerleistungen über die Schulzeit hinweg, am besten aber schon im Kindergarten einsetzend, gesammelt: Bilder, Texte, Filme, Stellungnahmen von Mitschülern, Lehrern, Eltern, vor allem aber schriftlich formulierte Selbsteinschätzungen in der Art eines Lerntagebuchs. In Finnland beginnen die Lehrer der Vorschulklasse und der 1. Klasse jedenfalls damit, dass die Kinder zunächst lernen, sich selbst einzuschätzen und ihre Gefühle angemessen auszudrücken, bevor sie von anderen bewertet werden; „Was hast du heute geschafft, nicht geschafft?", „Was hast du richtig, was nicht?", „Wo brauchst du Hilfe, wobei konnte dir keiner helfen?" und „Womit bist du zufrieden, womit noch nicht?" sind Fragen, die die Kinder vor allem sich selbst stellen und selbst beantworten. Noten gibt es dort erst ab Klasse 5, in Dänemark erst ab Klasse 8 und in Schweden und Norwegen sogar erst ab Klasse 9. Das verwundert deutsche Eltern, aber Schweden stand sowohl bei der Schülerleistungsvergleichsstudie TIMSS weltweit auf Platz 1 als auch bei der jüngsten IGLU-Studie.

Die deutschen Berufsschulen sind schon ziemlich weit, was das

Präsentieren von Schülerleistungen anbelangt, aber zunehmend gehen auch die Lehrer der allgemein bildenden Schulen dazu über, Werk- und Projektergebnisse anderen Schülern, Eltern oder der schulischen Nachbarschaft vorzustellen.

Es gibt verschiedene Formen von Portfolios: Arbeitsportfolios, in denen lediglich Werk- und Leistungsergebnisse gesammelt werden, Beurteilungsportfolios mit formulierten Einschätzungen von Leistungen durch Mitschüler, Lehrer, Eltern und andere Menschen, Vorzeigeportfolios zum Zwecke der Präsentation von Einzel-, Gruppen-, Klassen- oder Schulleistungen, Entwicklungsportfolios, die den Werdegang eines Schülers vom Kindergarten bis zum Schul- oder Ausbildungsabschluss im Sinne einer Leistungsbiografie dokumentieren, und speziell zusammengestellte Bewerbungsportfolios. Selbstverständlich überschneiden sich zumeist diese Sonderformen in der Praxis.

Mit Portfolios werden Schülerleistungen individueller als mit Zeugnissen oder regionalen Leistungsevaluationen erfasst; sie stellen die Persönlichkeit des Schülers mit ihren Stärken und Schwächen als einmalig vor und stärken über das Einfangen seiner Biografie die Identität des Schülers und damit sein Selbstbewusstsein. Portfolios erlauben Längsschnittaussagen, die Notenzeugnisse mit ihrer abstrakten und punktuellen Darstellung kaum zu bieten vermögen. Portfolios ergänzen Notenzeugnisse um die Dimension der Zeit, sind also aussagestarke Entwicklungsberichte, die mehr die Schüler selbst erstellt haben als ihre Lehrer, so dass Schwächen eher selbst offen gelegt werden als durch andere Menschen, was allemal psychisch gesünder ist.

In Deutschland wächst zur Zeit das Bedürfnis nach standardisierten Tests, nach objektiven Leistungserfassungen in einer Klasse, einer Schule, einer Schulform, einer Region, einem Bundesland, national und international. Bald wird so viel vermessen, dass den Lehrern kaum noch Zeit zum Unterrichten bleiben wird. In den USA sind die Portfolios hingegen als Gegenwehr gegen die ausufernden anonymen Leistungsvergleichsstudien, die bei uns LAU, TIMSS, PISA, DELPHI, IGLU oder KESS heißen, entstanden, und sie kommen dort vor allem in der Wirtschaft, aber auch bei den Eltern gut an.

3.15 Vom Fachlehrer zum Klassenlehrer

Nur über bloße Fachkompetenzen hinaus umfangreich ausgebildete Klassenlehrer sind zu einer „zugehenden Pädagogik“ bereit und in der Lage, mit den Eltern „Elternschaft lernen“ zu können.

Jahrhundertelang hat die Arbeitsteilung, mit der die Familie erzieht und die Schule bildet, irgendwie funktioniert. Sie ging aber einher mit einem Obrigkeitsstaat, der das Erziehungsziel des Untertanen hatte. Seitdem wir jedoch eine demokratische Verfassung haben, die die Eigentümlichkeit des Einzelnen und Werte- und Meinungsvielfalt erlaubt und die den mündigen Bürger will, ist Erziehung sehr viel schwieriger geworden. In einer komplexen, komplizierten Gesellschaft kann nicht mehr eine Clique von Machthabern von oben herab Werte verordnen, wie das im Kaiserreich, im Dritten Reich und in der DDR noch möglich war, sondern Eltern und Pädagogen müssen um die Zustimmung des jungen Menschen bemüht sein, wenn sie etwas fordern oder verbieten, und sie müssen ihm dabei helfen, sich entscheiden, wehren, behaupten, durchsetzen und Nein sagen zu können, was nur gelingt, wenn sie um Überzeugung bemüht sind und Verhaltensalternativen für kritische Situationen zur Verfügung stellen.

Mit dem Artikel 6 unseres Grundgesetzes obliegt die Erziehung immer noch im Wesentlichen dem Elternhaus, aber mittlerweile kommen etwa 60 Prozent der Kinder nicht mehr hinlänglich erzogen in die Schule, und fast 30 Prozent der Eltern haben sogar Angst vor Erziehung, und zwar Angst davor, etwas falsch zu machen, so dass sie gar nicht mehr oder inkonsequent erziehen. Darüber hinaus haben etwa 15 Prozent der Kinder das traurige Schicksal, dass sie von ihren Eltern als störend empfunden und deshalb vernachlässigt werden, und nahezu 15 Prozent der Kinder werden von ihren Eltern übermäßig – wenn auch gut meinend – in eine ungewisse Karriere hinein verplant.

Schule steht also schon längst vor der Frage, ob sie ihren klassischen Bildungsauftrag mit einem breiteren erzieherischen Rahmen anreichern muss, damit ihre Bildungsbemühungen noch gelingen: Sie muss – vor allem in Problemgebieten – immer häufiger ein Schulfrühstück, einen pädagogischen Mittagstisch und psychomotorisches Extraturnen anbieten, sie versucht in Vorschulklassen kompensatorisch auszugleichen, was die Familien noch nicht hinbekommen haben, sie muss auf Gewalt, Sucht, Angst und Krankheit präventiv und therapeutisch reagieren, sie muss sich auf Hyperaktive, Hochbegabte, Frühgeförderte und Vernachlässigte, auf Kinder mit Hörcortex-Problemen, auf Wahrnehmungs- und feinmotorische Störungen und auf Fehlernährte, auf Legastheniker und Dyskalkuliker einstellen, also auf immer größer werdende Verhaltens- und Leistungsbandbreiten, aber auch auf Scheidungs- und Schlüsselkinder, auf vater- und geschwisterlos aufwachsende Kinder, auf Schulschwänzer und auf eine Vielfalt von Muttersprachen in unserem multikulturellen Einwanderungsland.

Gleichzeitig ist der Schule durch die TIMMS-, PISA- und IGLU-Studien mehr als sowieso schon bewusst geworden, dass die Jungen nicht mehr mit den Mädchen Schritt halten können und dass sie mit ihren bislang vorherrschenden Belehrungsmethoden die aktuellen Einsichten von Hirnforschern und Lernpsychologen verletzt, nämlich dass Kinder besser durch Handeln und Reden lernen als durch Zuhören, dass sie das Lernen also falsch herum organisiert hat.

Der Umbau der Belehrungsanstalt zu einer PISA-tauglichen Lernwerkstatt ist demnach eine gewaltige Aufgabe, die zur Zeit mit Lehrern geleistet werden muss, die insbesondere zu Lehrern für Fächer ausgebildet worden sind. Nahezu sämtliche deutschen Lehrer sind überkompetent in fachwissenschaftlicher bzw. fachdidaktischer Hinsicht und gleichzeitig unterqualifiziert, wenn es um diagnostische und therapeutische Kompetenzen über den engeren „erziehenden Unterricht" hinaus geht.

Wir können es uns nicht länger erlauben, dass 100 Prozent aller Lehramtsstudenten zu Lehrern für Fächer ausgebildet werden. Zwar müssen wir auch weiterhin solche Lehrer ausbilden, aber vielleicht nur zu 60 Prozent. Die anderen 40 Prozent brauchen dringend ein grundständiges Klassenlehrerstudium, also einen Studiengang, in dem sie Erziehungswissenschaft wie bisher studieren sowie ein Fach oder einen Lernbereich wie bisher.

Das zweite bisherige Unterrichtsfach muss dringend durch ein Bündel aus Hirnforschung, Lernpsychologie, Ernährungskunde, Bewegungserziehung, Spielpädagogik, Gewalt- und Suchtprävention, Verhaltensgestörtenpädagogik und einigen medizinischen Anteilen ersetzt werden, damit Lehrer auch individuelle Antworten gegenüber ADHS, Hochbegabungen, Lernbehinderungen, Lese-Recht-schreib-Schwäche und Rechenschwäche sowie stoffwechselbedingten Besonderheiten zu geben vermögen. Zu diesem Bündel muss aber auch „Elternschaft lernen" gehören.

Denn auch langfristig wird Schule nicht „Reparaturbetrieb“ der Gesellschaft werden können, nicht die Erziehung des Elternhauses komplett übernehmen können. Aber in dem Maße, wie sie das nicht darf und kann, muss sie zu einer „zugehenden“ oder „aufsuchenden“ Pädagogik in der Lage sein, die den Eltern bei der Erziehung hilft, so wie das mit den „parent raps“ in den kanadischen Schulen gelingt: Hausbesuche, Elternabende mit Erziehungsthemen und Elternstammtische machen Eltern erzieherisch besser. Wenn Lehrer mit Eltern oft über Erziehung reden, werden sowohl die Eltern als auch die Lehrer in Sachen Erziehung immer besser, so wie Kinder das, was sie lernen sollen, am besten dadurch lernen, dass sie es anderen Kindern zu erklären haben.

Ein grundständiges Klassenlehrerstudium schafft die Bündelung von vielen Kompetenzen in einer Person, was kindgemäßer ist als die Aufteilung der Schülerpersönlichkeit auf Tutor, viele Fachlehrer, Sozialpädagoge, Schulpsychologe, Beratungslehrer, Schriftsprachberater, Spielpädagoge, Familienhelfer, Kinderarzt, Präventionslehrer und Schulassistent neben Abteilungsleiter, Didaktischem Leiter und Schulleiter. Nur ein ausgebildeter Klassenlehrer vermag eine umfassende – im doppelten Sinne – und Fortschrittskontinuität bietende Bezugsperson, die Bildung und Erziehung in sich bündelt, zu sein. Und gut kann er nur mit einer stärker vernetzten Theorie-Praxis-Verknüpfung schon während des Studiums werden. Insofern ist der Schritt Schleswig-Holsteins richtig, Lehrerstudenten bereit in der ersten Phase – also parallel zum Studium – an „Ausbildungsschulen“ zu geben, die sich für diese Aufgabe bewerben können.

Mit einem Klassenlehrerstudium kämen aber auch andere Menschen in den Lehrerberuf, die wir künftig dringend benötigen: Viele Menschen, die nicht vorrangig Chemie oder Latein unterrichten wollen, aber bislang bereit sind, für weniger Geld mit 40 Wochenstunden Erzieher, Sozialpädagoge oder Sozialarbeiter zu werden, hätten durchaus Lust, Klassenlehrer zu sein. Vielleicht ließe sich mit dieser gesellschaftlichen Investition die Spirale der hilflos erziehenden Eltern durchbrechen, was nicht nur kostenneutral möglich wäre, sondern auch spätere Kosten in den Bereichen Gesundheitssystem und Kriminalität mindern könnte.

Erfreulich ist, dass zumindest drei deutsche Kultusminister, nämlich die Herren Olbertz (Sachsen-Anhalt), Lemke (Bremen) und Reiche (Brandenburg) sich für ein grundständiges Klassenlehrerstudium schon jetzt erwärmen mögen.

4. Gedankensplitter um PISA herum

4.1 Von der Schule zum Lerndorf

Schulen werden besser, wenn sie freigesetzt werden, wenn sie sich also eigenverantwortlich im Wettbewerb mit anderen Schulen profilieren dürfen.

Wir wollen mit unserem Grundgesetz Meinungs- und Wertevielfalt sichern und dass sich jeder Mensch seinen Begabungen und Motivationen entsprechend entfalten darf, solange er nicht andere behindert. Mit diesem Vielfältigkeitsgebot dürfen Kinder eigentümlich sein, so dass wir eigentlich für die zehn Millionen deutschen Schüler zehn Millionen unterschiedliche Schulformen bräuchten. Da das aber Utopie ist und auch nicht finanzierbar wäre, müssen wir zumindest ein Stück weit in diese Richtung gehen. Was dabei herauskommt, nennen wir dann bundesweit die „autonomere Schule", die in Nordrhein-Westfalen „selbstständige Schule" heißt.

Mittlerweile werden schon etwa 200 verschiedene Schulprofile für Deutschland beschrieben, darunter musische, sportliche, technische, wirtschaftliche, computermäßige, altsprachliche, neusprachliche und mathematisch-naturwissenschaftliche bis hin zu Hochbegabtenschulen. Hochbegabte müssen so nicht länger diejenige Schülergruppe darstellen, die am häufigsten im deutschen Schulwesen scheitert.

Die autonomere bzw. selbstständige Schule vermag mit weniger Geld und einem höheren Konsens im Lehrerkollegium sowie zwischen Lehrern, Eltern und Schülern leistungsfähiger und den Besonderheiten eines bestimmten regionalen Umfeldes angepasster zu sein als die bislang zentral bzw. planwirtschaftlich gesteuerte „Lehranstalt" – wie wir aus den USA und aus Großbritannien und sowieso von unseren Privatschulen wissen –, wenn wir sie zugleich zu einer Lernwerkstatt (die die „Rau-Kommission" in Nordrhein-Westfalen „Haus des Lernens" nannte) mit erziehungsstarken Lernberatern umbauen.

Zu ihr gehören folgende Aspekte:

- *Schulmanagement:* Drei bis fünf Schulen werden je nach ihrer Größe zu einem Verbund zusammengefasst und von einem Manager, der Pädagogik und Betriebswirtschaft studiert hat, aber auch Lehrer war, geführt. Unter ihm arbeiten pädagogische Leiter, die jeweils für etwa 70 Lehrer zuständig sind. Allein in Nordrhein-Westfalen könnten auf diese Weise etwa 450 Schulrats- und Schulleiterstellen eingespart werden.

- *Schulprofil:* Jede Schule darf sich (oder muss sich) selbst einen Schwerpunkt setzen. Ein solches Schulprofil wird auch „Schulprogramm" oder „Schulportrait" genannt, und diejenigen Schulen, die damit beginnen, bezeichnet man als „Schubschulen".
- *Personalhoheit:* Jede Schule stellt ihr Personal „schulscharf" selbst ein, ob Lehrer, Sozialpädagogen, Lehrbeauftragte oder eine ABM-Kraft.
- Globalhaushalt oder *eigene Budgetierung:* Die Schule bekommt einen festen Jahresetat, über dessen Verwendung sie ganz allein (auch mit den Eltern und Schülern) entscheidet. Indem Niedersachsen seinen Schulen diese Autonomieaspekte zugesteht, konnte es 60 Stellen in den Schulbehörden einsparen.
- *Regionalisierung:* Die Schule darf sich den besonderen Bedingungen ihrer Schüler anpassen, indem sie sich zur Nachbarschafts-, Stadtteil- oder Regionalschule entwickelt, so dass sie beispielsweise Türkisch oder Dänisch als zweite oder dritte Fremdsprache anbieten darf.
- *Kommunalisierung:* Die Gemeinde als Schulträger übernimmt Schulgestaltung und Schulaufsicht, so wie wir es aus den USA und aus Finnland kennen.
- *Sponsoring:* Der Schule wird erlaubt, Patenschaften mit benachbarten Betrieben einzugehen, von denen sie sich Sporttrikots, die Anschaffung von Computern oder einen Teil der Neigungskurse finanzieren lässt. „Schule als Firma mit Bandenwerbung" nennen Kritiker das bose, und sie warnen davor, dass die Schule damit von Sponsoren abhängig wird, die von ihr in ganz bestimmter Weise sozialisierte Absolventen für ihre Ausbildungsgänge erwarten. Sponsoren können aber auch Eltern sein, die der Schule eine Turnhalle, eine Beach-Volleyball-Anlage oder die Computerausstattung für eine Klasse schenken.
- *Partizipation:* Eltern und Schüler bestimmen mit, bei der Profilierung der Schule, bei Haushaltsprioritäten, bei der Wahl des Schulleiters, bis hin zur Erteilung von Noten bzw. von Versetzungsentscheidungen und Strafmaßnahmen gegenüber einzelnen Schülern (so im Hamburger Schulgesetz vorgesehen). In Schleswig-Holstein sitzen außer in Grundschulen in den Schulkonferenzen

25 Prozent Schüler, 25 Prozent Eltern und 50 Prozent Lehrer, in Hamburg sind die Schulkonferenzen drittelparitätisch mit Schülern, Eltern und Lehrern besetzt. Zugleich wandeln sich die Schulbehörden von aufsichtlichen zu beratenden und koordinierenden Instanzen, die allerdings noch die Vergleichbarkeit der Abschlüsse zu gewährleisten haben.

4.2 Brauchen wir mehr Ganztagsschulen?

Bei immer mehr Kindern funktioniert die altbewährte Arbeitsteilung, mit der die Familie erzieht und die Schule bildet, nicht mehr, so dass wir zunehmend Schulen benötigen, die sowohl bilden als auch erziehen.

Dass wir so ungünstig bei PISA abgeschnitten haben, mag auch daran liegen, dass Deutschland traditionell und bewährtermaßen eine Halbtagsschule besaß, die immer die nachmittägliche Ergänzung der Hausaufgaben hatte.

Wollen wir also bei PISA wieder nach oben kommen, müssen wir entweder das vormittägliche Lernen effizienter gestalten oder den Anteil der Hausaufgaben verdoppeln oder die „Schulis“ in eine Ganztagsschule integrieren.

Aber was ist Ganztagsschule? Das Dilemma beginnt schon damit, dass viele Menschen den Begriff Ganztagsschule mit dem der Gesamtschule verwechseln: Während Gesamtschule die Integration von Haupt- und Realschule sowie Gymnasium zu einer Schulform meint, bedeutet Ganztagsschule die Ausdehnung der bislang vorherrschenden Halbtagsschule in den Nachmittag hinein. Dabei gibt es einerseits einen Begriffswirrwarr zwischen „Voller“, „Verlässlicher“ und „Betreuter Schule“ sowie „Ganztagsschule“ und „offener Ganztagsschule“ und andererseits Streit darüber, ob Ganztagsschulen wie in Frankreich und fast überall flächendeckend und verbindlich eingeführt werden sollten oder als bloßes Angebot für einige Schüler.

Die „Betreute Schule“ Schleswig-Holsteins, die „Volle Halbtagsschule“ Nordrhein-Westfalens, die „Verlässliche Schule“ Niedersachsens und die „Verlässliche Halbtagsgrundschule“ Hamburgs garantieren den Eltern lediglich, dass ihr Kind von 8 bis 12.30 oder 13 Uhr auch dann in der Schule versorgt ist, wenn die Lehrerin krank ist. Die „Ganztagsschule“ verpflichtet hingegen ihre Schüler, bis etwa 16 oder 17 Uhr in der Schule zu bleiben, so dass ein Mittagstisch, die Schulaufgabenbewältigung und viele nachmittägliche musische, technische, sportliche und sonstige Wahl-, Wahlpflicht- oder Neigungskurse z.B. auch fremdsprachlicher Art das Pflichtprogramm des Vormittags ergänzen. Die „offene Ganztagsschule“ hingegen stellt ihren Schülern frei, ob sie mittags nach Hause gehen oder bis nachmittags das schulische Ergänzungsprogramm nutzen wollen.

In dem Maße, wie uns PISA bestätigt hat, was wir schon vorher wussten, dass nämlich die biografischen und milieumäßigen Ausgangslagen der deutschen Schüler besonders stark divergieren und dass wir damit weltweit nicht nur die größten Verhaltens-, sondern auch Leistungsbandbreiten unter 15-Jährigen haben, stellt sich zwangsläufig die Frage, ob die schwindende Erziehungsfähigkeit von immer mehr Familien durch das Angebot von Ganztagsschulen wieder ein Stück weit wettgemacht werden kann: Wer zu Hause nicht gut Schulaufgaben erledigen kann, soll das eben in der Schule unter helfender Aufsicht machen, wer daheim kein Mittagessen vorfindet, kann den „pädagogischen Mittagstisch“ nutzen, und wer in seinem multimedial vernetzten Kinderzimmer bloß vor der „Glotze“ oder stattdessen mit seiner Clique nur in Einkaufszentren rumhängt, würde durch das nachmittägliche schulische Kursangebot besser gefördert werden.

Das spricht für die Ganztagsschule; gegen sie spricht, dass sie den Familienzerfall beschleunigen könnte, weil sie „Hausfrauen“ ermuntert, wieder berufstätig zu werden. Die Wahrheit liegt jedoch – wie immer in der Pädagogik – in der Mitte: Eine flächendeckende obligatorische Ganztagsschule wie in Frankreich wäre teuer und unnötig, und mit dem Fehlen von Ganztagsschulen blieben zu viele Kinder aus sie benachteiligenden Verhältnissen von einer guten Bildungskarriere abgekoppelt. Wer mittags mit einem gesunden Essen von Mama, Papa oder Oma zu Hause empfangen wird, wer seine „Schulis“ allein zu bewältigen vermag, wer nachmittags seinen Musikunterricht und sein Training im Sportverein hat und gemeinsam mit seinen Freunden förderlichen Hobbys nachgeht, braucht keine Ganztagsschule, vielleicht aber ein Mehr an Hausaufgaben.

Die optimale Lösung ist also entweder die offene Ganztagsschule, die man mittags verlassen oder in der man bis 16 oder 17 Uhr bleiben kann, oder der Ausbau von etwa 10 000 der 45 000 deutschen Schulen zu Ganztagsschulen, wie ihn die Bundesregierung mit vier Milliarden Euro von 2003 bis 2007 befördern will.

Von dieser Summe fällt zwar nicht viel für die einzelne willige Schule ab, und wesentlich mehr müssen danach Kommune und Land für die Folgekosten aufbringen; aber es ist ein „Fuß in der Tür“, mit deren Öffnung Schulen vor Ort und von unten her besser werden können, wenn sie es selbst wollen.

Die Signalwirkung ist deutlich und mittlerweile trotz des Streits der Länder über die konkrete Verwendung des Geldes nicht mehr umkehrbar: Etwa jeder vierte deutsche Schüler leidet unter der bei ihm heute nicht mehr funktionierenden, jedoch früher bewährten Arbeitsteilung, mit der die Familie für Erziehung zuständig war und die Schule für Bildung; und deshalb benötigt er eine Schule, die sowohl erzieht als auch bildet!

4.3 Der Zwischenschritt von der Drei- zur Zweigliedrigkeit

Hauptschüler haben derart schlechte Lebenschancen, dass es Hauptschulen trotz der hohen Qualität ihrer Lehrer gar nicht mehr geben sollte.

Das Kinderhilfswerk der Vereinten Nationen, UNICEF, stellt im Anschluss an internationale Schülerleistungsvergleichsstudien wie TIMSS und PISA fest, dass durch Milieu und Biografie benachteiligte Kinder gerade in Deutschland zusätzlich noch in der Schule abgehängt werden: Die Gefahr, dass ein 15-Jähriger nicht gut lesen kann, liegt in Südkorea und Finnland bei 6,8 Prozent, in Deutschland bei 20,2 Prozent.

Während in Finnland die schwächsten Achtklässler dreieinhalb Jahre hinter der durchschnittlichen Leistungsentwicklung ihrer Mitschüler hinterherhinken, sind es in Deutschland mit seinen weltweit größten Leistungsbandbreiten fünf Jahre. Besonders benachteiligt sind dabei Ausländerkinder, Kinder von Alleinerziehenden und solche von Eltern mit einem geringen Bildungsniveau. Ein hoher Anteil der vier Millionen deutschen Analphabeten hat Eltern, die keinen Schulabschluss haben oder gerade einmal den Hauptschulabschluss, während Kinder von Realschulabsolventen und Abiturienten fast immer lesen können.

Deutschland befindet sich diesbezüglich in einer merkwürdigen Allianz mit Mexiko; nur in diesen beiden Ländern haben Kinder von Müttern ohne Schulabschluss ein dreieinhalbmal so großes Risiko, schlechte Leser oder Analphabeten zu werden, als in Finnland, Norwegen, Schweden, Island, Irland oder Polen.

Wir leisten uns also ein nicht sonderlich ausgleichendes Schulwesen, und zwar durch den Mangel an Ganztagsschulen, durch das Defizit an Erziehung in den Schulen und durch unser dreigliedriges Schulsystem mit einem früh abkoppelnden niederen, einem mittleren und einem hochwertigen Schulabschluss.

Wenn unsere Hauptschulen gestärkt werden sollen, wie viele meinen, dann müssen sie vor allem erzieherisch gestärkt werden, denn in der Hauptschule sitzen überproportional neben Ausländer- und Spätaussiedlerkindern solche von Alleinerziehenden, die laut einer in der britischen Fachzeitschrift *Lancet* vorgestellten schwedischen Langzeitstudie dreieinhalbmal häufiger Drogen nehmen, doppelt so häufig zu Suizidversuchen neigen und fast doppelt so häufig schlechte Schüler werden wie Kinder, die mit beiden Elternteilen aufwachsen; dabei ist jedoch weniger der Umstand der Ein-Eltern-Familie verantwortlich als vielmehr die deutlich schlechtere finanzielle Lage Alleinerziehender, von denen in Deutschland sowie in Schweden 85 Prozent Mütter und 15 Prozent Väter sind.

Während in den meisten europäischen Ländern sämtliche Kinder ganztags betreut werden, gibt es in Deutschland weder genügend Kindergarten- und Hortplätze noch eine hinlängliche Zahl von Ganztagsschulen, so dass unter anderem dabei herauskommt, dass sich der Drogenkonsum Hamburger Jugendlicher in den vergangenen vier Jahren fast verdoppelt hat. Hauptschulen sind bundesweit kaum noch von Eltern und Schülern begehrt.

Bei der vorletzten Anmelderunde zu den weiterführenden Schulen in Hamburg sind die Meldungen für die Haupt- und Realschulen um 7,5 Prozent zurückgegangen, während die für die Gesamtschulen um fast ein Prozent zugenommen haben. Bundesweit hat das Saarland die Hauptschule ganz abgeschafft und in eine Erweiterte Realschule einmünden lassen; Rheinland-Pfalz und neuerdings Mecklenburg-Vorpommern haben bereits viele Hauptschulen mit Realschulen zu Regionalen Schulen zusammengefasst, das Gleiche heißt in Thüringen Regelschule, in Sachsen-Anhalt Sekundarschule und in Sachsen Differenzierte Mittelschule; und in Brandenburg gibt es von Anfang an keine Hauptschulen, sondern nur Oberschulen und Gymnasien.

Schleswig-Holstein hat mit dem Schuljahr 2006/2007 die „Gemeinschaftsschule“ als Regelschule in sein neues Schulgesetz aufgenommen, also eine neunjährige Grundschule ohne Noten und

Sitzenlassen bei gleichzeitiger Abschaffung der meisten Sonderschulen. Das ist nicht nur revolutionär für eine große Koalition, es entspricht auch dem nahen skandinavischen Vorbild. Und übergangsweise wurden im nördlichsten Bundesland die Haupt- und Realschulen zu Regionalschulen zusammengefasst.

Wenn man überhaupt noch etwas für ein Überleben der Hauptschule tun wollte, dann müsste man sie als erziehungsstarke Ganztagsschulen, die ebenfalls wie die Realschule bis zur 10. Klasse reichen, profilieren, damit sie mit diesem Schwerpunkt attraktiver werden könnten. Ansonsten setzt sich aber bundesweit das „Zwei-Wege-Modell" Klaus Hurrelmanns durch: Immer mehr Eltern streben gerade nach der PISA-Debatte für ihr Kind ein Gymnasium an, das in die Hochschulen hineinführt, oder eine erziehungsstärkere Schulform, die den Weg Richtung Abitur länger offen hält, als das die allzu früh von einer Karriere in einer immer beschäftigungsärmer werdenden Gesellschaft abkoppelnden Hauptschulen tun.

Und dabei wollen viele Eltern ihren Sprösslingen auch Muße, also ein Ausleben der ohnehin bedrohten kindlichen und jugendlichen Entwicklungsstufen gönnen. Denn wie sonst ließe sich erklären, dass das neue Hamburger Abitur nach Klasse 12 zu einem Rückgang der Anmeldungen für das Gymnasium, aber zu einem Zugewinn an Anmeldungen für die Gesamtschulen, die das Abitur nach Klasse 13 behalten, geführt hat?

4.4 Wie lange soll die Grundschule dauern?

Eine nur kurz währende Grundschule koppelt schwächere Schüler allzu früh von den mitreißenden Effekten der besseren ab.

Schleswig-Holstein hat jetzt die neunjährige Grundschule, „Gemeinschaftsschule" genannt, als Regelschule ins Schulgesetz aufgenommen.

Nach fast drei Jahren PISA-Debatte fragen sich vor allem Eltern: Was haben die Schülerleistungsvergleiche internationaler und nationaler Art nun eigentlich in unseren Schulen verändert?

Viel ist es nicht: Ein paar Deutschkurse vor der Einschulung, eine Öffnung in Richtung Ganztagsschule, die Ankündigung häufigerer Leistungsvergleiche, die Erhöhung der Hürden zu den weiterführenden Schulen, eine Verschärfung der Abschlussprüfungen, eine gemeinsame Lehrplanentwicklung der Länder Brandenburg, Berlin, Mecklenburg-Vorpommern und Bremen sowie nationale „Bildungsstandards“ als Konsens der 16 deutschen Kultusminister.

Mit der deutschen Eigenart, in Reformen eher Risiken als Chancen zu sehen, überwiegt die Angst, deutliche Veränderungen von Skandinavien und Kanada zu übernehmen, als da sind: eine Ausdehnung der Grundschulzeit, um mitreißende Effekte auf schwächere Schüler durch gute nachhaltiger zu nutzen; eine länger währende Notenfreiheit, um Motivation statt Angst beim Lernen zu erhöhen; eine Lernwerkstatt mit jahrgangsübergreifenden Lernfamilien und Lernberatern, statt Belehrung zu begünstigen; mehr Umfassung des einzelnen Schülers durch zwei Klassenlehrer für ihn zu schaffen; die Fähigkeiten, sich selbst zu organisieren („personal management“) und zu kooperieren („team work“), auszubauen; den Eltern bei der Erziehung zu helfen („parent raps“); jedem Schüler eine Bezugsperson in der Arbeitswelt zu geben („business partner“); eine grundsätzlich andere Lehrerbildung mit der Qualifizierung von diagnostisch und therapeutisch starken Klassenlehrern einzuleiten – all das scheitert immer noch an Mutlosigkeit und ideologischer Verbohrtheit, also an mangelndem pragmatischem Konsens, sowie daran, dass unsere Schulen immer noch nicht – wie in Finnland – für die Schüler da sind. Während sich finnische Lehrer auf jeden noch so schwierigen Schüler einstellen, den sie nicht loszuwerden trachten, obsiegt bei uns noch allzu oft die Selektion über die Integration.

So wie die Großindustrie schon lange von den Schulen fordert, die Entwicklung von Schlüsselqualifikationen wie Selbstständigkeit, Teamfähigkeit, Erkundungs- und Handlungskompetenz, Kreativität und Flexibilität über die auch weiterhin erforderliche Umsetzung von Fachlernzielen zu setzen, wünschen nicht nur die brandenburgische und die schleswig-holsteinische SPD eine neunjährige Grundschule, sondern auch die eher konservative baden-württembergische Handwerkskammer.

Denn ein Resultat der PISA-Tests war ja, dass wir in Deutschland offenbar die schwachen Schüler zu früh von den guten abkoppeln und uns deshalb weltweit die größten Leistungsbandbreiten bei 15-Jährigen einhandeln. Das frühe Aufteilen der Schüler nach Klasse 4 in Richtung Hauptschule, Realschule und Gymnasium ist zwar sinnvoll, wenn wir junge Menschen vor allem frontal belehren, weil wir sonst die guten permanent unterfordern und die schwachen überfordern und auf diese Weise allenfalls die Mitte der Leistungsbandbreite angemessen ansprechen. Aber intelligenter und passender zu einer meinungs-, werte- und leistungsvielfältigen Gesellschaft wie der unseren wäre wohl, die guten Schüler möglichst oft und lange als Lernhelfer im Rahmen von handelndem Selbstlernen für die schwächeren einzusetzen, wie das in den jahrgangsübergreifenden Klassen in Nordrhein-Westfalen und in Hamburg geschieht. Denn in ihnen langweilen sich gute Schüler gar nicht, weil sie in den oft bei ihnen feststellbaren Defiziten soziales Lernen, Teamfähigkeit und Kommunikation gewaltig herausgefordert und gefördert werden, während für die schwachen Schüler gilt, dass sie von Gleich- oder Ähnlichaltrigen wesentlich besser lernen als von noch so guten Erwachsenen.

„Motivierende" oder „mitreißende Effekte" nennt man das in den bewährten Konzepten der Integrierten Haupt- und Realschulen, der Integrationsklassen, der Integrativen Regelklassen und der jahrgangsübergreifenden Lernfamilien, die es zum Beispiel an der Kölner Peter-Petersen-Schule seit langem gibt. Motivation ist nämlich stets ein ergiebigerer Lernmotor als Angst, die – das sei zugegeben – auch ein wenig die Lernergebnisse zu erhöhen vermag.

4.5 Kuschelpädagogik oder Leistungsdruck?

Kuscheln und Leistungsfähigkeit schließen sich keineswegs aus, sondern bedingen sich sogar oft.

Hätte dem 20-jährigen Täter von Erfurt, der zweimal nicht zum Abitur zugelassen wurde und deshalb mit der damaligen thüringischen Besonderheit nicht einmal den Hauptschulabschluss hatte, mehr schulisches Kuscheln gut getan? Jedenfalls meinten das viele Trauerredner auf dem Platz vor dem Dom und der Severikirche.

Zuvor, als die Ergebnisse der internationalen PISA-Studie bekannt wurden, und danach, als PISA-E für die deutschen Bundesländer ausgewertet war, forderten jedenfalls viele wie der Präsident der Deutschen Arbeitgeberverbände, Dieter Hundt, ein Ende der „Kuschelpädagogik".

Kuscheln kam und kommt jedoch meines Wissens an deutschen Schulen gar nicht vor. Wahrscheinlich haben die Herren einen erweiterten Kuschelbegriff im Visier und meinen so etwas wie das Budenbauen an der Bielefelder Laborschule, die Entlastungsecken in Klassen mit einem hohen Anteil schwieriger Schüler, die aus den Niederlanden kommenden „Snoezelen-Räume" zum Ansprechen aller Sinne des Kindes, das „psychomotorische Extraturnen" für koordinationsgestörte Kinder und offenbar die gesamte in den letzten 40 Jahren ausgebaute Verständnispädagogik.

Das von Hundt und anderen gewünschte Gegenteil zur „Kuschelpädagogik" ist offenbar das, was der ehemalige Hamburger Bildungssenator Rudolf Lange als „Strafmaßnahmen-Katalog" den Lehrern an die Hand geben wollte, was dem Ex-Generalsekretär der SPD, Olaf Scholz, mit Bußgeldern gegen Schulschwänzen vorschwebt oder was die Bundesbildungsministerin Annette Schavan mit einer „neuen Leistungskultur" meint.

Zwischen Kuscheln und Leistung besteht aber nur scheinbar ein Widerspruch, wie wir von den gelassenen finnischen Lehrern, von den notenfreien ersten sieben Klassenstufen der dänischen Schulen und von den kanadischen Lernwerkstätten, in denen sich die Lehrer fast unsichtbar gemacht haben, ablesen können. Denn das eine behindert das andere keineswegs. Nähe, Emotionalität, Bewegung, Spiel, Ernährung, aktive Pausen, Lob, Humor und Verständnis für die Eigentümlichkeit der jeweiligen Schülerpersönlichkeit sind wichtige Voraussetzungen für eine hohe Leistungsfähigkeit, so wie ein abstrafendes und beschämendes Sitzenlassen mehrheitlich nicht zur Leistungssteigerung, sondern zum Sich-Aufgeben führt.

Jedenfalls kann man von den Lehrern der Eylardus-Schule für Erziehungsschwierige im niedersächsischen Bad Bentheim lernen: Sie haben Verständnispädagogik mit Konfrontationspädagogik angereichert. Jeder Schüler wird dort sofort mit dem, was er gerade getan oder vernachlässigt hat, direkt konfrontiert. Sie fordern von ihren Schülern eine neue Anstrengungskultur und reagieren auf Fehlverhalten mit Anti-Aggressivitäts-Training. Aber sensible Schüler nehmen sie auch schon mal tröstend in den Arm. Das Gebot der Stunde sollte also nicht Leistung statt Kuscheln heißen, sondern mit einem Begriff des brandenburgischen Bildungsministers Steffen Reiche „Hochleistungskuscheln", so wie die finnischen Schüler sich nicht auf ihre Lehrer einzustellen haben, sondern die Lehrer auf ihre Schüler, die sie nicht loswerden können. Immerhin ist Finnland damit bei PISA auf Platz 1 gelangt.

4.6 Der Computer sorgt für ein anderes Lernen

Gerade das Lernen am Computer weist uns den Weg von der Belehrungsanstalt zur Lernwerkstatt.

Mit großem Elan begann vor einigen Jahren die bundesweite Aktion „Schulen ans Netz". Überall wurde investiert in Computerräume, in Internet-Anschlüsse, in Lehrerfortbildung, in die Entwicklung von lerntauglicher Software, in Sponsoring von Laptops und in die Gebühreneinheiten, die dank der Telekom nunmehr den Schulen erspart bleiben.

Aber gleichzeitig mit der Zunahme des schulischen Computerlernens stellt sich auch Ernüchterung ein. Die Knabenmorgenblütenträume welken, denn die kleineren Länder um Deutschland herum wie Schweden, Norwegen, Dänemark, Island, die Niederlande, Luxemburg und die Schweiz machen größere Fortschritte mit dem neuen Unterrichtsmedium als die 16 deutschen Bundesländer. Irgendwie werden wir den schon von der weltweiten TIMSS-Studie des Boston-Colleges uns zugeordneten unteren Mittelplatz nicht mehr los, den böse Zungen auch mit dem Begriff „Deutschland ist ein Entwicklungsland in Sachen Computerlernen" zu übersetzen versuchen.

Fortschrittlich will auf seine Weise jedes Bundesland sein; und obwohl überall gewaltig in die Fortbildung der Lehrer in Sachen Computer und Informatik investiert wird, wird man den Eindruck nicht los, es würde nur ein modernes Lernmedium auf die alte Schule obendrauf gesetzt, als würden die Schüler am Bildschirm ohne Verstand lernen.

So wie vor 30 Jahren viele Schulen stolz auf ihr Fremdsprachenlabor waren, sind es heutzutage viele, die sich mit ihrem Computerraum brüsten. Aber da kommt Lehrer Meyer mit seiner Klasse 8c eben nur dienstags in der 3. Stunde hinein, weil es so im Stundenplan steht, nicht aber, wenn es aktuell gerade nötig ist. Computerfachräume werden sich also dermaleinst ebenso als schulische Sackgassen erweisen wie einst die Sprachlabore. Und wenn Computer mehr als nur teure Schreibmaschinen oder aufwändige Overheadprojektoren sein sollen, dann muss für sie so etwas wie eine Lehre von den sinnvollen Größen entwickelt werden, die uns sagen wird, dass wir in jedem Klassenraum immer für zwei Schüler einen Computer mit Internetanschluss benötigen, dass höchstens zwei Fünftel der Unterrichtszeit an ihnen erkundet und im Rahmen von Partnerarbeit gelernt werden sollte, dass Schüler genauso lange, wie sie vor dem Bildschirm hocken, sich danach auch bewegen können müssen, dass Reden- und Zuhörenkönnen in gleichem Maße ausgebaut werden muss, wie das Computerlernen Eingang in eine von der Belehrungsanstalt zur Lernwerkstatt gewandelte Schule mit Lernfamilien statt Klassen und mit „coachenden" Lernberatern statt Be-Lehrern findet, und dass die Faszination des spielerischen Umgangs mit Maus und Tastatur sowie das Surfen im Internet der Ergänzung durch eine Erziehung zur kritischen Distanz gegenüber der Medienlandschaft und der Problemvertiefung gegenüber den erkundeten Daten dringend bedarf, weil Computerlernen sonst nur zum oberflächlichen Informations-Hopping bzw. zum schnelllebig bloß konsumierenden Zapping verleitet.

Ex-Bundesbildungsministerin Edelgard Bulmahn regte an, dass bis 2006 sämtliche Schulen, die das wollen, über mobile Computer verfügen. Als die größten Bremser erweisen sich dabei jedoch die Informatiklehrer selbst, die ihr Herrschaftswissen gern für sich behalten, gepaart mit ihrer Schlüsselgewalt, mit der sie aus Angst vor Schädigungen der Geräte und ihrer Programme zu verhindern trachten, dass weniger als sie Qualifizierte allgemeinen Zugang zu der neuen Dimension von Schule und Lernen erhalten.

In vielen Aspekten haben sich die Bildungspolitiker mit ihrer Euphorie in Bezug auf die Aktion „Schulen ans Netz“ und in Bezug auf die Faszination der Kids gegenüber den Chancen der neuen Medien in den letzten Jahren verschätzt:

- Für jeden Euro, der in Schulcomputer investiert wird, müssen noch einmal 17 Cent pro Jahr für Folgekosten (Wartung, Reparatur, Softwarebeschaffung, Lehrerfortbildung) veranschlagt werden (das lernen wir von den USA).
- Die Mehrzahl der Lernprogramme erweist sich als pädagogisch ungeeignet, als zu trivial oder als motivationstötend, oder sie verleitet zur Oberflächlichkeit, außerdem sind sie meist zu teuer (das lernen wir aus Australien).
- Das Surfen im chaotischen Internet stellt sich als bedeutsamer heraus als das Nutzen von eigens erstellten Lernprogrammen (das lernen wir aus den skandinavischen Ländern).
- Es wollen sich bedeutend mehr Lehrer – und vor allem auch ältere Lehrer – in Sachen Computer fortbilden lassen, als man vermutete (das lernen wir aus Österreich).
- Das Computerlernen begünstigt Informationsgewinnung, aber nicht Wissen (das lernen wir aus Island).
- Einige gute Schüler sind überall im Unterricht gut, nur nicht beim Lernen am Computer („Computerlegasthenie“ bzw. „Computerasthenie“) (das wissen wir aus Schweden).
- Die Computer eröffnen eine neue Dimension für Schülerstreiche und für -sabotagen, die erfordern, dass der Informatiklehrer zugleich ein hervorragender Pädagoge in Sachen Verhaltensstörungen ist (das wissen wir aus Kanada).

- Computerlernen passt nicht zu 45-Minuten-Unterrichtstakten, sondern erfordert flexible Lernphasen, offenen Unterricht und die Projektmethode, mit denen das Selbstlernen der Schüler wichtiger wird als das Belehrtwerden und in denen das Voneinanderlernen durch Partner- und Kleingruppenarbeit im Rahmen einer offenen Lernwerkstatt mit Wochenplanarbeit und in jahrgangsübergreifenden Lerngemeinschaften bedeutsamer wird als das lehrerzentrierte frontale Vorgehen (das wissen wir aus dem schweizerischen Basel).
- Das effiziente Lernen am Computer erfordert nicht nur das Angebot von einem Computer für jeweils zwei Schüler, sondern auch mehr Platz in den Unterrichtsräumen; Lernfamilien mit Computern benötigen zwei Klassenräume mit Durchbruch, die Einbettung des Unterrichts in Bewegungs-, Spiel-, Entlastungs-, Gesprächs- und Problemvertiefungsphasen sowie einen lernberatenden „Coach“, der viel Zeit in Elternarbeit, in Gesundheitserziehung und in das nachbarschaftliche Netzwerk seiner autonomeren Schule mit Personalhoheit, eigener Budgetierung, Schulprofil und Sponsoring zu investieren vermag (das lernen wir gerade in Deutschland).
- In Deutschland hat bislang nur jeder dritte Lehrer ausreichende Computerkenntnisse für unterrichtliche Zwecke, in den USA sind es hingegen zwei von drei Lehrern. In den USA haben 95 Prozent aller Schulen Computer mit Internetzugang, in Deutschland lediglich 63 Prozent. In den USA gibt es im Schnitt 114 PCs pro Schule, in Deutschland nur 39. Gleichzeitig machen diese Zahlen deutlich, dass Bill Clinton die in seinem Wahlprogramm für das Jahr 2000 formulierte ehrgeizige Absicht, mit der jeder Schüler an einem Computer in der Schule lernen sollte, nicht umsetzen konnte; zum Glück, denn effizienter ist es, immer für zwei Schüler einen Computer vorzuhalten.
- Neu eingerichtete Notebook-Klassen, bei deren Unterricht der Laptop allgegenwärtig ist, erweisen sich wegen der Vernetzung aller Schüler einer Klasse und wegen der Verknüpfung mit einer bildschirmähnlichen Tafel vorn, auf die man auch etwas schreiben kann, als Segen. Meistens fehlt dann aber im Laufe des Schuljahres das Geld für Reparaturen, Wartung und Neuanschaffung hinfälliger Notebooks. Die Städtische Realschule Hörstel im Münsterland nimmt deshalb nur Schüler in ihre Notebook-Klassen auf, deren Eltern zu Beginn des Schuljahres 1400 Euro bezahlen; dafür gehört dem Schüler selbst dann auch auf ewig sein Notebook.

Die Schule der Zukunft wird ohne den Computer nicht mehr auskommen. Aber er ist nur ein Instrument so wie früher der Rechenschieber. Er erfordert, dass auch das außerhalb des Computers Liegende in der Schule verändert und ausgebaut wird, er erfordert eine neue Anstrengungskultur mit starken Übungsanteilen und eine andere Fehlerkultur, mit der Umwege und Irrwege beim Lernen bejaht, aber nicht mehr mit roter Tinte und schlechten Noten verfolgt und bestraft werden; er erfordert, dass die Schulglocke durch Uhren in jedem Klassenzimmer ersetzt wird und der Schulrucksack durch einen Lernlaptop ergänzt wird, der von der Familie mitfinanziert wird, weil der Schüler dann sorgsamer mit ihm umgeht. Denn schließlich profitieren auch die Eltern davon: Kinder sind zumeist die „Türöffner“, die Katalysatoren für die Computer-Alphabetisierung ihrer Eltern.

Welches sind die Effekte des Computers im Einzelnen, wenn es um Erziehung und Lernen geht?

- Der Computer ist zunächst nichts Anderes als ein Medium, also als ein Gegenstand wie früher das Buch, die Tafel oder der Rechenschieber.
- Er begünstigt eher ein zwei- als ein dreidimensionales Weltbild: Mit dem Computer verlassen die Kinder seltener als früher die Wohnung zum Bewegen und Spielen.
- Er hat eine „Türöffnerfunktion“ auch für Eltern und Lehrer, die über den Umweg des Kindes Computerkompetenzen erwerben.
- Zurzeit motiviert und fasziniert der Computer Kinder noch so stark, dass sie mit seiner Hilfe in kürzerer Zeit mehr lernen. Aber wie lange wird diese Faszination noch anhalten?
- Die Faszination der Kids in Hinblick auf den Computer nimmt ganz langsam wieder ab. Sie war noch vor 5 Jahren größer als heute. Vielleicht sind wir in 20 Jahren froh, wenn überhaupt noch ein Kind gelegentlich im Internet etwas liest. Eine ähnliche Entwicklung hatten wir schon einmal beim Buch: Vor 80 Jahren gab es viele Leseratten, die heimlich nachts unter der Bettdecke ein Buch lasen. Heute wären wir froh, wenn Kinder wieder mehr lesen würden, und zwar über die Harry-Potter-Bücher hinaus.
- Je schwächer das Kind ist, desto größer sind seine Lernfortschritte beim Umgang mit dem Computer; es gibt geradezu eine Rangordnung des Profitierens beim Lernen am Computer:
  1. Geistigbehinderte
  2. Lernbehinderte
  3. kleine Kinder

4. Jungen
5. Hauptschüler
6. Hochbegabte
7. Hyperaktive
8. Legastheniker und Linkshänder
9. durchschnittliche Kinder
10. Gymnasiasten

- Da der Bildschirm beim Lernen am Computer moralisch stets neutral bleibt, erlaubt er das, was Kindern besonders gemäß ist, nämlich das Lernen über Um- und Irrwege, also ein Lernen mit einer neuen Fehlerkultur.
- Einige Kinder, die alles gut können, können nur nicht gut mit dem Computer umgehen; sie sind Computerastheniker.
- Am effizientesten ist der Computer, wenn Kinder zu zweit an ihm lernen (Partnerarbeit).
- Kinder bis 3 Jahre sollten der Augen wegen nicht vor dem Bildschirm sitzen; für Kinder von 4 bis 5 Jahren sind 20 Minuten täglich sinnvoll,
  in den 1. und 2. Klassen sind täglich 30 Minuten des Lernens am Computer optimal,
  in den 3. und 4. Klassen 45 Minuten,
  in den Klassen 5 und 6 sind es 60 Minuten,
  und ab Klasse 7 dürfen es 90 Minuten sein.
- In dem Maße, wie der Computer in die Welt des Kindes eintritt, müssen auch die Gegengewichte zu ihm gestaltet werden: Bewegung, Reden- und Zuhörenkönnen, gelegentliches frontales und lehrerzentriertes Vorgehen und die Förderung von Schlüsselqualifikationen wie Selbstständigkeit, Teamfähigkeit, Handlungskompetenz, Kritik- und Konfliktfähigkeit, Kreativität und Fähigkeit zum vernetzenden Denken.
- Die Zukunft liegt weniger im Softwarebereich als vielmehr in einer kritisch-distanzierten Internetnutzung, die für Schulen ein Fach Medienerziehung (in den USA und Kanada: Media-literacy) erforderlich werden lässt.
- Mit dem Vordringen der Computer in unser Leben wird die lateinische Schreibschrift zunehmend durch Druckschrift ersetzt werden müssen.
- Der Computer birgt per Informationsüberschuss die Gefahr des oberflächlichen Lernens: Es kommt also zunehmend auf Auswahl, Dosierung, Gesprächsbegleitung, Vertiefung, Vernetzung und kritische Bewertung vor allem durch Gleichaltrige an, aber

auch auf den Ausbau von Anwendungs-, Transfer- und Übungsanteilen.

- Das multimedial vernetzte Kinderzimmer zeitigt andere Hirnvernetzungen beim Kind, mit denen es vieles besser, vieles aber auch schlechter kann als wir Erwachsenen. Vor allem werden Kinder damit aber industriegeeigneter, was ihre berufliche Zukunft anbelangt.
- Der Computer wandelt die Rollen von Eltern und Lehrern von Belehrenden zu ebenfalls Lernenden („teachers as learners" nennen das die Kanadier).

4.7 Streber

Gute Schüler werden zumal in Deutschland von Mitschülern als „Streber" verpönt und gebremst, ein Luxus, den wir uns nicht mehr leisten können.

Der Bildungsbericht 2004 für Deutschland kam zu dem erschreckenden Ergebnis, dass es bei uns im internationalen Vergleich zu viele Sitzenbleiber, Rückläufer und Schulabbrecher gibt und dass bei uns viel zu wenige Schüler zum Abitur kommen. Bayern ist mit nur 19 Prozent Abiturienten von einem Schülerjahrgang sogar Schlusslicht in Europa. Ein weiteres Problem ist, dass wir unter 15-Jährigen weltweit die größte Leistungsbandbreite haben, also besonders viele schwache Schüler neben mittelmäßigen und guten haben. Und was auch tragisch ist: Nirgendwo auf der Erde haben gute Schüler so viel Angst, gut zu sein, wie bei uns: Wenn Sie mehrmals von ihren Mitschülern als „Streber" niedergemacht werden, wollen sie absichtlich schlechter werden; sie verzichten darauf, sich zu melden, wenn sie etwas wissen, sie schreiben lieber eine 3 als eine 1 und hoffen, auf diese Weise wieder mehr Anerkennung durch die Gleichaltrigen zu gewinnen. Neid scheint – wie prominente Talk-Show-Teilnehmer gelegentlich betonen – ein spezifisch deutsches Problem zu sein, so wie die allgemeine Schulproblematik mittlerweile vor allem auch eine deutsche ist. Lehrer können eine Menge gegen die Leistungsminimierung ihrer besten Schüler tun, wenn sie nicht mehr vor allem frontal und lehrerzentriert vorgehen, sondern im Rahmen einer Lernwerkstatt gute Schüler als Lernhelfer für schwächere, also als mitreißende Zugpferde benutzen. Dann werden alle Schüler besser, die guten langweilen sich nicht mehr, und sie erhalten die Anerkennung der Mitschüler aufgrund ihrer Leistungsfähigkeit und nicht mehr länger wegen ihrer für unser ganzes Land so schädlichen Leistungsverweigerung.

Jedenfalls ist irgendwie symptomatisch für unsere Schülerschaft, dass nach Veröffentlichung der internationalen PISA-Studie ein Schüler aus Neustadt in Holstein einen Leserbrief schrieb, in dem er kundtat, dass seines Wissens seine Mitschüler beim Ausfüllen der nicht zeugnisrelevanten Fragebögen „irgendwelchen Quatsch" hingeschrieben hätten. Das hätte sich in Japan oder Südkorea wohl kein 15-Jähriger getraut!

4.8 Verständnispädagogik muss um Konfrontation erweitert werden

Wir dürfen Kinder nicht immer nur verstehen wollen, wir müssen sie auch mit dem, was sie getan haben, konfrontieren, weil sie nur so Halt in einem stimmigen Weltbild zu gewinnen vermögen.

Die sehr großen Leistungsbandbreiten unter 15-Jährigen haben etwas damit zu tun, dass wir in Deutschland am unteren Ende relativ viele von zu Hause her erzieherisch vernachlässigte junge Menschen, Schulschwänzer und aggressive Jungen sowie autoaggressiv gestörte Mädchen haben, die anders in der Schule zu behandeln sind als Schüler, die sich in der Mitte der Verhaltens- und Leistungsbandbreiten von Klassen befinden.

Das Gegenteil von Bindung ist nicht Freiheit, sondern Regellosigkeit. Alle Menschen und insbesondere die jungen benötigen dreierlei Bindungen, nämlich erstens die an wenigstens einen Menschen (Bezugsperson), zweitens die an ein stimmiges Weltbild, also an Normen, Werte sowie an Naturgesetze und soziale Regeln, und drittens die an ihre Zukunft (Motivationen, Perspektiven). In dem Maße, wie es an einer oder zwei dieser Bindungen mangelt, sprechen wir von Erziehungsdefiziten. Verwahrlosung ist in der Sozialpädagogik daher als Bindungsarmut definiert.

All unser pädagogisches Trachten ist letztlich am Aufbau von Bindungen orientiert, und dabei muss Erziehung unserer Zeit und unserer Gesellschaft entsprechen, indem sie akzeptiert, dass junge Menschen voneinander verschieden, also eigentümlich sein dürfen, dass wir sie von Forderungen und Verboten überzeugen müssen und dass wir ihnen dabei helfen müssen, sich entscheiden und Nein sagen zu können.

Auf das Sichtbarmachen von Grenzen, denen Kinder und Jugendliche zustimmen müssen, kommt es also an. Und der Grenzübertritt des jungen Menschen, den wir Fehler nennen, gehört unbedingt dazu. Mädchen und Jungen sind so gebaut, dass ihre Art zu lernen die des Um- und Irrweges ist. Deshalb sollten wir gelassen bleiben, wenn sie mit dem Reiz der Abenteuerlust, mit dem Kick, das Verbotene zu tun, die ihnen gesetzten Grenzen überschreiten, denn sie wollen wissen, was eigentlich passiert, wenn sie die Regel, die sie dank unserer Überzeugungsarbeit immerhin theoretisch verstanden haben, konkret verletzen. Und dann muss auch etwas passieren, wie wir aus den Erfahrungen mit der Spirale der Gewalt und mit erfolgreicher Gewaltprävention wissen.

- Viele Kinder gehen nicht einmal bis zur Grenze, die ihnen eigentlich zum Sich-Wehren zugestanden wird. Sie fressen alles erduldend in sich herein und werden neurotisch bzw. regressiv, autoaggressiv oder autodestruktiv.
- Andere Kinder bekommen die Grenzen zu weit gesetzt, so dass sie die notwendige Weltbildorientierung entweder verlieren oder gar nicht erst gewinnen; sie müssen dann in ihrem Verhalten immer weiter gehen, immer aggressiver werden, in der Hoffnung, dass endlich einmal etwas passiert, das ihnen Halt gibt.
- Wieder andere bekommen die Grenzen jeden Tag mit Inkonsequenz anders gesetzt, und daher werden sie zu regellos lebenden Ego-Taktikern, die nur ihren eigenen Willen zum Maßstab ihres Handelns machen.

›Kinder brauchen Grenzen‹ heißt das berühmte Buch von Jan-Uwe Rogge, nur, jedes Kind braucht entsprechend seiner Einmaligkeit andere Grenzen, und es braucht auch in jedem Alter andere.

Wir haben jetzt vier Jahrzehnte einer stark ausgebauten Verständnispädagogik hinter uns, mit der wir zu Recht bemüht waren, zu erfassen, wie sich junge Menschen „von innen anfühlen". Wir wollten vor allem verstehen, warum sie sich so und nicht anders verhalten, warum sie gewalttätig werden, und da haben wir ein Netzwerk vieler Ursachen ausgemacht: erzieherisch hilflose Eltern, Armut, Modelllernen von der Gewalt auf dem Bildschirm, Scheitern in der Schule, ungünstige Nachbarschaften, die vergebliche Suche nach einem Ausbildungsplatz, Perspektivarmut, das Wiederaufleben kraftstrotzender Männlichkeitsideale („Macho" und „cool" sein müssen, sich martialisch aufmachen müssen), den fehlenden inneren

Halt, der mit äußerer Stärke kompensiert wird, Materialismus- und Konsumtrends samt ihrer Sogwirkungen sowie zu eng, zu weit oder ständig inkonsequent gesetzte Grenzen.

Um das Verstehen junger Menschen müssen wir auch weiterhin bemüht sein. Wir müssen sie aber auch mit ihrem Verhalten und mit ihren Taten konfrontieren, damit sie eine Chance haben, in unsere Normen- und Wertewelt, in die Spielregeln unseres Zusammenlebens hineinzuwachsen, um auch dann noch „resozialisiert“ werden zu können, wenn sie sich an zuschlagende und zerstörende Gewalt bereits gewöhnt haben.

Die alte Frage, ob wir junge Menschen autoritär oder antiautoritär erziehen müssen, ist schon falsch gestellt, denn in jeder Entwicklungsstufe brauchen sie einen anderen Führungsstil:

- Während der Schwangerschaft haben Kinder nun einmal automatisch eine totalitäre, also eine sie ganz umfassende Erziehung.
- Kinder bis drei Jahre benötigen immer eine autoritäre, aber hoffentlich liebevolle Erziehung, weil sie Begründungen noch nicht verstehen können und weil sie ihren Bezugspersonen mit „Urvertrauen“ folgen wollen.
- 4- bis 13-Jährige brauchen in unserer demokratischen Gesellschaft eine autoritative Erziehung, das heißt, sie müssen unseren Forderungen und Grenzsetzungen zustimmen können, wir müssen sie überzeugen von dem, was wir von ihnen fordern und ihnen verbieten.
- Und Jugendliche ab 14 Jahren können wir eigentlich – wenn zuvor erzieherisch alles einigermaßen richtig gelaufen ist – nur noch begleiten und beraten, also „coachen“, weil sie sich auf dem Weg in ihre Selbstständigkeit, den wir Ablösung nennen, vor allem von den Mitgliedern ihrer Generation, mit der sie ihre Zukunft teilen müssen, beeinflussen lassen.

Wenn junge Menschen jedoch schon früh – aus welchen Gründen auch immer – aus „dem Ruder gelaufen“ und „den Bach ein Stück weiter hinuntergegangen“ sind, dann gibt es keinen Sinn, sie so zu behandeln, als hätten sie alle Entwicklungsstufen ordnungsgemäß durchlaufen; dann müssen wir ganz von vorn, wenn auch mit schnellerem Ablauf anfangen:

- Wir müssen eigentlich wieder totalitär beginnen, also sie ganz umfassen. Konkret heißt das, wir müssen sie so unterbringen, dass sie noch nicht wieder weggelaufen sind, bevor wir mit unserer nachgereichten Erziehungsarbeit beginnen konnten.
- Sodann müssen wir sie anfangs autoritär führen: „Alkohol ist ver-

boten"; „Wer essen will, muss auch abwaschen". Wir müssen in dieser Phase Grenzen setzen und Forderungen stellen, deren Sinn ihnen erst später, und zwar durch Erfolg, der zu einer nachgereichten Überzeugung führt, deutlich wird.

- Erst dann folgt die autoritative Phase, in der wir ein stimmiges Weltbild nachreichen, das die Zustimmung aus Einsicht zum Ziel hat.
- Am Ende begleiten und beraten wir sie auf dem Weg in die Selbstständigkeit, Mündigkeit und Ablösung von uns, damit der junge Mensch auch ohne uns auf eigenen Füßen stehen kann.

Der Weg einer nachgereichten Erziehung geht also vom äußeren Halt zum inneren Halt, und wenn dieser Weg zu spät einsetzt, weil der junge Mensch mit 15 Jahren völlig danebengeraten ist, dann muss er dennoch beschritten werden. Ein 15-jähriger Mehrfachstraftäter, der bereits 15 Institutionen, in denen er nacheinander bei immer wieder neuen Pädagogen untergebracht war, hinter sich hat, während alles in ihm und in seinem Verhalten stetig schlimmer geworden ist, braucht anders als ein normal erzogener Jugendlicher ein sehr hohes Maß an Deutlichkeit, Grenzsetzungen, Herausforderungen, Bindung und Verbindlichkeiten, weil in seinem Alter nur noch mit dem zehnfachen Aufwand etwa 80 Prozent des eigentlich erstrebten Erfolges herauszukommen vermögen:

- In der Eylardus-Schule für Erziehungsschwierige im niedersächsischen Bad Bentheim werden Grund- und Hauptschüler immer sofort und direkt mit ihren Taten konfrontiert. Wer einen anderen tritt, muss für den gesamten Schultag den Schuh, mit dem er getreten hat, abgeben. Nach jedem Konflikt wird der Täter direkt mit dem Opfer konfrontiert; beide tragen der Lehrerin vor, was sie bewegt, die Lehrerin hört genau zu, nimmt die Kontrahenten ernst, fragt nach, und sie sorgt dann für einen Ausgleich: das Zugeben dessen, was falsch war, eine Entschuldigung, eine Vereinbarung, eine Wiedergutmachung.
- Erfolgreich sind auch die niederländischen „Haltprojekte": Wer keinen inneren Halt hat und deshalb „verhaltensgestört" ist, bekommt zunächst äußeren Halt: in den Arm Nehmen, Drücken an die Wand, wenn der Täter ausgerastet ist, Bindung an einen konkreten Menschen, an eine Grenze, an eine Aufgabe und an ein Stück Zukunft.
- Im Bismuna-Projekt, das Dieter Dubbert vom Kieler Kinder- und Jugendhilfeverbund in einem nicaraguanischen Indianerdorf führt, werden 16- und 17-jährige Jugendliche aus Deutschland, die

schon früh die Schule abbrachen, die immer wieder gewalttätig wurden, deren Körper durch Drogen nahezu kaputt war und die schon mehrere vergebliche Entzugstherapien hinter sich haben, an stundenlange Fußmärsche und immer mehr ausufernde Arbeitsauflagen nach jedem Drogenkonsum gebunden, sowie jeweils 1:1 an einen alten Indianermann, der sie am Tage bewacht, und an eine alte Indianerfrau, die mit in ihrem Zimmer schläft, um einen weiteren Drogenkonsum zu verhindern. Weglaufen kann man dort nicht, weil der nächste Ort drei Tage und die nächste Straße fünf Stunden entfernt ist. Nach zwei Jahren einer derartigen Deutlichkeit und Konsequenz bei gleichzeitiger körperlicher Reinigung durch sinnvolle anstrengende Arbeit in tropischen Temperaturen sind sie am Ende sogar wieder bereit, einen Schulabschluss nachzuholen.

Eine „verbindliche Unterbringung" führt immer dann zu einem Erfolg, wenn dreierlei gesichert ist:

- Der junge Mensch kann nicht weglaufen, bevor der Bindungsaufbau angefangen hat;
- er wird fest, also mit gegenseitiger Sympathie, an zumindest eine rund um die Uhr vorhandene Bezugsperson, mit der er zusammenlebt, gebunden;
- und er wird über die Grenzen der Regeln des Zusammenlebens und über sinnvolle Arbeit oder Ausbildung neu an sich, an seinen eigenen Körper, an ein stimmiges Weltbild und an seine Zukunft gebunden, indem er ständig von Gleichaltrigen, die in einer ähnlichen Lage waren wie er, mit seinen Taten und deren Folgen so konfrontiert wird, dass er schließlich wieder weiß, wer er ist.

Der israelische Psychologe Haim Omer nennt diese Methode „sit-in", „be-setzen" oder „Bärenumarmungen"; ich nenne sie „Belagerungspädagogik". Sie schließt an die erfolgreiche Festhalte- oder Drucktherapie nach Roswitha Defersdorf und an die niederländischen „Haltprojekte" an, und Haim Omer wendet sie bei seinem „Eltern Coaching" an, denn in lange eingefahrenen Verhaltensbahnen bei Konflikten zwischen Eltern und Jugendlichen oder Lehrern und Schülern im Jugendalter leiden die Erwachsenen meist mehr als die jungen Menschen, und deshalb haben die Erwachsenen durchaus auch das Recht, einen störrischen jungen Menschen streikähnlich so lange friedlich, aber konfrontativ zu belagern, bis sich bei ihm irgendetwas in Richtung erwünschtes Verhalten bewegt. Renate Kingma beschreibt die Rechtfertigung für solche Deutlichkeit bei extremen Jugendlichen, die Haim Omer mit seinem Buch ›Autorität ohne Gewalt‹

nennt, so: „In einer Zeit, in der Kinder vor Kampfgeist sprühen, Erwachsene wie beispielsweise Eltern und Lehrer dagegen meist schon ihre beste Zeit hinter sich und ihre meiste Kraft verbraucht haben, müssen auch mal die Bedürfnisse der Erwachsenen berücksichtigt werden dürfen, die gleichzeitig zwar nicht den momentanen Bedürfnissen des jungen Menschen entsprechen, aber durchaus seinen langfristigen und auch denen der gesamten Gesellschaft."

Mit dem „Flaggezeigen" gegenüber Schulschwänzern und aggressiven Jugendlichen gibt es kein mühseliges „Verzetteln mehr in Wortklaubereien und kein Ausweichen mehr auf Nebenkriegsschauplätze", die eine bloße Verständnispädagogik so oft hilflos geraten und in Unergiebigkeit verpuffen lässt.

Deshalb hat Mecklenburg-Vorpommern gut daran getan, eigene Schulschwänzer-Klassen mit einem gewaltigen konfrontativen Druckpotenzial, dem die ehemaligen Schwänzer nicht mehr zu entfliehen vermögen, einzurichten, aber mit dem Ziel, die Schüler so bald wie möglich wieder in die integrierende Normalität von Regelschulklassen einmünden zu lassen. In Bremen gibt es ebenfalls eine entsprechende Einrichtung, in der die Schulschwänzer jedoch „Schulvermeider" genannt werden.

4.9 Berufliche Perspektiven Jugendlicher in einer immer beschäftigungsärmer werdenden Gesellschaft

Gerade schwache Schüler erweisen sich später als hoch motiviert an ihrem Arbeitsplatz und als besonders betriebstreu.

Mit der Rationalisierung unserer Wirtschaftsprozesse, mit dem Umsichgreifen von Computern und Robotern in der Arbeitswelt produzieren immer weniger Menschen immer mehr. Vor allem „unqualifizierte" Menschen ohne Schulabschluss bleiben dabei auf der Strecke, und unter ihnen vor allem die Jungen.

11,8 Prozent eines deutschen Schülerjahrgangs erreichen nicht einmal den Hauptschulabschluss, und so, wie unsere Schulen heute immer noch sind, werden in ihnen die immer wichtiger werdenden Schlüsselqualifikationen Selbstständigkeit, Teamfähigkeit, Erkundungskompetenz, Handlungskompetenz und Kreativität derart dürftig gepflegt, dass „abgewickelte Menschen" eher darauf warten, dass das Arbeitsamt bei ihnen anruft und ihnen einen Job anbietet, als dass sie sich selbst eine berufliche Nische in dieser Gesellschaft einrichten, in der sie gebraucht werden und in der sie ihren Lebensunterhalt erwerben können. Der Schule ist mittlerweile die hohe Verantwortung zugewachsen, junge Menschen so mündig zu machen, dass sie später auch auf eigenen Beinen stehen können. Nur mit Appellen, mehr Ausbildungsplätze zur Verfügung zu stellen, wird das Problem langfristig jedenfalls nicht zu lösen sein.

Am oberen Ende der Leistungsfähigkeit von Schülern ist es ebenfalls eng geworden. Begriffe wie „Studentenberg“ oder „Akademikerschwemme“ stehen dafür. In dem Maße, wie junge Menschen heute bereits erkannt haben, dass die Karrierekonkurrenz immer schärfer wird, sehen sie den Zusammenhang zwischen ihrer schulischen Bildung und ihrem späteren beruflichen Aufstieg immer stärker, und deshalb gehen immer häufiger Schüler auf die Straße, um besseren und mehr Unterricht zu fordern; sie freuen sich nicht mehr über Stundenausfälle wie noch die Generationen zuvor. Je enger es wird, desto weiter greifen die Perspektiven, und deshalb stellen Jugendforscher heute fest, dass Jugendliche nicht mehr so massenhaft wie früher in den Tag hineinzuleben gedenken, wie das einmal für die „Null-Bock-Jugend“ oder „No-Future-Generation“ beschrieben wurde, dass sie stattdessen zunehmend mit deutlich gewachsenem Ehrgeiz an ihrer Zukunft basteln wollen. Die Erwachsenengeneration kann also wieder stolz auf ihren Nachwuchs sein, obwohl sie mit der riesigen Staatsverschuldung schon längst einen Großteil dessen, was der Jugend für später zustehen müsste, verwirtschaftet hat. Mit einigen wenigen Elite-Universitäten wird man allerdings der Masse der Studenten, die man damit in eine schlecht ausgestattete Mittelmäßigkeit drängt, nicht gerecht, denn was nützt einer Gesellschaft eine dünne Leistungsspitze, wenn zugleich in der Breite gespart wird?

In Zukunft werden immer weniger Menschen ein Leben lang in einem Beruf bleiben; der Wechsel von Beruf und Arbeitsplatz wird immer mehr um sich greifen, mit der Gefahr, dass der Einzelne sich in einer Weise auf das Mehr an Mobilität und Flexibilität einstellen muss, dass gleichzeitig seine regionalen und sozialen Bindungen beeinträchtigt werden. „Der Mensch driftet dann nur noch durch das Leben“, beschreibt der amerikanische Soziologe Richard Sennett diesen Trend, und er weist darauf hin, dass man sich diesen Zustand heute schon in den USA und in Großbritannien betrachten könne; was man am Ende seines Berufslebens macht, hat meistens nichts mehr mit dem ursprünglich Gelernten zu tun.

Dass jemand sich „von der Pike an“ in einem Betrieb hocharbeitet, ist dort längst die Ausnahme.

„Junge Menschen müssen lernen, dass sie ein Leben lang werden lernen müssen“ ist allerdings auch bei uns ein längst abgegriffenes Motto. Das andere ist, dass es künftig weniger auf hierarchische betriebliche, aber auch universitäre Strukturen mit Chefs und Untertanen ankommen wird als auf Teamwork. Die gewohnte Über- und Unterordnung wird wahrscheinlich zunehmend durch Teamkonkurrenz abgelöst werden, was nicht so gemeint ist, dass die Mitglieder eines Teams untereinander konkurrieren, sondern Teams müssen sich gegen andere Teams durchsetzen, sonst werden sie aufgelöst; die Gewinnerteams werden belohnt, die anderen fliegen raus. Teamfähigkeit gewinnt als Kernkompetenz eine immer größere Rolle, und die Ausbildungsleiter von Siemens, DaimlerChrysler, BMW und VW sind schon längst dazu übergangen, weniger auf die Abschlusszeugnisse ihrer Bewerber zu gucken, in denen ja keine Schlüsselqualifikationen vermerkt werden, als vielmehr in konstruierten Situationen im Rahmen von mehrtägigen Sichtungsverfahren derjenigen jungen Menschen habhaft zu werden, die sich als besonders kreativ, flexibel, handlungs-, team- und konfliktfähig erweisen.

In diesem Zusammenhang gibt es aber auch noch einen Trost: Jugendliche ohne Schulabschluss oder mit einem schwachen Schulabschluss sowie Sonderschüler haben in vielen Betrieben eine gute Einstellungschance, weil sie sich mit ihren geringen Qualifikationen als besonders „pflegeleicht“ anpassen müssen. Sie müssen notgedrungen flexibel sein, weil sie sonst gefeuert werden; sie müssen die besonders eintönigen und schmutzigen Arbeiten, die in jedem Betrieb anfallen, machen, weil sie nicht zu ihrem Schutz auf eine höhere Qualifikation verweisen können; und sie haben sich als ausgesprochen betriebstreu erwiesen, so dass sich die Ausgaben des Betriebes für ihr Anlernen auszahlen; sie lassen sich fast alles gefallen, sie halten fast alles aus, weil sie keine Ansprüche stellen und keine stellen können.

In Großbritannien und in den USA hat sich mittlerweile herausgestellt, dass bei schnellen Arbeitsweltwandlungen, bei Umstrukturierungen von Betrieben vor allem die Mittelschichtenmitglieder und die mit mittleren Qualifikationen auf der Strecke bleiben, weil sie einerseits besonders fest an herkömmlichen Werten hängen und besonders stark in überkommene Familienkonstellationen eingebunden sind, die ihnen nicht so viel Flexibilität und Stabilität erlauben, weil sie sich andererseits überschätzen und weil sie drittens stets am allerwenigsten mit ihrer beruflichen Situation irgendwo zwischen ganz unten und ganz oben zufrieden sind und deshalb für das Management unbequem sind.

Auch das muss noch gesagt werden: Jugendliche mit schlechten Schulnoten besitzen nach Angaben des Berufsverbandes Deutscher Psychologen häufig derart gute praktische Fähigkeiten, die sie kompensatorisch gegen die Kopflastigkeit der Schule ausgebaut haben, um nicht überall Versager zu sein, dass sie besonders gut in der Arbeitswelt vermittelbar sind. Gute Erfahrungen machen Betriebe übrigens auch mit jungen Menschen, die schwache Noten in ihren Abgangs- oder Abschlusszeugnissen haben, die deshalb außergewöhnlich lange eine Lehrstelle gesucht und mehr als 100 Absagen hinter sich haben; sie sind außergewöhnlich hoch motiviert, denn sie wollen endlich einmal beweisen, dass auch sie tüchtig sein können.

4.10 Einige Indikatoren für eine gute deutsche Schule

Nicht alle deutschen Schulen sind unzeitgemäß. Viele sind schon längst in der Zukunft angekommen, man muss sie nur suchen und finden.

Nach einer Umfrage des ZDF fallen bundesweit an den Schulen 7 Prozent der Unterrichtsstunden aus; Elternverbände sprechen gar von 10 bis 20 Prozent; in Einzelfällen finden bis zu 30 Prozent des vorgesehenen Unterrichts nicht statt; nicht eingerechnet ist der strukturbedingte Ausfall von weiteren 10 Prozent der Stunden, der durch Lehrermangel und Sparmaßnahmen entsteht. Manchmal wird ein Fach wie Mathematik oder Englisch über ein halbes Jahr hinweg in einer Klasse nicht gegeben. Auf der anderen Seite gehen nach Einschätzung der Bundesarbeitsgemeinschaft Jugendsozialarbeit in Potsdam rund 70 000 deutsche Kinder und Jugendliche (das sind etwa 3,5 Prozent aller Schüler) nicht regelmäßig zur Schule.

An guten Schulen sorgen die Schulleiter und Lehrer dafür, dass möglichst wenig Unterricht ausfällt, und zwar durch individuelles Engagement der Klassenlehrer, die Überstunden machen, oder durch Organisationsgeschick, indem zwei Klassen zusammen in den Filmraum gesteckt werden oder indem der Stundenplan der Schule so gebaut wird, dass zu jeder Zeit irgendwelche Lehrer Freistunden haben, in denen sie dann vertreten können, oder indem Eltern, Referendare oder Lehrerstudenten zur Überbrückung von Ausfällen eingesetzt werden.

Wenn Schulen so unterschiedlich ihrer Unterrichtsverpflichtung nachkommen, werden sie ebenso wie die zufällig vorhandenen guten oder schlechten Lehrer, wie die gewählten Unterrichtsmethoden, wie die zufällig vorhandenen positiven oder negativen Mitschüler und wie die Ausstattungslage und das Profil der Schule zum Schicksal für die Schüler, die mit den jeweiligen konkreten Bedingungen scheitern, überleben, gebremst, gefördert oder mitgerissen werden.

Wie viel oder wenig Schüler und Eltern von ihren Schulen halten, zeigt eine Untersuchung des Dortmunder Instituts für Schulentwicklungsforschung, die im Juni 2000 vorgelegt wurde: Nur 41 Prozent der Eltern der alten Bundesländer geben an, dass ihr Kind gern zur Schule geht, und 29 Prozent halten die Leistungsanforderungen für zu niedrig. Der damalige Vorsitzende der Bundesschülervertretung, Bernd Beber, beklagt in diesem Zusammenhang: „Wir gehen nur in die Schule, um Noten zu bekommen, nicht aber, um etwas zu lernen", während gleichzeitig in Flensburg, Kiel, Hamburg, Hannover und Bremen Zehntausende von Gymnasiasten auf die Straße gingen, um für mehr, anderen und besseren Unterricht zu demonstrieren, denn sie hatten erkannt, dass man in einer immer beschäftigungsärmer werdenden Gesellschaft immer früher in die Startlöcher kommen muss, um später in Hochschule und Beruf erfolgreich sein zu können.

Nun, wir wissen, dass Deutschland im Moment nur gut 5 Prozent seines Bruttoinlandsprodukts für seine Schulen ausgibt (in Finnland sind es über 7 Prozent), dass Deutschland weltweit im Schnitt die ältesten Lehrer hat (so beträgt der Altersschnitt bundesweit 47,5 Jahre und in Hamburg und Bremen 49,5 Jahre) und dass die Schulen, würden sie in Bezug auf die Lernmethoden im Sinne der 15 Gebote des Lernens anders vorgehen, in zwei Fünfteln der bisherigen Zeit das Doppelte an Lernen zustande bringen würden, was dann auch noch dreimal so lange im Kopf zur Verfügung stehen würde.

Zum Glück sind aber Schulen sehr unterschiedlich, weil es inzwischen fast alles gibt, was von Eltern und Schülern nachgefragt wird, weil die 16 Bundesländer 16 verschiedene Schulsysteme haben, weil es neben den staatlichen Schulen auch viele Privatschulen gibt, weil es neben Halbtagsschulen auch Verlässliche oder Volle Halbtagsschulen bzw. Betreute Schulen und Ganztagsschulen gibt, weil man sein Kind in eine Internatsschule oder auch ins Ausland geben kann.

So gibt es Katholische und Evangelische Schulen, Internationale Schulen, Deutsch-Französische Schulen, Waldorf- bzw. Rudolf-Steiner-Schulen, Montessori-Schulen, Freie Schulen, Schülerschulen, Freinet-Schulen, Schulen mit doppelqualifizierendem Bildungsgang wie die Hibernia-Schule in Herne oder die Odenwaldschule, die mit dem Abitur zugleich den Facharbeiterbrief zuerkennen; es gibt Hochbegabtenschulen, Schwimm-, Tennis-, Ski- und Fußballgymnasien, ein Gymnasium für Legastheniker, Dänische, Friesische und Sorbische Schulen, Schulen, die als 1. oder 2. Fremdsprache Altgriechisch, Latein, Englisch, Französisch, Spanisch, Russisch, Italienisch, Portugiesisch, Chinesisch, Arabisch, Japanisch, Türkisch oder Dänisch anbieten, Schulen mit Z- oder E-Klassen, in denen mehrere Fächer in englischer oder französischer Sprache unterrichtet werden, Schulen mit Turbo-Abi- (Schleswig-Holstein), Express-Abi- (Berlin) bzw. D-Zug-Klassen (Hessen, Rheinland-Pfalz, Baden-Württemberg), in denen man ein Jahr früher zum Abitur kommen kann, vierjährige und sechsjährige Grundschulen, erweiterte Vorschulangebote (Hamburg) oder flexible Eingangsphasen nach dem Prinzip „Einschulung ohne Auslese“ (Sachsen-Anhalt, Berlin, Brandenburg, Nordrhein-Westfalen), jahrgangsübergreifende Klassen (Nordrhein-Westfalen, Hamburg), Integrationsklassen für das gemeinsame Lernen von Behinderten mit Nichtbehinderten, Integrierte Haupt- und Realschulen (Hamburg), die auch Regelschulen (Thüringen), Differenzierte Mittelschulen (Sachsen), Sekundarschulen (Sachsen-Anhalt), Regionale Schulen (Rheinland-Pfalz, Mecklenburg-Vorpommern), Regionalschulen (Schleswig-Holstein) oder Erweiterte Realschulen (Saarland) und in Brandenburg Oberschulen heißen. Dazu gibt es die merkwürdigen Gelenkstellen der Klassenstufen 5 und 6, die in Hessen Förderstufe heißen, in Schleswig-Holstein schulformabhängige Orientierungsstufe, in Nordrhein-Westfalen Erprobungsstufe und in Hamburg Beobachtungsstufe. Darüber hinaus gibt es Gemeinschaftsschulen als neunjährige Grundschulen (Schleswig-Holstein), Produktionsschulen, Schulen mit außerunterrichtlichen Neigungskursen, Schulen mit Schulfrühstück und pädagogischem Mittagstisch und solche mit nachmittäglicher Hausaufgabenbetreuung, Computerschulen, Schulen mit „Kuschelecken“ und „Entlastungsräumen“, „Bewegte Schulen“ mit „Aktiver Pause“ und psychomotorischem Extraturnen, mit Sinnesschulungsräumen nach der niederländischen Snoezelen-Konzeption, mit einer aktiven Präventionspädagogik und der Ausbildung von Konfliktlotsen (Niedersachsen) oder Streitschlichtern (Nordrhein-Westfalen) gegen Mobbing, Gewalt, Sucht, Angst und Krankheit, solche mit Elternstammtischen und institutionalisierten Hausbesuchen der Lehrer, solche mit oder ohne Projektmethode oder offenem Unterricht, solche ohne Berichtszeugnisse (Bayern) und solche mit Berichtszeugnissen bis zu den Klassenstufen 2, 3, 6 oder 8, Schulen mit Hort oder Schlafplätzen, mit Beratungszentren, in denen Schulpsychologen, Sozialpädagogen, Spielpädagogen, Familienhelfer, Beratungslehrer, Präventionslehrer und Schriftsprachberater wirken, sowie Stadtteil-, Nachbarschafts- oder Regionalschulen, die ein Netzwerk vor Ort mit Polizei, Sportvereinen, Betrieben, Bürgervereinen, Jugendzentren, Stadtbücherei und Präventionsräten bilden, ganz zu schweigen von Computerschulen oder von altsprachlichen, neusprachlichen, technischen, wirtschaftlichen, musischen, naturwissenschaftlichen oder sportlichen Schwerpunktsetzungen durch das Schulprogramm.

Außerdem gibt es große und kleine Schulen, Großstadt- und Landschulen, Schulzentren, reine Grundschulen, Grund- und Hauptschulen, Grund-, Haupt- und Realschulen sowie oft nebeneinander eine autonome Gesamtschule, die entweder integriert oder kooperativ ist, und ein autonomes Gymnasium, die miteinander um eine ähnliche Schülerschaft buhlen.

Dann gibt es aber auch Schulen, die sich eher konservativ an früheren Leistungsvorstellungen in unserer Gesellschaft und an Fachlehrplänen orientieren, und solche, die im Rahmen von Bildungsplänen für fächerübergreifende Lernbereiche zukunftsorientiert um moderne Schlüsselqualifikationen wie Selbstständigkeit, Teamfähigkeit, Erkundungs-, Handlungs- und Konfliktfähigkeit, Kreativität, Flexibilität und Fähigkeit zum vernetzenden Denken bemüht sind.

Für Eltern ist es in dieser höchst vielfältigen Schullandschaft außerordentlich schwer, die jeweils richtige Schullaufbahn für ihr Kind zu wählen. Sie sind zumeist damit überfordert und lassen sich nicht selten vom Ruf einer Schule oder gar nur von der Krawatte und dem Charisma eines werbenden Schulleiters auf einem Orientierungsabend in der Grundschule beeinflussen, ihr Kind nicht hier, sondern da anzumelden, wenn sie nicht bloß dem Wunsch ihres Kindes nach dem Zusammenbleibenkönnen mit Freunden folgen oder sich von der Länge eines Schulweges oder von der Empfehlung der Grundschullehrerin leiten lassen.

Viele Eltern misstrauen aber ganz grundsätzlich dem deutschen Schulwesen; sie bevorzugen englische oder schottische Internate, solche in Dänemark, in der Schweiz oder in Frankreich, oder sie schicken ihr Kind zum Schulbesuch für ein Jahr oder länger nach Kanada oder in die USA. Sie wollen ihm damit entweder ein Stück weltweite und weltmännische Kultur oder eine größere sprachliche Herausforderung oder eine Schuluniform oder mehr Disziplin oder etwas ansonsten Elitäres bis hin zum Cricket-, Hockey- und Basketballspielen, Reiten oder Rudern angedeihen lassen; manchmal wollen sie auch nur eine Abwahl von misslichen „Schmuddelkinder"-Einflüssen an deutschen Schulen durchführen, oder sie erhoffen sich einen leichteren oder kürzeren Weg zur Hochschulreife, wie er in England oder in den USA möglich ist.

Gerade Eltern, die selbst früher auf einem britischen Internat waren, möchten ihrem Kind ein ähnliches Lernklima bieten: Rein äußerlich strahlt dort alles eine Country-Club-Atmosphäre aus, doch gibt es dort auch Computerräume, Theater, Bibliotheken, Malstudios, Musikzimmer und Laboratorien sowie bekanntermaßen ein exquisit umfangreiches Angebot für sportliche Aktivitäten. Britische Internate sind deshalb weltweit Vorbilder für Internatsgründungen geworden, weil sie ein Gemenge aus Fürsorge, Stil, Atmosphäre, Ton, Takt, Ästhetik, Umgangsformen, Fördern, Verantwortung der Schüler, Verlässlichkeit der Lehrer und zugleich Laisser-Faire gut herzustellen vermögen. Die Eigeninitiative und die jeweiligen Stärken des einzelnen Schülers spielen trotz der Uniformen, die nicht mehr für Drill, sondern für Wir-Bewusstsein stehen, in britischen Internaten eine wesentlich größere Rolle als an deutschen Schulen; das wirkt jedenfalls wie Balsam auf die Seelen von Kindern, denen deutsche Lehrer viel zu viel sie Beschämendes mitgeteilt haben.

- Wenn Internate in Deutschland eine ähnlich erfolgreiche Pädagogik umzusetzen versuchen, werden sie meist bestraft, indem sich der Staat nicht oder nur teilweise an ihren Investitionen in eine bessere Schul- und Schülerzukunft hinein beteiligt, wie es jetzt der renommiertesten deutschen Schule mit ihrem attraktiven Neubau, dem Salem College am Bodensee, widerfahren ist. Es führt nicht nur zum deutschen Abitur, sondern auch ein Jahr zuvor zum Internationalen Bakkalaureat. Wie in England geht es auch in Salem um Weltoffenheit, um Globalisierung und um Internationalisierung; Multikulturelles ist dort selbstverständlich, und es wird von den Schülern als ungemein bereichernd erlebt. Die Eltern der Salemer Schüler müssen allerdings auch einen hohen Preis für deren gute elitäre Bildung zahlen, nämlich 1750 Euro im Monat; immerhin sind 30 Prozent der Schüler Stipendiaten, für die der volle Beitrag nicht aufgebracht werden muss. Zu den vielen prominenten Absolventen von Salem, das Kurt Hahn 1920 nach britischem Vorbild gegründet hat, gehören Richard von

Weizsäcker, Golo Mann, Hildegard Hamm-Brücher, die spanische Königin Sofia, Elisabeth Noelle-Neumann, Amelie Fried und Beate Uhse.

Gute Schulen übernehmen selbst die Verantwortung für ihre Probleme, und gute Lehrer füllen ihre eventuell sehr enge bürokratisch gestaltete Nische in Eigeninitiative und mit höchstmöglichem Engagement aus. Als die Bertelsmann-Stiftung vor Jahren zu einem Wettbewerb „Innovative Schulen“ aufrief, meldeten sich aus ganz Deutschland knapp 400 Schulen der insgesamt 45 000 Schulen, die es gibt. Und danach hat es einen vergleichbaren Wettbewerb des Dortmunder Instituts für Schulentwicklungsforschung gegeben, an dem sich allein aus Nordrhein-Westfalen fast 400 Schulen beteiligt haben.

Wenn Eltern Schwierigkeiten mit der Wahl der geeigneten Schule für ihr Kind haben, dann sollten sie Folgendes abprüfen, bevor sie sich endgültig entscheiden:

- Führt die Schule anderthalb Jahre vor der Einschulung einen Sprachtest durch, wie er beispielsweise in Hamburg grundsätzlich vorgeschrieben ist?
- Zur Einschulung kann man außer in Hamburg und Cottbus noch nicht wählen, weil es die Wohnortbindung zur jeweils zugehörigen Grundschule gibt: Wer in dieser Straße wohnt, muss sein Kind an dieser Grundschule anmelden. Ausweichen kann man nur auf Konfessionsschulen, Schülerschulen, Montessori-Schulen, Waldorf- bzw. Rudolf-Steiner-Schulen, Freinet- bzw. Freie Schulen, Internationale Schulen, Deutsch-Französische Schulen, Japanische Schulen, Dänische Schulen oder Sorbische, also ins Privatschulwesen. Nach der Grundschule bzw. nach der Orientierungsstufe besteht allerdings durchweg eine freie Schulwahl, aber nicht immer, wenn es nach dem Notendurchschnitt am Ende der Grundschule geht, in Richtung Realschule oder Gymnasium (Bayern, Baden-Württemberg, Sachsen, Thüringen), jedoch auf jeden Fall in Bezug auf die Wahl zwischen mehreren Schulen einer Schulform. Nur selten kann auch schon eine staatliche Grundschule mit einem besonderen Profil angewählt werden, zu der das Kind eigentlich von seiner Wohnstraße her nicht gehört, wenn der aufnehmende Schulleiter zustimmt oder das zuständige Schulamt.
- Der Schulweg ist ein wichtiger Faktor, aber auch die Freundschaften der Kinder, die man auseinander reißt oder erhält, indem man sich für eine bestimmte Schule entscheidet. Zu weite Schulwege

und ein mobbingreiches Schulbusfahren können für das Kind zu einem großen Problem werden, über das es am Ende auch in der Schule zu versagen droht.

- Wenn das Kind in eine sehr schwierige oder unruhige Klasse kommt, ist normaler Unterricht kaum möglich, so dass zu wenig gelernt wird. Eltern sollten sich also bei Nachbarn oder anderen Schülern erkundigen, welche Atmosphäre an der anvisierten Schule insgesamt herrscht und wie es in den in Frage kommenden Parallelklassen und in Bezug auf die ihnen zugeordneten Lehrerpersönlichkeiten, die ja im Allgemeinen bereits gemeinde- oder stadtteilbekannt sind, aussieht. Sie sollten dann bei der Anmeldung eine bestimmte Klasse oder einen bestimmten Lehrer gezielt wünschen, und wenn ihnen das nicht zugesagt werden kann, lieber eine andere Schule auswählen.
- Der Ruf einer Schule hinkt oft 10 bis 15 Jahre hinter der Realität hinterher. So gibt es gut beleumundete Schulen, die mittlerweile schlecht geworden sind, und schlecht angesehene Schulen, die längst ausgezeichnet gewandelt sind. Daher sollte man Tage der offenen Tür, Schulfeste und Elternsprechtage sowie Orientierungsveranstaltungen vor den Anmeldeterminen nutzen, um sich selbst ein Bild zu machen.
- Eltern sollten sich eine halbe Stunde morgens und auch nach Schulschluss gegenüber dem Schultor aufstellen, um zu sehen, oder vom Auto aus beobachten, wie die Schüler in die Schule kommen und aus ihr wieder herauskommen. Am Verhalten der Schüler lässt sich in der Regel ablesen, welche Atmosphäre das eigene Kind zu erwarten hat, wenn es dort eingeschult wird. Ein besonderes Augenmerk sollten sie dabei darauf legen, wie Lehrer und Schüler vor Schulbeginn und nach Schulschluss miteinander umgehen: achtlos, Kontakt vermeidend oder suchend, humorvoll oder abweisend, gemeinsam oder einzeln gehend, freundschaftlich oder obrigkeitsmäßig, aggressiv oder gegenseitig respektvoll; auf diese Weise lässt sich eine Menge über das Lehrer-Schüler-Verhältnis an dieser Schule ablesen.
- Erkundigen Sie sich, ob die angepeilte Grundschule Lernentwicklungsberichte (Berichtszeugnisse) oder Notenzeugnisse ab Klasse 3 bevorzugt, ob und welche Kopfnoten gegeben werden (Fleiß, Ordnung, Mitarbeit und Betragen in Sachsen; Kooperations-, Kommunikations-, Konfliktfähigkeit, Selbstständigkeit und Kreativität in Brandenburg; Arbeits- und Sozialverhalten in Niedersachsen) und wie sie abgestuft sind (sehr gut, gut, befriedigend, ausreichend, mangelhaft; stark, mittel, ansatzweise, kaum; ver-

dient besondere Anerkennung, erfüllt die Erwartungen nicht)! In Niedersachsen können die Lehrer einer Klasse die Abstufungen frei formulieren.

- Fragen Sie, ob potenzielle Sitzenbleiber an der in Frage kommenden Schule über eine Nachprüfung dennoch versetzt werden können!
- Stellen Sie fest, ob es Förderkurse für schwache Schüler oder solche mit Teilleistungsschwächen (wie Legasthenie oder Dyskalkulie) gibt und wie man und ob man überhaupt Noten in Fächern gibt, in denen Ihr Kind einen Ausfall zeigt (Legastheniker bekommen an vielen Schulen und in einigen Bundesländern grundsätzlich keine Deutschnote)!
- Lassen Sie sich über das Besondere der Verlässlichen bzw. Vollen Halbtagsgrundschule, die mancherorts auch Betreute Schule heißt, oder der Ganztagsschule bzw. offenen Ganztagsschule (die man wahlweise mittags verlassen oder bis spätnachmittags besuchen kann) informieren! Wie wird garantiert, dass der Ausfall eines Lehrers nicht zum Unterrichtsausfall führt? Wie lange kann das Kind täglich in der Schule bleiben? Gibt es einen Mittagstisch, nachmittägliche Hausaufgabenhilfe und außerunterrichtliche Neigungskurse?
- Fördert die anvisierte Schule die Lernbereitschaft ihrer Schüler durch ein besonderes Profil? Welches ist es? Und nimmt die Schule an Lese- oder Aufsatzwettbewerben, an mathematischen oder Schachwettkämpfen, an Sportfesten oder an besonderen Musikereignissen teil? Hat sie eine Partnerschule mit Austausch im Ausland? Nimmt sie an regionalen, nationalen oder internationalen Leistungsvergleichsstudien teil?
- Welche Rolle spielen offener Unterricht, Projektunterricht, fächerübergreifender Unterricht, der Lernwerkstattgedanke mit Lernfamilien und lernberatenden Lehrern als „Coaches“? Unternimmt die Schule etwas, damit die Schüler selbst lernen, damit sie team- und konfliktfähig werden und damit sie kreativ sein dürfen?
- Hat die Schule einen Sponsor und welchen?
- Dürfen Kinder an dieser Schule auch über unbestraftes Fehlermachen lernen?
- Welche Rolle spielt das Lernen am Computer und per Internet? Gibt es Notebookklassen?
- Werden Schüler zur Qualität des Unterrichts befragt? Dürfen sie Kritik an Lehrern äußern?
- Dürfen sie in den Gremien der Schule mitentscheiden (z. B. wenn

es um die Wahl des Schulleiters, um die Einstellung von Personal, um die Festlegung des Schulprogramms, um das Budget oder um Sanktionen gegen Mitschüler geht)?

- Spielt Prävention gegen Gewalt, Sucht, Angst und Krankheit eine Rolle? Gibt es Streitschlichter oder Konfliktlotsen?
- Versteht sich die Schule als mit dem Stadtteil oder mit der Region vernetzte Einrichtung, die mit Betrieben und Sportvereinen und mit dem Haus der Jugend sowie der Polizei kooperiert?
- Erfasst die Schule den Unterrichtsausfall, und bemüht sie sich um Abhilfe?
- Wie sieht es mit der Lehrerfortbildung an dieser Schule aus?
- Welche Rolle spielt die Partner- und Gruppenarbeit der Schüler?
- Sind die Lehrer zu Elternabenden mit Erziehungsthemen, zu Elternstammtischen und zu Hausbesuchen bereit, und darf man sie auch zu Hause anrufen?
- Bekommen die Schüler genug Redezeit, damit sie das, was sie lernen sollen, über Erklären zu verstehen und zu behalten beginnen?
- Gibt es ein Schulleben weit über den Unterricht im engeren Sinne hinaus (Klassen- und Schulzeitung, Klassen-, Stufen- und Schulfeste, Basare, Theater- und Musikaufführungen, Sportfeste, Tage der offenen Tür, Elternsprechtage, Wandertage, Betriebserkundungen, Praktika, Klassenfahrten, Klassenchronik, Schülerfotos im Klassenraum, Pflanzen, Tiere, Schülerschränke, Schulfrühstück, Aktive Pausen, Sitzbälle, Entlastungsecken, ...)?
- Vor allem aber: Wie geht die Schule mit besonders leistungsstarken Schülern, mit Teilleistungsschwächen, mit leistungsschwachen und mit behinderten sowie hoch begabten Schülern um? Welche Förderstrategien werden dabei eingesetzt?
- Gibt es genügend Hausaufgaben als Anlässe zur Anwendung und Einübung von zu Erlernendem?

Schlussbemerkung: Wie sieht die Zukunft der Schule aus?

„Was ein deutscher Schüler alles nicht weiß, würde ausreichen, um vier finnische Schüler durchfallen zu lassen."

Uli Stein

Es ist zu vermuten, dass in den nächsten Jahren die Schule vor Ort in ihrer Eigenständigkeit gestärkt wird, dass sie sich sensibler ihrer Nachbarschaft mit einem unverwechselbaren Schulprogramm anpassen darf und die Freiheiten der Personalhoheit und der eigenen Budgetierung erlangen wird, auch weil der Staat sich ein Stück weit seiner Schulen, die ihm zu teuer werden, entledigen will. Gleichzeitig wird wohl die europäische Klammer in Richtung auf ein etwas einheitlicheres Schulwesen stärker werden.

Beginnen wird dieser Prozess mit einer nivellierenden Regelung für alle Länder der Europäischen Union, was den Beginn mit der Ersten Fremdsprache und das Einschulungsalter anbelangt sowie die Zahl der Schulbesuchsjahre bis zum Sekundarabschluss I und zum Abitur.

Dabei wird wohl langfristig die Einschulung mit dem fünften Lebensjahr erfolgen und das Abitur am Ende der zwölften Klasse erreicht werden können.

Ansonsten ist vieles noch unklar, das betrifft die Länge der Grundschulzeit (vier, sechs, acht neun oder zehn Jahre), die Gliederung des Schulwesens (Gesamtschule, ein zweigliedriges System mit Gymnasium und Gesamt- bzw. Sekundarschule, ein vielgliedriges System andersartiger, aber gleichwertiger Bildungsgänge nebeneinander wie in den Niederlanden), das Lernbereichs- bzw. Fächerangebot und die Eigenständigkeit eines Sonderschulwesens. Die Zahl der Privatschulen wird aber in jedem Fall deutlich anwachsen.

Die Euphorie in Bezug auf die Chancen des Computerlernens wird aber einer etwas größeren Nüchternheit weichen: Man wird sich wundern, wie kostenträchtig die Beschaffung der Software und die Reparatur der Hardware ist; man wird den Computer eher für die Nutzung des Internets als für die eigens für Schulzwecke entwickelten Lernprogramme verwenden; man wird erkennen, dass der Computer nur begrenzt für den Unterricht taugt und dass vor allem seine Gegengewichte (Bewegung, Spiel, Entlastung, Gespräch, Vorlesen, Zuhören, Musisches und vertiefende Analyse im Rahmen von computerfernen Arbeitsweisen) ausgebaut werden müssen, weil die Arbeit am Computer selbst zunächst nur zu oberflächlich bleibenden Eindrücken zu führen vermag; vor allem wird sich aber eher der schülereigene Laptop im Unterricht im Rahmen von Notebookklassen durchsetzen als ein vom Staat zur Verfügung gestellter Computer, weil Schüler mit eigenen teuren Geräten wesentlich sorgsamer umgehen.

Zunehmen werden die Partizipationsmöglichkeiten von Schülern und Eltern; sie werden immer stärker in die alltäglichen Entscheidungsprozesse einer autonomeren Schule mit Personalhoheit, eigener Budgetierung, Profilbildung, Regionalisierung und Sponsoring eingebunden werden, so dass sich Schule auf Dauer zu einem kundenfreundlicheren Dienstleistungsbetrieb mausern wird, zumal weil absehbar ist, dass Schulen immer stärker einem marktwirtschaftlichen Wettbewerb ausgesetzt sein werden. Aus diesem Grund wird wohl auch bald die Wohnortbindung der Grundschulen entfallen.

Ob Lehrer verbeamtet bleiben oder Angestellte ihrer Schule werden, ist noch nicht absehbar. Mit Zeitverträgen würden sie jedenfalls engagierter werden, als sie es heute noch mehrheitlich sind.

In der Lehrerbildung wird sich aber einiges ändern: Das Studium wird praxisnäher werden, die übertriebene fachdidaktische Ausrichtung wird zugunsten eines Zugewinns an lernpsychologischen, sozialpädagogischen, sonderpädagogischen, medienpädagogischen, gesundheitserzieherischen und wirtschaftskundlichen Anteilen zurückgefahren werden; Kompetenzen in Bezug auf Elternarbeit werden ausgebaut werden, und die Lehrerfortbildung wird wohl obligatorisch werden.

Kleinere Aspekte wie offener Unterricht, projektorientiertes Vorgehen, Einschulung ohne Auslese, eine flexible Eingangsphase statt der Klassen 1 und 2, jahrgangsübergreifende Lernfamilien, Integrationsklassen, Lernentwicklungsberichte, die auch Schlüsselqualifikationen auswerfen, und das Prinzip, dass jeder Schüler zwei Klassenlehrer hat, werden immer mehr um sich greifen, leider aber auch Leistungsvergleichsmessungen internationaler, bundesweiter und landesweiter Art unter der Überschrift „Qualitätssicherung“ bzw. „Qualitätsoffensive“.

Die Hauptschule wird wohl aussterben; sie wird zwischen den Gesamtschulen, den Realschulen und den Sonderschulen, den Privatschulen, den Integrationsklassen und so etwas wie integrierenden Förderzentren und Produktionsschulen zerrieben werden, und das ist gut so.

Ob die Schulpflicht wie in den USA und in Dänemark durch eine Bildungspflicht bzw. ein Bildungsrecht ersetzt wird, die beide auch „Homeschooling" und Haus- oder Privatlehrer gestatten, ist noch unklar.

Gewalt an Schulen wird wohl eher abnehmen, weil die Politik dafür sorgen wird, dass reichlich in Frühwarnsysteme, Präventions- und „Reparatur"-Maßnahmen aller Art investiert wird und dass die Lehrer mit Streitschlichter-, Konfliktlotsen- und Konfrontationsprogrammen diesbezüglich immer erfolgreicher werden.

In dem Maße, wie Schulen sich stärker profilieren werden, wird das Differenzieren in höher-, mittel- und minderwertige Bildungsgänge abnehmen und durch eine Fülle von nebeneinander stehenden andersartigen, aber gleichwertigen Bildungsgängen ersetzt werden, zumal wenn noch mehr hoch qualifizierende berufsbildende Einrichtungen privater Art sowie Privatschulen und -hochschulen entstehen werden, als es sie heute schon gibt.

Die Mädchen werden eine rosigere schulische Zukunft haben als die Jungen, es sei denn wir investieren wesentlich mehr als bislang in eine Jungenpädagogik zur Stärkung ihrer emotionalen, sozialen, musischen, kreativen und kommunikativen Anteile, die ja eher von ihrer rechten Hirnhälfte aus gesteuert werden, und in eine höhere Quote von liebevollen männlichen Lehrern.

Der Staat wird aller Voraussicht nach noch stärker in den Schulen sparen; das muss aber nicht allzu schlimm sein, weil es die Schulen zu Einfallsreichtum, Innovationen und damit zu erheblich weiter führenden Reformen zwingen wird, mit denen sie an die außergewöhnlich gewichtige Tradition der deutschen Schulpädagogik würdig anzuschließen vermögen.

Ein staatliches Schulwesen hat immer etwas von Planwirtschaft, und das ist nicht gut. Wenn Privatschulen den staatlichen Schulen, die gleichzeitig ein Stück weit entstaatlicht werden müssen, gleichgestellt werden (immerhin hat sich die Zahl der Eltern, die ihr Kind lieber bei einer Privatschule anmelden wollen, in den letzten 30 Jahren versiebenfacht), wenn Schulen miteinander in einen Wettbewerb gesetzt werden, weil sie sich mit Schwerpunkten profilieren dürfen, wenn die Bindung zwischen Straße, in der das Kind wohnt, und zuständiger Anmeldeschule auch endlich im Grundschulbereich entfällt, wenn Lehrer nicht mehr Beamte sind und wenn die einzelne Schule die Personalhoheit und die eigene Budgetierung zugestanden bekommt, dann wird vieles zeitgemäßer und zukunftsträchtiger werden.

Abgesehen davon, dass viele Menschen schon seit langem die „Entrümpelung" der Lehrpläne fordern, weil sie mehr an Altem verhaftet sind, als dass sie Innovationen im Wissenschafts-, Kultur- und Wirtschaftsstandort Deutschland begünstigen, abgesehen davon, dass sich die meisten Lehrer noch nie gern und stark an den Fachlehrplänen orientiert haben, belassen weiter gesteckte Bildungspläne der einzelnen Schule auch in Zukunft die Möglichkeit, ein vermeintlich hohes Anspruchsniveau selbst festzusetzen.

Jedenfalls hat der ehemalige bayerische Kultusminister Hans Zehetmair schon lange nicht mehr Recht, wenn er behauptet, norddeutsche Schüler seinen dümmer als süddeutsche: Bei einer Umfrage der Zeitschrift *GEO-Wissen* rangierten die schleswig-holsteinischen Schüler in Bezug auf Wissen weit vor den bayerischen; und in Sachen Selbstständigkeit, Teamfähigkeit, Erkundungs-, Handlungs- und Konfliktfähigkeit, Kreativität und Flexibilität sind Bremer Schüler dank des offenen Unterrichts, der Projektmethode, der geringeren Lehrplananbindung ihrer Lehrer, wegen des Fehlens einer Notenschnitts-Hürde vor dem Gymnasium und wegen des bisherigen Verzichts auf ein Zentralabitur sowie einer etwas günstigeren Fehlerkultur beim problemvertiefenden Lernen, die Umwege eher erlaubt als bestraft, inzwischen in Sachen soziales Lernen, politische Mündigkeit und Zukunftstauglichkeit deutlich weiter als die in Baden-Württemberg und Bayern.

Der Bildungsstand eines Volkes zeigt sich nämlich weniger daran, wie viele Elite-Universitäten es hat und wie viele Nobelpreisträger es produziert, sondern vielmehr daran, wie gut es seine Schwachen zu fördern vermag; denn die guten Schüler setzen sich sowieso irgendwie durch. Hamburg bringt einen besonders hohen Anteil von jungen Menschen zur Hochschulreife, und das bedeutet, dass besonders viele Schüler ein breites Fundamentum an Allgemeinbildung als Kapital auf ihren weiteren Lebensweg mitnehmen. Das kann nicht schlecht sein.

Bildungspläne für die Lernbereiche Muttersprache, Fremdsprachen, Mathematik, Naturwissenschaften, Gesellschaft und Künste ermöglichen ein Mehr an Vernetzung, ein Mehr an neuen Schulfunktionen (Arbeitslehre, religiöse Integration von Christen und Moslems, Wirtschaftskunde, Gesundheitserziehung, Gewaltprävention, Geschmacksbildung, Familienergänzung, ...), als die bisherigen Fachlehrpläne das konnten. Wir brauchen künftig jedenfalls eine von der Belehrungsanstalt zur Lernwerkstatt gewandelte Schule, in der die Überbetonung von Noten heruntergefahren ist, so dass Lernen mit Motivation und Integration statt mit Angst und Selektion verknüpft zu werden vermag. Leider brauchen aber wirklich in die Zukunft führende Schulreformen im Allgemeinen mindestens 15 Jahre, bevor sie auch in der Bevölkerung mehrheitsfähig werden. Haben wir noch so viel Zeit?

Jedenfalls sind etwa 5000 der 42000 deutschen Schulen mittlerweile in der Zukunft angekommen; das sind zur Hälfte Privatschulen (also ein hoher Prozentsatz von etwa 3500 Privatschulen in Deutschland), zur anderen Hälfte aber auch staatliche Schulen (also ein noch geringer Prozentsatz).

Wenn eine Schule außergewöhnlich gut ist (Maßstab ist ein besonders gutes Abschneiden der 15-Jährigen bei PISA), hat sie stets folgende Merkmale, die nicht alle, aber überwiegend erfüllt sein müssen:

- eine starke Schulleiterpersönlichkeit wie Enja Riegel (Helene-Lange-Gesamtschule in Wiesbaden), Alfred Hinz (Bodenseeschule in Friedrichshafen) oder Ulrike Kegler (Montessori-Gesamtschule in Potsdam),
- einen Konsens im Lehrerkollegium (alle ziehen an einem pädagogischen Strang),
- eine starke Kooperation zwischen Lehrer- und Elternschaft (die Eltern wirken auf Augenhöhe mit),
- einen Schwerpunkt im Sinne eines Profils oder Schulprogramms (technisch, musisch, sportlich, fremdsprachlich, mathematisch-naturwissenschaftlich, international, Hochbegabtenschule. Legastheniker-Gymnasium usw.),
- eine deutlich heruntergespielte Bedeutung später einsetzender Noten (selbst wenn sie Noten gibt),
- einen erhöhten Anteil von Integration und Individualisierung zugleich (längere Grundschule, Gesamtschule, jahrgangsübergreifende Klassen, flexible Eingangsphase, Migrantenanteil bis zu 30% (darüber kippt es wie bei einem Gewässer um) und etwa zwei Schwerbehinderte pro Klasse wie an der Montessori-Gesamtschule in Potsdam)
- sowie ein Ganztagsschulprogramm (Halbtagsschulen können nicht gut sein, weil sie zu wenig Zeit für Üben, Anwenden und Rhythmisierung des Lernens bieten).

Literatur

Baumert, Jürgen/Bos/Watermann: TIMSS/III., Schülerleistungen in Mathematik und den Naturwissenschaften am Ende der Sekundarstufe II im internationalen Vergleich, in: Schriftenreihe des Max-Planck-Instituts für Bildungsforschung, Berlin ²1999.

Baumert, Jürgen/Klieme/Neubrand/Prenzel/Schiefele/Schneider/Stanat/Tillmann/Weiß (Hrsg.): PISA 2000. Basiskompetenzen von Schülerinnen und Schülern im internationalen Vergleich, Opladen 2001.

Baumert, Jürgen/Artelt/Klieme/Neubrand/Prenzel/Schiefele/Schneider/Schümer/Stanat/Tillmann/Weiß (Hrsg.): PISA 2000. Ein differenzierter Blick auf die Länder der Bundesrepublik Deutschland; Zusammenfassung zentraler Befunde, in: Schriftenreihe des Max-Planck-Instituts für Bildungsforschung, Berlin 2003.

Billhardt, Jutta: Hochbegabte. Die verkannte Minderheit, Würzburg 1996.

Bos, Wilfrid/Eva-Maria Lankes/Manfred Prenzel/Knut Schwippert/Gerd Walther/Renate Valtin (Hrsg.): Erste Ergebnisse aus IGLU. Schülerleistungen am Ende der vierten Jahrgangsstufe im internationalen Vergleich, Münster/New York/München/Berlin 2003.

Broos, Susanne (Hrsg.): Welche Schule für unser Kind?, Reinbek 1997.

Brück, Horst: Die Angst des Lehrers vor seinem Schüler, Reinbek 1978.

Defersdorf, Roswitha: Drück mich mal ganz fest, Freiburg i. Br. 1991.

Fahrholz, Bernd/Sigmar Gabriel/Peter Müller (Hrsg.): Nach dem PISA-Schock. Plädoyers für eine Bildungsreform, Hamburg 2002.

Faulstich-Wieland, Hannelore: Koedukation – Enttäuschte Hoffnungen?, Darmstadt 1991.

Fend, Helmut: Theorie der Schule, München ²1981.

Firnhaber, Mechthild: Legasthenie und andere Wahrnehmungsstörungen, Frankfurt a. M. ²1996.

Foljanty-Jost, Gesine/Manuel Metzler/Anne Metzler/Annette Erbe: Kommunizieren, Kontrollieren. Gewaltprävention an japanischen Mittelschulen, Frankfurt a. M. 2003.

Frech-Becker, Cornelia: Fördern heißt Fordern. Über die Verantwortung der Eltern für den Schulerfolg ihrer Kinder, Frankfurt a. M. 1995.

Gardner, Howard: Der ungeschulte Kopf? Wie Kinder denken, Stuttgart 1993.

Gronemeyer, Marianne: Lernen mit beschränkter Haftung. Über das Scheitern der Schule, Darmstadt 1996.

Guntern, Gottlieb (Hrsg.): Imagination und Kreativität. Playful Imagination, Zürich 1995.

Hallowell, Edward M./John Ratey: Zwanghaft zerstreut. ADD – Die Unfähigkeit, aufmerksam zu sein, Reinbek 1998.
Harris, Judith R.: Ist Erziehung sinnlos? Die Ohnmacht der Eltern, Reinbek 2000.
Hartmann, Tom: Eine andere Art, die Welt zu sehen. Das Aufmerksamkeitsdefizitsyndrom, Lübeck 1997.
Hentig, Hartmut von: Die Schule neu denken. Eine Übung in praktischer Vernunft, München 1993.
Keller, Gustav: Wir entwickeln unsere Schule weiter, Donauwörth 1997.
Keller, Gustav/Wilhelm Hitzler: Schlüssel-Qualifikations-Training. Übungen zur Förderung der Methoden- und Sozialkompetenz, Donauwörth 2001.
Kohlberg, Lawrence: Zur kognitiven Entwicklung des Kindes, Frankfurt a.M. 1974.
Liebertz, Charmaine: Das Schatzbuch ganzheitlichen Lernens, München und Dorsten 1999.
Link, Manfred: Schulversagen. Ursachen verstehen, gezielt helfen, Reinbek 1995.
Mallet, Carl-Heinz: Untertan Kind, Frankfurt a.M. 1990.
Meißner, Monika/Ernst A. Stadter: Kinder lernen leben. Beziehungslernen in der Grundschule, München 1995.
Mosler, Bernhard: Mehr Zukunftschancen? Wissen anders organisieren, Frankfurt a.M. 1995.
Omer, Haim: Autorität ohne Gewalt, Göttingen 2003.
Opaschowski, Horst W.: Generation @. Die Medienrevolution entlässt ihre Kinder: Leben im Informationszeitalter, Hamburg 1999.
Opaschowski, Horst W.: Der Generationenpakt. Das soziale Netz der Zukunft, Darmstadt 2004.
Palla, Rudi: Die Kunst, Kinder zu kneten. Ein Rezeptbuch der Pädagogik, Frankfurt a.M. 1997.
Palt, Beatrix: Schulnoten verbessern. Lernlust statt Frust, München 2001.
Papert, Seymour: Revolution des Lernens. Kinder, Computer, Schule in einer digitalen Welt, Hannover 1996.
Perelman, Lewis J.: School's Out, New York 1993.
Perleth, Christoph/Tanja Schatz/Martina Gast-Gampe: Die persönlichen Begabungen entdecken und stärken. So fördere ich mein Kind, Berlin 2001.
Pöppel, Ernst: Lust und Schmerz. Über den Ursprung der Welt im Gehirn, München 1995.
Porsche, Susanne: Kinder wollen Werte, München 2003.
Postman, Neil: Das Verschwinden der Kindheit, Frankfurt a.M. ^{7}1982.
Pousset, Raimund: Schafft die Schulpflicht ab! Warum unser Schulsystem Bildung verhindert, Frankfurt a.M. 2000.
Prasuhn, Ursula: Schule braucht Eltern. Was wirklich faul ist an unseren Schulen, Aachen 1999.
Preuß, Eckhard: Leistungserziehung, Leistungsbeurteilung und Innere Differenzierung in der Grundschule, Bad Heilbrunn 1994.

Pütz, Günter u. a. (Hrsg.): An Wunder glauben ... Die Kunst der Psychomotorik, das „Unbegreifliche" erfahrbar zu machen, Dortmund 1998.
Reheis, Fritz: Die Kreativität der Langsamkeit. Neuer Wohlstand durch Entschleunigung, Darmstadt 1996.
Riegel, Enja: Schule kann gelingen, Frankfurt a. M. 2004.
Rogge, Jan-Uwe: Kinder brauchen Grenzen, Reinbek 1998.
Rolff, Hans-G.: Wandel durch Selbstorganisation. Theoretische Grundlagen und praktische Hinweise für eine bessere Schule, Weinheim 1993.
Roth, Heinrich: Der Wandel des Begabungsbegriffs, Stuttgart 1961.
Scarbath, Horst: Träume vom guten Lehrer, Donauwörth 1992.
Schoenebeck, Hubertus von: Antipädagogik im Dialog, Weinheim ³1992.
Schoenebeck, Hubertus von: Schule mit menschlichem Antlitz. Realität und Vision, Münster 2001.
Schwanitz, Dietrich: Bildung. Alles was man wissen muss, Frankfurt a. M. 2000.
Simonsohn, Barbara: Hyperaktivität. Warum Ritalin keine Lösung ist, München 2001.
Singer, Kurt: Die Würde des Schülers ist antastbar, Reinbek 1998.
Spitzer, Manfred: Lernen; Gehirnforschung und die Schule des Lebens, Heidelberg 2003.
Starck, Willy: Die Sitzenbleiberkatastrophe, Stuttgart 1974.
Stein, Uli: PISA-Alarm!, Oldenburg 2003.
Struck, Peter: Neue Lehrer braucht das Land. Ein Plädoyer für eine zeitgemäße Schule, Darmstadt 1994.
Struck, Peter: Schulreport. Zwischen Rotstift und Reform oder Brauchen wir eine andere Schule?, Reinbek 1995.
Struck, Peter: Die Schule der Zukunft. Von der Belehrungsanstalt zur Lernwerkstatt, Darmstadt 1996.
Struck, Peter: Erziehung von gestern, Schüler von heute, Schule von morgen, München 1997.
Struck, Peter: Netzwerk Schule. Wie Kinder mit dem Computer das Lernen lernen, München 1998.
Struck, Peter: Lernlust statt Erziehungsfrust, Frankfurt a. M. 2000.
Struck, Peter: Elternhandbuch Schule, Darmstadt 2006.
Tillmann, Klaus-J. (Hrsg.): Was ist eine gute Schule?, Hamburg ²1994.
Wallrabenstein, Wulf: Offene Schule – Offener Unterricht, Reinbek 1991.
Wallrabenstein, Wulf (Hrsg.): Gute Schule – schlechte Schule, Reinbek 1999.
Webb, Colin/Wynne Rowe: Kinder entdecken den Computer, München 1996.
Weinert, F. E. (Hrsg.): Leistungsmessungen in Schulen, Weinheim 2001.

Register

Vita

Prof. Dr. Peter Struck, geb. 1942, war zehn Jahre Volks- und Realschullehrer und danach vier Jahre lang Schulgestalter in der Behörde für Schule, Jugend und Berufsbildung in Hamburg. Seit 1979 hat er eine Professur für Erziehungswissenschaft an der Universität Hamburg. Seine Arbeitsschwerpunkte sind Sozial- und Schulpädagogik, Bildungspolitik, Jugendforschung, Familienerziehung und Medienpädagogik. Seine wichtigsten Bücher: Die Hauptschule (1979), Projektunterricht (1980), Pädagogik des Klassenlehrers (1981), Erziehung gegen Gewalt (1994), Neue Lehrer braucht das Land (1994), Schulreport (1995), Die Kunst der Erziehung (1996), Die Schule der Zukunft (1996), Erziehung von gestern, Schüler von heute, Schule von morgen (1997), Netzwerk Schule. Wie Kinder mit dem Computer das Lernen lernen (1998), Vom Pauker zum Coach – Die Lehrer der Zukunft (1999), Erziehung für das Leben (2000), Wie schütze ich mein Kind vor Gewalt in der Schule? (2001), Lernlust statt Erziehungsfrust (2001), Gebrauchsanweisung für die Schule (2001), Wie viel Marke braucht mein Kind? (2002).

Kontaktadresse: Prof. Dr. Peter Struck, Bornstr. 25, 20146 Hamburg, Tel. und Fax: 040-45 87 32, E-Mail: i4@erzwiss.uni-hamburg.de